Predigten
Krieg, Terror, Frieden
„Friede auf Erden allen Menschen!"

Wolfgang Nein

Predigten
Krieg, Terror, Frieden

„Friede auf Erden allen Menschen!"

FSC
www.fsc.org
MIX
Papier aus ver-
antwortungsvollen
Quellen
Paper from
responsible sources
FSC® C105338

© 2021 Wolfgang Nein
www.dasja.de
Herstellung und Verlag:
BoD – Books on Demand, Norderstedt
ISBN 978-3-7543-0245-3

Inhaltsverzeichnis

Vorwort

Es gibt Probleme, die können wir nicht verhindern. Wir können uns auf sie einstellen und versuchen, bestmöglich mit ihnen umzugehen – ein Erdbeben zum Beispiel. Wir können das Problem erforschen und Frühwarnsysteme entwickeln. Wir können Gebäude bauen, die einem Erdbeben möglichst standhalten. Wenn es ein Erdbeben gibt, werden wir dafür niemandem einen Vorwurf machen können.

Es gibt aber auch Probleme, die müsste es nicht geben, aber es gibt sie und es wird sie wohl immer geben – Krieg zum Beispiel. Ein Krieg ist menschengemacht. Es liegt am Menschen, dass es Kriege gibt. Insofern könnte der Mensch dafür sorgen, dass es keinen Krieg gibt. Der Blick in die Menschheitsgeschichte zeigt, dass es Kriege immer gegeben hat. Von daher legt sich die Vermutung nahe, dass es wohl auch künftig immer wieder Kriege geben wird.

Es gibt Kriege zwischen Nationen, es gibt Kriege interhalb von Nationen, Bürgerkriege, es gibt kriegerische Handlungen, es gibt Kriege mit konventionellen Waffen, mit Atombomben, mit chemischen und biologischen Waffen, es gibt Kriege mit Waffen neuerer Art – mit Drohnen zum Beispiel –, oder kriegsähnliche Handlungen, wie zum Beispiel durch Hackerangriffe im Internet. Es gibt auch – in Anführungszeichen – „Kriege" zwischen Gruppen und zwischen Einzelpersonen, Kleinkriege, „Rosenkriege". Und es gibt den „Krieg" in der Gestalt terroristischer Aktionen. Es handelt sich immer um Maßnahmen, mit Gewalt unterschiedlicher Art Ziele zu erreichen.

Was sagt das über uns Menschen aus? Wir könnten uns darüber streiten, ob der Mensch gut oder böse ist, ob vielleicht einige gut, andere aber böse sind und ob die bösen vielleicht in der Mehrheit sind oder stärker sind als die guten. Wir könnten auch darüber nachdenken, ob der Mensch mit der Lösung mancher Konflikte einfach überfordert ist.

Einen Krieg mit militärischen Mitteln kann kein Einzelner ausführen, auch nicht eine kleine Gruppe. Damit es zu einem

12

Krieg kommt, müssen viele mitmachen. Und es haben stets viele mitgemacht, auch wenn sie es vielleicht eigentlich gar nicht wollten. Und manche, vielleicht sogar viele, fanden es schließlich doch in Ordnung – nicht gut, aber in Ordnung –, dass Krieg geführt wurde, zum Beispiel weil sie keine andere Möglichkeit mehr sahen, ein bestimmtes Problem zu lösen – aus Gründen der Selbstverteidigung oder der Verteidigung Verbündeter oder Befreundeter oder aus Gründen der Vergeltung oder der Herstellung von Gerechtigkeit oder zur Wahrung von wirtschaftlichen oder politischen Interessen oder zur Durchsetzung vermeintlicher Rechte oder aus verletztem Stolz oder zur Abschreckung, um noch größeren Problemen vorzubeugen. Es wurde nicht selten auch Krieg geführt, um Land zu erobern. Es gibt Angriffskriege und Verteidigungskriege.

Weltweit betrachtet hat es immer Kriege gegeben, größere und kleinere, regionale, zwei große Kriege, die als Weltkriege in die Geschichte eingegangen sind. Auch nach dem 2. Weltkrieg sind – bis in die Gegenwart hinein – zahleiche Kriege geführt worden.

Es wird wohl kaum jemand behaupten wollen, dass es irgendwann keine Kriege mehr geben wird. Dennoch gibt es nach manchen Kriegen den Ruf: „Nie wieder Krieg!"

Die Sehnsucht nach Frieden im Kleinen wie im Großen ist wohl allenthalben vorhanden. Wird er jemals allenthalben Wirklichkeit werden? Schon diese Fragestellung wirkt fern der Realität.

„Der Frieden beginnt im Herzen", ist eine sehr realistische Feststellung. Und wir müssen wohl eingestehen, dass in uns allen Kräfte am Werke sind, die wir manchmal nur schwer unter Kontrolle haben. Sie können in der einen oder anderen Weise – im Guten wie im Bösen – nach außen wirken, wenn es die äußeren Gegebenheiten zulassen. Während des Dritten Reiches und in der Ex-DDR haben viele Menschen inneren Kräften freien Lauf gelassen, derer sie sich im Nachhinein wohl geschämt haben dürften. Das gesellschaftliche System kann ebenso gute wie böse Kräfte in uns fördern oder im Zaum halten. Von daher ist es überaus bedeutsam, ein gesellschaftliches System zu schaffen und zu bewahren, das die guten Kräfte im Menschen fördert und die bösen Kräfte an ihrer Entfaltung hindert. Diesbezüglich kann Kirche einen wertvollen Beitrag leisten.

Zu den wesentlichen Inhalten des christlichen Glaubens gehört die Friedensbotschaft: „Friede auf Erden allen Menschen!" Jesus Christus verkörpert diese Botschaft in mehrfacher Hinsicht. Er verhielt sich friedfertig – auch denen gegenüber, die ihm nicht wohlgesonnen waren, sondern ihm sogar nach dem Leben trachteten und ihn schließlich umbrachten. Er rief zu friedfertigem Verhalten auf, zu Verzicht auf Vergeltung, zur Bereitschaft, sich zu versöhnen, zu verzeihen, das Böse mit Gutem zu überwinden, auch dem Feind liebevoll begegnen. Er rief dazu auf, sich selbstkritisch zu prüfen, sich im Herzen zu besinnen auf das Gute, das wir empfangen haben, von Egoismus – im kleinen Persönlichen und Nationalen wie im großen Weltweiten – abzulassen und sich um das zu bemühen, was dem Wohl aller Menschen dient und dem Schöpfer die Ehre gibt.

Mit seinem Aufruf verkündete er kein politisches Programm. Er ging nicht davon aus, dass der Mensch durch dieses von ihm empfohlene Verhalten den Frieden auf Erden schaffen könnte. Mit seinem Aufruf – wie überhaupt mit seinem ganzen Leben und Wirken – brachte er vielmehr zum Ausdruck, wie er ein würdiges Menschsein im göttlichen Sinne verstand.

Den vermeintlichen göttlichen Willen auf dem Wege der Gewalt durch kriegerisches Vorgehen oder terroristische Akte erfüllen zu wollen, entspricht nicht der christlichen Botschaft. Historisch betrachtet hat es zwar auch im Bereich der Kirche schreckliche Fehlentwicklungen gegeben. Diese haben aber eben nicht dem eigentlichen Anliegen der christlichen Botschaft entsprochen.

In den Bemühungen um Frieden im Kleinen wie im Großen können bzw. könnten die Kirchen einen wertvollen Beitrag leisten. Sie haben neben der Friedensbotschaft – „Friede auf Erden

14

allen Menschen!" – und den vielen guten Worten und Geschichten der Bibel umfassende Möglichkeiten, vom kleinen Ritual bis zur weltweiten Organisation –, auf die Gefühle, das Denken und Verhalten von Menschen einzuwirken und so den guten Willen zur Förderung des Friedens zu stärken.

Kirche sollte sich in ihrem Beitrag nicht einschränken lassen durch politische Vorgaben. Sie sollte sich leiten lassen durch das Verständnis für die allen Menschen gemeinsame existentielle Situation in diesem Dasein auf diesem Erdball, von dem Bemühen, allen Menschen ein Leben in Würde und Wohlergehen zu ermöglichen. Sie sollte der Wahrheit und Wahrhaftigkeit dienen. Sie sollte Unterdrückung und Ausbeutung der Schwachen anklagen und das „Recht" des Stärkeren ächten. Sie sollte Strukturen stärken, die das Gute im Menschen fördern und das Böse im Zaum halten. Sie sollte stets dazu beitragen, dass Situationen der Gewalt nicht eskalieren, dass auf Maßnahmen der Vergeltung verzichtet wird, und dass sich alle Anstrengungen darauf richten, konstruktive Lösungen von Konflikten zu finden und „das Böse mit Gutem zu vergelten". Und sie sollte das Bewusstsein dafür stärken, dass der Frieden im Herzen beginnt, dass ein jeder Kritik an anderen mit Selbstkritik verbindet und anderen das Verhalten zukommen lässt, das er für sich selbst von anderen wünscht. Die Kirchen sollten darauf achten, dass in den Bemühungen um Frieden der Respekt vor dem Andersdenkenden und Andershandelnden und Leib und Leben des Anderen gewahrt bleiben.

Kirchen sollte auch in den Bemühungen um Frieden die Grenzen des menschlich Möglichen benennen. Sie sollten das Konfliktive im Guten aufzeigen und deutlich machen, dass auch der Friedenswillen zu Unfrieden führen kann. Sie sollten mithelfen, Illusionen von Hoffnung zu unterscheiden und die Kraft zur Hoffnung stärken.

Wolfgang Nein, Mai 2021

15

Der göttliche Weg zum Frieden
11. April 1976
Palmsonntag / 6. Sonntag der Passionszeit
St. Jacobi, Lüdingworth
Sacharja 9,9-10

„Er wird Frieden schaffen von einem Ende der Welt bis zum anderen." Das hat sich der Prophet von dieser armseligen Gestalt erhofft, die auf einem Esel in Jerusalem einziehen sollte. Diese Hoffnung ist von vielen Menschen geteilt worden.

Wie ist so etwas möglich? Wie kann es Menschen geben, die so etwas geradezu Widersinniges auch nur im Entferntesten für möglich halten? Dass jemand überhaupt Frieden in der ganzen Welt für möglich hält, darüber könnte man schon den Kopf schütteln. Aber dass jemand die Schaffung des Friedens von einer so armseligen Gestalt erwartet, das kann einen sprachlos machen.

Ich meine das ernst: Die Vorstellung, die der Prophet hier zum Ausdruck bringt, muss in Anbetracht unserer täglichen Erfahrungen fast lächerlich erscheinen. Sie ist in ihrer Naivität gerade zu erschütternd. Das ist jedenfalls der erste Eindruck. Wenn es bei diesem Eindruck nicht bleiben soll, dann müssen wir noch einmal kräftig nachdenken. Wie kann es überhaupt denkbar sein, die Schaffung weltweiten Friedens einer so unscheinbaren Gestalt zuzutrauen?

Zunächst einmal können wir feststellen, dass es dieses Zutrauen gab, und zwar nicht nur beim Propheten Sacharja. Im Neuen Testament begegnet uns der Friedensstifter in der Person Jesus Christus. Er ist, wie wir wissen, ganz ausdrücklich als ein Armer, ein Verfolgter, ein politisch Machtloser geschildert.

Der Evangelist Johannes, und nicht nur er, sieht in Jesus Christus den, von dem Sacharja in seiner Weissagung spricht. Wir haben es eben im Evangelium gehört. Jesus ist so auf einem Esel nach Jerusalem eingezogen, wie es der Prophet angekündigt hatte. Wir haben es also nicht mit dem spleenigen Gedan-

16

ken eines Einzelnen zu tun, sondern mit der Hoffnung zahlreicher Menschen zu verschiedenen Zeiten.

Waren diese Menschen Träumer? Waren sie weltfremd? Waren sie, wie wir heute sagen würden, unpolitisch? Kannten sie vielleicht die Spielregeln von Krieg und Frieden nicht, sodass sie sich ahnungslos solchen Illusionen hingeben konnten?

Wir können wohl davon ausgehen, dass diese Weissagung des Sacharja im vollen Bewusstsein der politischen Lage seiner Zeit entstanden ist. Jerusalem war zerstört worden, große Teile der Bevölkerung waren ins Ausland verschleppt worden. Wie sollte es angesichts solch trostloser Erfahrungen weitergehen? Würde die Zukunft eine Befreiung von der Fremdherrschaft bringen? Diese Fragen ergaben sich aus dem bewussten Erleben der politischen Wirklichkeit, allerdings aus dem Erleben politischer Ohnmacht heraus.

Zur Zeit Jesu war das ähnlich. Auch da war es die Fremdherrschaft, die römische Fremdherrschaft, an der keiner vorbeisehen konnte und die das politische Bewusstsein prägte. Nein, die Leute wussten schon, was los war. Und es gab sicherlich eine ganze Menge Leute, die in den kriegerischen Zeiten so dachten, wie wir es gelegentlich von Politikern hören: dass nämlich der Friede nur durch die Demonstration der Stärke zu erhalten sei. Nur wenn wir dem anderen deutlich vor Augen führen, wie stark wir sind, werde sich der andere vielleicht ruhig verhalten. Das klingt ganz einleuchtend.

Allerdings kann einen dieser Gedanke nur trösten, solange man stark genug ist, solche Stärke zu demonstrieren. Im übrigen ist das Wort „Frieden" wohl auch zu schade für ein solches Gleichgewicht des Schreckens. Frieden – damit kann doch nicht gemeint sein, dass wir uns gegenseitig durch Angstmachen in Schach halten.

Nun war das Volk zu Sacharjas Zeiten sicherlich politisch ohnmächtig, und auch den Juden zur Zeit Jesu fehlte wohl die nötige Macht zur Demonstration der Stärke. So könnten wir vielleicht einfach sagen: In jener Situation der Ohnmacht mussten sich die Menschen eben nach einer neuen Hoffnung umsehen. Da ihnen die militärische Stärke fehlte, mussten sie die Rettung von irgendwo anders her erwarten. Da ist wohl etwas Richtiges dran.

Gerade dieses kleine jüdische Volk hat ja in vielen Jahrhunderten zahlreiche Niederlagen hinnehmen müssen. Das große und mächtige Reich unter David und Salomo war nur von verhältnismäßig kurzer Dauer gewesen. Die Zeiten der Zerstörung von innen und von außen waren stets viel länger gewesen.

Diese böse Erfahrung dürfte wohl tief in den Menschen verwurzelt gewesen sein: dass durch politische Macht, durch militärische Stärke der Frieden nicht zu erschaffen wäre.

Wenn wir einmal auf die weitere Geschichte, auch auf unsere Geschichte und auf unsere Gegenwart blicken – müssen wir da nicht feststellen, dass die Zeiten äußerlicher Ruhe immer nur verhältnismäßig kurz sind und solche Ruhe auch räumlich immer sehr begrenzt ist?

Ruhig ist es bei uns im Augenblick. Aber in wie vielen Teilen der Welt sieht es anders aus? Die Älteren unter Ihnen wissen aus eigener leidvoller Erfahrung, wie schnell militärische Stärke sich in Schwäche verwandeln kann. Auch wir müssten eigentlich bekennen, dass Frieden durch Gewalt weder zu schaffen noch dauerhaft zu erhalten ist. Trotzdem setzen wir in die Waffen immer wieder unsere Hoffnung. Wir haben das Geld, uns die furchtbarsten Waffen zu beschaffen und können uns so der Illusion hingeben, damit einen Beitrag zur Friedenssicherung zu leisten.

Das Volk, für das Sacharja sprach, und die Menschen um Jesus herum konnten sich mit solcher Macht nicht oberflächlich trösten. Sie mussten in sich gehen und ihre Lage als Menschen in dieser unruhigen Welt neu bedenken. Woher sollten sie den Mut und die Kraft nehmen, sich vertrauensvoll auf den Weg in die Zukunft zu machen?

Sie haben sich besonnen und ihre Besinnung ist nicht vergebens gewesen. Ihnen sind die Augen aufgegangen. Sie haben begonnen, das Leben und ihre Zukunft neu zu sehen.

18

Sie sind sehr bescheiden geworden. Sie haben eingesehen, dass sie sich selbst den Frieden nicht erschaffen können. Sie haben erkannt, dass sie aus eigener Kraft im besten Fall nur einen Zustand äußerer Ruhe für eine kurze Zeit und für wenige Menschen herzustellen vermögen. Aber etwas, dass man Frieden nennen könnte – und Frieden, das kann nur Frieden für alle Menschen bedeuten –, das zu erschaffen erschien ihnen nach allen Erfahrungen menschenunmöglich. Sie haben es deshalb, meine ich, zurecht aufgegeben, den Frieden aus menschlicher Anstrengung zu erhoffen. So kamen sie zu der Einsicht, dass er nur durch Gott Wirklichkeit werden könnte.

Dass diese Menschen dabei wirklich an Frieden gedacht haben und nicht nur an einen Zustand äußerlicher Ruhe, das erkennen wir an dem Friedensboten, den Gott zu ihnen schicken würde, an dieser armen Gestalt, die auf einem Esel nach Jerusalem einziehen sollte. Dieser Mensch ist das genaue Gegenteil von allem, was sie sonst als sogenannte Friedensbringer gekannt hatten.

In seiner Person selbst verkörpert er den Frieden. Er hat keine Waffen, er hat keinen Besitz und er hat keine politische Macht. Er verfolgt keine persönlichen Interessen, sondern will allen Hilfe bringen. Er will, dass alles Kriegsgerät abgeschafft wird, damit überall Frieden herrschen kann.

Ein solcher Mensch ist vielleicht leicht zu übersehen und zu überhören. Aber allein er ist glaubwürdig. Er verkörpert in der Tat den Frieden. Er rasselt nicht mit dem Säbel, um mit grimmigem Gesicht den Frieden zu verkünden, sondern er kommt ohne Waffen und ist freundlich.

Die Israeliten hatten erkannt, dass ein solcher Friede nicht durch Menschen erschaffen werden könnte. Das hatten sie durch leidvolle Erfahrungen gelernt. Solch ein Friede war nicht von dieser Welt, sondern etwas Göttliches, etwas, das nur von Gott zu erwarten wäre.

Und insofern waren sie ganz gewiss keine naiven Träumer, sie waren sich vielmehr des menschlichen Unvermögens und der menschlichen Ohnmacht voll bewusst und gaben sich keinen Illusionen hin. Aber sie wollten auch nicht einfach resignieren. Sie wollte nicht ohne Hoffnung in die Zukunft gehen. Wie könnten sie sonst auch leben?

So steht dieser friedliche Gottesbote vor ihnen, wie Sacharja ihn verkündet hatte. Auf ihn blicken sie in ihren schweren Stunden, um sich zu besinnen und sich stärken zu lassen. Er war zwar noch nicht leibhaftig da. Aber in ihrem Glauben, in ihren Hoffnungen hatte er schon den ersten Schritt in die Wirklichkeit hinein getan.

Als dann Jesus Christus da war, erinnerte man sich an die alten Weissagungen, an das Bild des Sacharja von dieser armen Gestalt auf dem Esel. Menschen in Israel erkannten: Dieser da, der muss der Friedensbote Gottes sein. Jesus Christus war arm. Er hatte keinen Besitz. Und was er hatte, das gab er denen, die es brauchten. Er hatte keine Waffen. Nur sein Wort. Und damit tötete er nicht, sondern verkündete er das neue Leben. Er hatte keine Macht, mit der er hätte strotzen und Angst einflößen können. Seine Macht war die Ohnmacht. Sie erfüllte die Menschen nicht mit Furcht, wohl aber mit Ehrfurcht.

Seine Erscheinung war eigentlich fast unscheinbar. Er zog durch das Land, heilte Kranke, tröstete Traurige, setzte sich mit den Verachteten der Gesellschaft an einen Tisch. Er wandte sich denen zu, die gemeinhin zu den unwichtigeren Gliedern der Gesellschaft zählten.

Er gab nichts darauf, mit den großen Persönlichkeiten ins Gespräch zu kommen, mit ihnen in Verhandlungen einzutreten. Er schien keinen Wert darauf zu legen, an die großen Schalthebel gesellschaftlicher Veränderung heranzukommen. Stattdessen widmete er sich mit Sorgfalt dem scheinbar Unwichtigen.

Und noch etwas ist bemerkenswert an ihm: Wo er selbst bedroht ist, sucht er nicht sich zu verteidigen. Zwar unterlässt er es niemals, in seinem Handeln und Reden deutlich zu machen, dass er den Frieden bringen will. Aber als er gefangen genommen und verklagt werden soll, flieht er nicht, sondern er setzt

20

sich dem Unrecht aus. Er setzt damit seine Ankläger ins Unrecht. Er lässt sich unschuldig hinrichten, damit sie im Spiegel des Kreuzes sich selbst als die Ungerechten erkennen können.

Er überführt die Menschen freilich nicht, um sie nun für ihr Unrecht auf ewig verdammen zu können, sondern er will sie mit ihren eigenen Untaten erschrecken und zur Besinnung führen. Sie sollen die ganze Tiefe ihrer Schuld erkennen, um so vielleicht bereit zu werden zur Umkehr.

So hat uns Jesus Christus den Weg zum Frieden gewiesen. Nicht die Demonstration der Stärke kann uns zum Frieden führen, sondern die Einsicht in unsere menschliche Schuld und die Bereitschaft zur Umkehr.

Umkehr – was bedeutet das? Auch das erfahren wir durch Jesus Christus. Es bedeutet, sich auf Gottes Willen einzulassen, wie er uns in Jesus Christus begegnet, d. h. Gott zu dienen, indem wir die Menschen lieben. Und es bedeutet die Bereitschaft zu leiden, auch Unrecht zu erleiden.

Das ist wohl wahr, dass nach allem, was wir bisher aus der langen menschlichen Geschichte wissen, es unvorstellbar erscheint, dass der Friede auf Erden durch Menschen erschaffen werden könnte. Der Frieden ist etwas Göttliches, etwas – wir könnten sagen – Außerweltliches. Aber in der armseligen, leidenden Gestalt Jesus Christus ist doch ein Stück Frieden Wirklichkeit geworden. Darauf sollen wir blicken. Wenn wir daran unser Leben ausrichten, war das Werk Jesu Christi nicht vergebens.

Die Kreuze auf den Gräbern mahnen uns alle
14. November 1976
Volkstrauertag
Gedenkfeier für gefallene Soldaten
Matthäus 5,21-24

Einunddreißig Jahre nach dem Ende des 2. Weltkriegs hat der Volkstrauertag seinen Sinn noch nicht verloren. In zweifacher Hinsicht ist er jetzt noch genauso sinnvoll wie zuvor: als Erinnerung an die grausamen Ereignisse, die Millionen von Menschen das Leben gekostet haben, und als Mahnung, als aktuelle Mahnung an uns, Ähnliches nicht wieder geschehen zu lassen.

Manche von Ihnen werden Angehörige im Krieg verloren haben. Vielleicht hat der eine oder andere von Ihnen auch selbst einen körperlichen Schaden aus dem Krieg davongetragen. Mir ist aufgefallen, dass die Erinnerungen bei denen, die dabei waren, längst noch nicht erloschen sind. Einunddreißig Jahre sind zwar schon eine lange Zeit, aber bei vielen sind die furchtbaren Geschehnisse noch lebendig.

Vorgestern besuchte ich eine Familie südlich von Hannover. Der Mann hatte einen Arm im Krieg verloren. Wir sprachen über Sehenswürdigkeiten in Deutschland und über das Reisen. Er sagte, ins Ausland sei er nicht wieder gefahren, und auch das Steinhuder Meer habe er nicht wieder sehen wollen. Das hätte ihm damals gereicht.

Ich mochte nicht weiter nach Einzelheiten fragen. Die Kriegserinnerungen waren in ihm noch wach. Mich machte das betroffen. Er hat immerhin noch seine Familie; in die hat er sich ganz zurückgezogen. Von Politik will er nichts mehr wissen. „Wir Deutsche haben den Krieg nicht gewollt", sagte er. Das waren die Politiker.

Ich habe mit ihm nicht weiter darüber gesprochen. Ihm war die Verbitterung abzuspüren. Er hat resigniert. Er ist mutlos geworden. Er hat sich zurückgezogen in seine Familie und in sich selbst. Das ist allzu verständlich. Diese Mutlosigkeit ist allerdings auch erschütternd.

Wir sind am Volkstrauertag dazu aufgerufen, uns auch einen Auftrag für die Zukunft geben zu lassen. Die schrecklichen Ereignisse der Vergangenheit, der Tod von 65 Millionen Menschen in zwei Weltkriegen, der Tod der Soldaten, der Männer, Frauen und Kinder, der Tod von Millionen von Juden, all das soll uns dringend dazu ermahnen, die Wiederholung solchen Geschehens zu verhindern.

Das ist eine Mahnung an unser ganzes Volk, aber auch an jeden Einzelnen von uns. Wir würden es uns zu leicht machen, wenn wir uns der Meinung anschlössen, dass es die Politiker seien, die für die Kriege verantwortlich sind. Wir alle tragen die Verantwortung gleichermaßen.

Das müssen wir uns immer wieder deutlich machen: dass die Verantwortung für die Erhaltung des Friedens bei uns allen liegt. Das Leben so vieler Menschen darf nicht in den Händen weniger liegen. Zum Glück haben das viele in unserem Land nach dem letzten Weltkrieg erkannt. Das Bewusstsein der politischen Verantwortung jedes Einzelnen ist bei uns durch den letzten Krieg gewachsen. Es darf durch das Verstreichen von Jahrzehnten und durch die Nachkriegsgeneration nicht verloren gehen.

Bittere Erfahrungen führen nicht unbedingt zur Einsicht. Auf den 1. Weltkrieg folgte der zweite. Und seit dem zweiten hat es eine Unsumme örtlich begrenzter Kriege gegeben. Dennoch können wir auf die Erinnerungen nicht resigniert verzichten. Sie belegen dokumentarisch die Unendlichkeit menschlicher Schuld.

Keine theoretische Diskussion über das Wesen des Menschen könnte deutlich machen, in welch gewaltige Verirrungen Menschen sich versteigen können. Unsere Fantasie würde hinter der Wahrheit immer zurückbleiben. Der Volkstrauertag will die Erinnerungen wachhalten, um uns durch das Gedenken an die Toten zu mahnen.

Das eine Kreuz auf Golgatha, an dem Jesus Christus unschuldig hing, hat uns die menschliche Schuld wie einen Spiegel vor Augen führen sollen. Nun sind es schon viele Millionen von Kreuzen auf den Gräbern der Gefallenen. Wie viele werden noch hinzukommen müssen?

Der Blick in die Geschichte macht uns kaum Hoffnung, dass schon bald dauerhaft der Frieden in aller Welt einkehren werde. Wir wären aber schlecht beraten, wenn wir uns den Blick in die Zukunft von den schrecklichen Erfahrungen der Vergangenheit verfinstern ließen. Wir könnten unseres Lebens nicht mehr froh werden, wenn wir mit den Dokumenten menschlicher Schuld alleingelassen wären.

Die Millionen von Kreuzen klagen uns zwar an. Und jeder, der sich ihnen ehrlich aussetzt, muss zutiefst betroffen sein. Aber das Kreuz von Golgatha ist durch die Auferstehung Jesu Christi für uns zugleich zum Zeichen der Hoffnung geworden. Zum Zeichen der Hoffnung, nicht der Illusion.

Es gibt ja nicht nur das Schreckliche. Auch das andere ist Wirklichkeit geworden, das, was uns in Jesus Christus begegnet ist: der Verzicht auf Gewalt, der Verzicht auf Besitz, der Verzicht auf das eigene Recht – die Bereitschaft zu verschenken, die Bereitschaft zu vergeben, die Bereitschaft, Opfer auf sich zu nehmen.

Wir sind vielleicht geneigt, all das mit einer Handbewegung abzutun. Zu weltfremd mag das erscheinen, was Jesus Christus vorgelebt hat. Vielleicht ist es weltfremd. Dann aber nur in dem Sinne, dass es in unserer Welt so wenig zu finden ist, dass es uns fremdartig erscheint.

Von Jesus Christus wird gesagt: „Er kam wie ein Fremdling in die Welt." Das können wir im Neuen Testament lesen. Und auch Christen haben sich in der Nachfolge Jesu Christi als Fremdlinge verstanden. So sonderbar das zunächst auch erscheinen mag: Was durch Jesus Christus in die Welt gekommen ist, ist Wirklichkeit geworden.

Wir haben dadurch die Möglichkeit der Wahl bekommen. Wir können weiterhin unser Leben, unser Denken und Handeln bestimmt sein lassen von der katastrophalen Erfahrung der Unmenschlichkeit des Menschen und können unser Wohl auch weiterhin durch die Demonstration von Macht zu sichern suchen. Wir können aber auch ganz auf Versöhnung setzen. Beides birgt Risiken in sich.

Das eine ist das Risiko des Hasses: die Gefahr, in die Grube zu fallen, die wir selbst gegraben haben. Das andere ist das Risiko der Liebe.

Jesus Christus ist dieses zweite Risiko eingegangen. Es hat ihn ans Kreuz gebracht. Aber er hat sein Leben nicht bereut. Durch seine beharrliche Zuwendung zu den Menschen trotz ihrer Schuld macht er uns Mut, uns von dieser neuen Wirklichkeit bestimmen zu lassen. Viele sind in seine Nachfolge eingetreten. Oder vielleicht sind es doch nicht so viele. Aber wir finden immer wieder Menschen, die darauf verzichten, sich selbst zu behaupten, sich zu verteidigen, sich durchzusetzen, die sich stattdessen anderen aussetzen und durch ihre eigene Schwäche andere dazu herausfordern, auf Gewalt zu verzichten.

Es ist ein Segen, dass wir die Zukunft nicht kennen. Es ist noch alles offen für uns. Das macht Hoffnung möglich.

Mit welcher Radikalität Jesus Christus uns zum Verzicht zur Gewalt herausfordert, geht aus dem Abschnitt der Bergpredigt hervor, den ich vorhin vorgelesen habe. Er greift das alte mosaische Gebot auf, das wir ja auch heute noch lernen: „Du sollst nicht töten!", und führt es auf seine Art weiter. Jeder, der seinem Bruder zürnt, soll dem Gericht verfallen sein. Schon der kleinste Streit mit dem Bruder, der sich in bloßen Beschimpfungen äußern kann – kleinen, kleinsten Streit schon hält er offenbar für ebenso verwerflich wie das Töten. Er fordert dazu auf, vor Gott nicht hinzutreten, ohne sich zuvor mit dem Bruder versöhnt zu haben.

Hier ergeht eine Forderung an uns, der wir nicht gerecht werden können. Wir kennen uns selbst gut genug und wissen, wie schwer es uns fällt, mit dem anderen ins Reine zu kommen. Das weiß auch Jesus Christus. Es geht ihm nicht darum, uns zugrunde zu richten mit einer Forderung, deren Sinn wir zwar einsehen, zu deren Erfüllung wir jedoch nicht imstande sind. Er hat ja immer zu den Menschen gehalten, die es nicht fertiggebracht haben, das zu tun, was sie zu tun schuldig waren.

Was er will, ist, uns die Richtung für unser Leben zu weisen. Er stellt das Bild von der Versöhnung vor uns hin und ruft uns auf, uns von diesem Bild leiten zu lassen. Er will unseren Blick wegreißen von der Trostlosigkeit unserer täglichen Erfahrungen. Er will uns aber auch warnen, uns in unserer Resignation mit der Einhaltung von Grundgeboten zu begnügen.

Das Töten nimmt seinen Anfang schon in der bloßen Missachtung des Mitmenschen. In dem Bild vom Weltgericht, wie wir es vorhin im Evangelium gehört haben, wird deutlich, wie das zu verstehen ist. „Was du einem der geringsten meiner Brüder getan hast, das hast du mir getan. Und was du einem meiner geringsten Brüder nicht getan hast, das hast du mir nicht getan."

In jedem Menschen begegnet uns Jesus Christus. Jeder Mensch trägt etwas Göttliches in sich. Darum ist jede Missachtung eines anderen Menschen eine Missachtung Gottes. Nicht um die Verletzung von Gesetzen geht es, sondern um die Missachtung Gottes selbst.

Kriege sind eine höchst unpersönliche Sache. Menschen töten einander, die, wenn sie sich persönlich kennten, vielleicht gute Freunde wären.

Durch Jesus Christus sind wir dazu aufgerufen, jeden Menschen persönlich anzusehen, nicht als den Feind, den Soldaten, den Fremden, sondern als den Menschen, der wie ein Bruder Kind desselben Vaters ist. Wir alle haben Grund genug, in uns selbst zu gehen und uns kritisch zu fragen: Wie stehen wir zu unserem Mitmenschen? Erkennen wir in ihm Jesus Christus, den Sohn Gottes?

Kriege werden nicht, wie wir sagten, von Politikern gemacht, sondern jeder Einzelne von uns trägt seine Verantwortung. Der Volkstrauertag hat einen Sinn nur, wenn wir ihn als Aufruf zur persönlichen Umkehr verstehen. Die Kreuze auf den Gräbern mahnen uns, wie das Kreuz auf Golgatha, zur Einsicht unserer Schuld.

26

Die endzeitliche Katastrophe ist menschenmöglich
29. Oktober 1978
23. Sonntag nach Trinitatis
2. Thessalonicher 2,1-12

Vergangenen Dienstag hatte der evangelische Militärpfarrer in Nordholz die Cuxhavener Pastoren zu einem Gespräch über seine Arbeit eingeladen. Er gab uns dabei eine Einführung in die modernen Waffensysteme, mit denen die Soldaten zu tun haben, die er täglich betreut.

Es war für uns alle – ich darf wohl sagen – erschütternd zu hören, welche gewaltige Zerstörungskraft in diesen Waffen steckt, die in Ost und West entwickelt und massenhaft produziert worden sind. Sie reichen aus, alles Leben auf der Erde mehrmals nacheinander völlig zu vernichten. Das hatten wir natürlich auch schon vorher gewusst, aber wie es wohl jedem geht, denken wir an so schreckliche Möglichkeiten nur dann, wenn dazu ein besonderer Anlass besteht.

Unser Predigttext handelt auch von dem möglichen Ende der Welt. Allerdings spricht er in Bildern der damaligen Zeit. Für uns sind sie zunächst ein wenig schwer nachzuvollziehen.

Paulus warnt in seinem Brief an die Thessalonicher im zweiten Kapitel die Gemeinde vor der irrigen Vorstellung, dass irgendein Mensch das Datum für das bevorstehende Ende der Welt angeben könnte. Er selbst hatte dieses Missverständnis durch seine eigenen Worte vielleicht hervorgerufen. Er war nämlich einmal gefragt worden, wie das mit der Auferstehung der Toten bei der Wiederkehr Christi sei. Man ging ja damals davon aus, dass Jesus Christus ein zweites Mal auf Erden erscheinen und dann das Himmelreich vollenden würde. Alle Christen sollten dann in dieses Himmelreich hineingenommen werden. Und da stellte sich für viele die Frage, ob das nur für die dann noch Lebenden oder auch für die schon Verstorbenen gelten würde.

Paulus beruhigte die Gemüter, indem er darauf verwies, dass

27

die Toten in keiner Weise benachteiligt wären. Die Toten würden zum ewigen Leben im Reich Gottes auferstehen.

Aus seinen Formulierungen schlossen die Thessalonicher wohl, dass die Wiederkehr Christi und damit das Ende der Welt und die Errichtung des Reiches Gottes unmittelbar bevorstünde. Paulus hat wohl in der Tat daran geglaubt, dass er die Zeitenwende noch zu seinen Lebzeiten erleben würde.

Was ihm aber offenbar große Sorgen bereitete, war die Tatsache, dass nun in der Gemeinde von Thessalonich Leute umhergingen, gewissermaßen mit dem Kalender in der Hand, die ihre Mitchristen mit genauen Berechnungen in Aufruhr versetzten. Gegen diese falschen Propheten und die Angstmache – wir kennen so etwas ja auch heute, denken wir nur etwa an die Zeugen Jehovas – richtet Paulus seine Worte. Er verweist darauf, dass vor der Wiederkehr Christi noch manches geschehen müsse. Und zwar müsse noch der Antichrist, der zur Zeit noch zurückgehalten werde, seine volle Macht entfalten und die Ungläubigen an sich reißen. Erst dann würde Jesus Christus wieder auftreten und allen bösen Mächten ein Ende setzen und die Gläubigen ins ewige Himmelreich führen.

Uns mögen die Bilder vom Ende der Welt und vom Anbruch des Gottesreiches altertümlich und wenig ansprechend erscheinen. Vielleicht wissen wir mit ihnen nichts anzufangen. Deshalb möchte ich das, was in diesen Bildern zum Ausdruck gebracht ist, noch einmal ein wenig anders formulieren.

Da ist zunächst die Rede von der Wiederkehr Jesu Christi, von der endgültigen Errichtung des Reiches Gottes, auch himmlisches Reich genannt. Damit ist die Hoffnung bezeichnet, die wir als Christen mit der Zukunft verbinden.

Jesus Christus, das ist doch derjenige, der uns durch sein Leben einen Blick hat werfen lassen in eine neue Welt, ein neues Leben, das so ganz anders und viel schöner ist als alles, was wir bisher gewohnt waren.

Es ist nicht die schöne heile Welt eines Aldous Huxley, der in einem kleinen Buch seine Vision von einer Gesellschaft dar-

28

gelegt hat, in der durch Erziehungstechniken und durch chemische Mittel die Menschen in einen Zustand permanenter Zufriedenheit und Glückseligkeit versetzt werden, dabei allerdings das, was wir eigene Persönlichkeit nennen, völlig verlieren.

Jesus Christus hat bei seinem ersten Auftreten auf der Erde zwar auch manches Leid direkt beseitigt: Ein Blindgeborener konnte wieder sehen, ein Lahmer wieder gehen, Aussätzige wurden wieder rein. Aber diese direkte Hilfe nützte ja nur denen, die unmittelbar betroffen waren. Was er uns allen gegeben hat, ist die Erfahrung seiner Liebe zu den Menschen, seiner Gegenwart in der Not, seines Mitleidens und – und das vielleicht vor allem – seiner Vergebung.

Diese seine Solidarität mit allen Menschen, die in der einen oder anderen Weise am Leben leiden – und wer zählt sich nicht zu ihnen? – lässt uns das Leben neu sehen, mit hoffnungsvollen Augen.

Unser Blick ist nicht mehr gefangen vom Leid selbst, sondern wir durchdringen es und sehen schon sein Ende, weil wir nach der Erfahrung mit Jesus Christus Hilfe für möglich halten. Diese Hoffnung ist eine unwahrscheinliche Kraft, die das Leid überwinden hilft.

Ich sagte vorhin, dass die Vergebung Jesu Christi vielleicht das Wichtigste sei. Das habe ich deshalb gesagt, weil vielleicht das meiste Leid, das wir zu ertragen haben, durch menschliche Schuld verursacht ist. Unser größtes Problem sind wir selbst, und damit wir an Enttäuschung über uns selbst nicht zu Grunde gehen, noch die Augen vor unserer Schuld verschließen müssen, haben wir die Vergebung Jesu Christi als ständige Ermutigung, nach Niederlagen neu anzufangen.

Jesus Christus hat uns durch seine Liebe zu den Menschen und zum Leben das Leben mit neuen Augen sehen gelehrt. Mit ihm können wir nun besser leben als zuvor. Aber noch leben wir im Leid. Noch ist die Welt nicht besser geworden, als sie es vorher war. Nur dass wir eben besser mit ihr fertigwerden. Und so ist es von Anfang an christliche Hoffnung gewesen, dass das, was in Jesus Christus so schön angefangen hat, einmal vollendet werden wird, dass wir also nicht nur im Leid eine Stärkung haben, sondern dass das Leid überhaupt beendet sein wird.

In der Offenbarung des Johannes ist diese Vision beschrieben: „Siehe da, die Hütte Gottes bei den Menschen! Und er wird bei ihnen wohnen, und sie werden sein Volk sein, und er selbst, Gott, wird mit ihnen sein; und Gott wird abwischen alle Tränen von ihren Augen, und der Tod wird nicht mehr sein, noch Leid, noch Geschrei, noch Schmerz wird mehr sein; denn das Erste ist vergangen."

Wie das aussehen könnte, das lässt sich immer nur andeutungsweise in Bildern umschreiben. Jedenfalls verbinden wir als Christen mit der Zukunft diese Hoffnung auf eine Überwindung all dessen, was unser Leben jetzt noch zur Not macht. Diesen neuen Zustand nennen wir das Reich Gottes oder das Himmelreich. Es hat seinen Anfang bereits genommen beim ersten Auftreten Jesu Christi. Bei seinem zweiten Erscheinen wird es vollendet werden.

Nun geht, so sagt Paulus, diesem zweiten Auftreten Jesu Christi aber die volle Entfaltung aller bösen Mächte voraus. Diese Mächte sind zwar schon da, aber sie werden noch zurückgehalten, sie liegen noch in Fesseln. Wenn sie losgelassen werden, dann werden sie alle Glaubensschwachen in ihren Bann ziehen. Jesus Christus wird dann die böse Macht endgültig vernichten und das neue Reich Gottes errichten.

Aus christlicher Sicht verläuft also der Weg in die Zukunft auf zwei Gleisen. Auf dem einen entfalten sich die guten Kräfte, die durch Jesus Christus in die Welt gekommen sind, auf dem anderen entwickeln sich die bösen Mächte, bis es schließlich am Ende zum großen Kampf kommt.

Ich habe am Anfang der Predigt nicht umsonst auf das Pastorentreffen der letzten Woche hingewiesen, bei dem wir uns die modernen Waffensysteme haben erläutern lassen. Wenn wir uns fragen, wo konkret die zerstörerischen Mächte sitzen, die jetzt zwar noch gezügelt sind, die aber, einmal losgelassen, zu einer endzeitlichen Katastrophe führen könnten, dann finden wir eine solche Macht sicherlich in den militärischen Waffen. Aber nicht nur da.

Uns ist inzwischen deutlich geworden, dass auch die Umweltbelastung durch Zivilisationsmüll und die Verschwendung der Rohstoffe katastrophale Konsequenzen haben kann. Weiterhin kann die Computertechnik zu einer bedrohlichen Entmündigung des Menschen führen. Und wenn wir an die Möglichkeiten der biologischen Manipulation denken, sich einen Menschen in der genetischen Werkstatt nach Belieben zu konstruieren, dann bleibt uns nur der Schluss, dass die biblische Vision von einer Entfesselung aller zerstörerischen bösen Mächte sich heute mehr denn je auf eine reale Grundlage berufen kann.

Es könnte einem anhand dieser Tatsachen Angst und Bange werden. Und ein gehöriger Schrecken täte uns sicherlich auch gut. Aber die bestimmende Kraft für unser Leben soll nicht diese Schreckensvision sein, sondern die Hoffnung auf das Reich Gottes. Als Christen lassen wir uns jetzt und hier leiten von dem Vertrauen darauf, dass der Gang unseres Lebens in Frieden enden wird.

Diese Hoffnung durchzuhalten ohne Illusionen, ohne naive Wirtschafts- und Fortschrittsgläubigkeit, aber auch ohne Verzweiflung angesichts der realen unheilvollen Möglichkeiten, das ist der Auftrag unseres christlichen Glaubens. Wir sollten uns weder Angst machen lassen, noch uns vorspiegeln lassen, dass ein Mensch das Ende der Zeiten vorausberechnen könnte. Vor beidem warnt Paulus: „Lasst euch nicht vom vernünftigen Denken abbringen oder euch Angst einjagen. Keiner soll euch täuschen, auf welche Weise auch immer."

Die Abgründe des menschlichen Wesens
2. September 1979
12. Sonntag nach Trinitatis
Matthäus 5,9

Vor ziemlich genau 40 Jahren, am 1. September 1939, begann der Zweite Weltkrieg. Darüber ist in den letzten Wochen viel gesprochen und geschrieben worden. Und zwar zurecht. Und ich habe darüber auch schon gepredigt. Mir liegt es sehr am Herzen, auch in diesem Gottesdienst einige Gedanken über dieses unrühmliche Datum unserer Geschichte zum Ausdruck zu bringen.

Durch den Zweiten Weltkrieg sind mehr als 50 Millionen Menschen ums Leben gekommen. Ein Krieg ist kein Naturereignis, sondern das Ergebnis menschlichen Verhaltens. Die Schuld am Zweiten Weltkrieg müssen vor allem wir Deutsche uns zurechnen. Deshalb sagt dieses furchtbare Ereignis etwas über uns Deutsche aus. Wir könnten daran ablesen, wer wir sind, was wir für Menschen sind, wir beziehungsweise die damalige Generation, die die Ereignisse bewusst miterlebt hat. Dazu fühle ich mich allerdings nicht berufen: aus dem Zweiten Weltkrieg Schlussfolgerungen über das Wesen der Deutschen zu ziehen.

Aber zwei andere Gedanken möchte ich vortragen. Der Zweite Weltkrieg stellt uns nicht nur als Deutsche infrage, sondern auch als Menschen schlechthin und als Christen. Zum Ersten: Was sagt uns dieser Krieg über unser Menschsein?

Ich meine, dieser Krieg hat endgültig die Abgründe unseres menschlichen Wesens offenbart. Es hat zwar seit Menschengedenken Kriege gegeben. Und ein Krieg ist immer etwas Furchtbares. Aber dennoch hat man noch bis Anfang dieses Jahrhunderts den Menschen mit idealistischen Augen betrachtet: Der Mensch als Krönung der Schöpfung, ein edles Wesen, zu Allerhöchstem berufen, auf dem Wege, Schritt für Schritt seine Geisteskräfte zu entfalten, bis er schließlich in einer fernen Zukunft gottgleich da irgendwo oben auf einem Thron hockt.

Mit solchen hochfliegenden Vorstellungen vom Menschen hat der Zweite Weltkrieg endgültig aufgeräumt, d. h. müsste er eigentlich aufgeräumt haben. Es halten jedoch noch einige an ihren idealistischen Vorstellungen fest oder haben sie wieder neu entwickelt. Sie verweisen unter anderem auf die großartigen technischen Leistungen – und so ein Flug zum Mond zum Beispiel ist ja auch beeindruckend. Aber dass von Menschenhand mehr als 50 Millionen Menschen umgebracht worden sind, das empfinde ich jedenfalls als viel erschütternder als das andere beeindruckend ist.

Die gegenwärtigen Rüstungsausgaben in der ganzen Welt verstärken noch diese Einsicht in das finstere Wesen des Menschen. Wir setzen zwangsläufig viel mehr Mittel ein, die zerstörerischen Kräfte im Menschen zu bändigen, als seine guten Kräfte zu fördern. Wir sollten einmal ausrechnen, wie viel Geld es uns kostet, fremde Nationen militärisch in Schach zu halten, und wie viel wir ausgeben, um mit ihnen freundschaftliche Beziehungen zu pflegen. Aus dem Vergleich würden wir schnell erkennen, dass uns die Bekämpfung des Bösen im Menschen viel mehr Einsatz abverlangt, als wir dann für die Förderung des Guten noch übrighaben.

Es könnte diesen Überlegungen einer entgegenhalten, dass sich aber selbst in der militärischen Rüstung noch die Größe des menschlichen Geistes zeigt. Gewiss, gerade auf dem Gebiet der Militärtechnik hat die menschliche Erfindungsgabe ihre wohl faszinierendsten Erfolge gehabt. Aber diese technische Größe des Menschen ist nur das Angstprodukt seiner viel größeren sittlichen Schwäche.

Der Zweite Weltkrieg ist der bisher wohl schrecklichste Beweis für die zerstörerischen Kräfte im Menschen. Diese Einsicht müsste uns sehr bescheiden machen. Wir müssten uns eigentlich täglich zu unserer Schuld bekennen, nicht nur wegen des Krieges, sondern wegen der vielen kleineren Vergehen und Verbrechen, derer alle wir uns täglich schuldig machen.

Wir müssten täglich um Vergebung bitten. Wir hätten Grund, die Bewahrung vor der Versuchung zu erbitten. Denn der Versuchung zum Bösen erliegen wir schnell. Und wir hätten Grund, auf eine Besserung von anderswo her zu hoffen. Denn ganz aus uns selbst ist sie nicht zu erwarten. Mit anderen Worten: Wir müssten eigentlich täglich die Bitten des Vaterunseres wiederholen: „Vergib uns unsere Schuld, führe uns nicht in Versuchung, erlöse uns von dem Bösen, dein Reich komme, dein Wille geschehe."

Dass ich bitte nicht missverstanden werde: Mit diesen Überlegungen möchte ich nicht den Menschen als eine Bestie beschreiben, der man nur mit Hass und Verachtung begegnen könnte. Ich möchte vielmehr deutlich machen, dass wir Grund zur Bescheidenheit haben. Wir dürfen uns keine Illusionen über uns selbst machen. Der Mensch ist offensichtlich zu allem, zu allem Bösen, fähig. Ich sage bewusst „der Mensch", ein so groß angelegtes Morden wie das im Zweiten Weltkrieg kann nicht von einigen wenigen Verrückten, einigen Unmenschen organisiert sein. Diese hätten ja gar nichts ausrichten können, wenn sie nicht breite Zustimmung in der Bevölkerung gefunden hätten.

Wer den Menschen so ohne Illusionen vor Augen hat, der wird wohl am ehesten verstehen können, was es mit Jesus Christus auf sich hat – was der Satz bedeutet: „In Jesus Christus hat Gott deutlich gemacht, dass er die Menschen liebt." Denn das ist ein ungeheuerlicher Satz zu sagen: „Ich liebe die Menschen", wenn ich weiß, zu welchen Untaten sie fähig sind. Wir können froh und dankbar sein, dass wir etwas von dieser Liebe Gottes zu den gar nicht liebenswürdigen Menschen wissen. Wir wären sonst vielleicht schon in tiefer Verzweiflung über uns selbst zu Grunde gegangen.

„Der Zweite Weltkrieg offenbart uns etwas über unser Menschsein", sagte ich am Anfang. Darüber haben wir uns nun ein paar Gedanken gemacht. Der Zweite Weltkrieg hat uns auch etwas über unser Christsein zu sagen. Denn fast alle Deutschen, ich rede jetzt nur von den Deutschen, waren Christen. Also Christen sind für dieses unsägliche Leid verantwortlich.

Die evangelische Kirche hat gleich nach Kriegsende ihre

34

Mitschuld an den schrecklichen Ereignissen bekannt. Dieses Schuldbekenntnis darf nicht missverstanden werden als Bekenntnis einiger weniger Leute da oben in der Kirchenleitung. Vielmehr ist damit das christliche Gewissen jedes Einzelnen angesprochen.

Christliche Werte wie Liebe, Versöhnung, Brüderlichkeit, Eintreten für den Schwachen, Gewaltlosigkeit, Bescheidenheit, Uneigennützigkeit, Selbstkritik, Bereitschaft zur Vergebung, Opferbereitschaft im Einsatz für die menschliche Würde, all diese christlichen Werte sind im Dritten Reich nicht so vertreten worden, dass sie die Katastrophe hätten verhindern können.

Es wird mancher sagen, als Einzelne könnten wir ja nichts ausrichten gegen das übermächtige System. Das ist sicherlich einerseits richtig. Zum anderen konnte aber das System nur entstehen durch das Zusammenwirken vieler Einzelner.

Ich meine, die Erfahrung des Zweiten Weltkriegs legt uns nahe, dass wir es uns als Christen zur Aufgabe machen, unsere christlichen Werte in die Gestaltung unseres politischen und gesellschaftlichen Systems einzubringen. Mit anderen Worten: Zu unserem Christsein gehört das politische Engagement, nicht unbedingt ein parteipolitisches Engagement, aber doch die bewusste Wahrnehmung unserer Rolle als Staatsbürger. Ich sagte es schon einmal an anderer Stelle: „Bibellesen und Zeitunglesen gehören zusammen."

Wenn uns unsere christlichen Werte etwas wert sind, und wenn wir möchten, dass sie zu einer lebensbestimmenden Wirklichkeit werden, dann kommen wir nicht umhin, mit Entschiedenheit für sie einzutreten. Und das wird uns manches persönliche Opfer abverlangen.

Aber gerade hier liegt wohl eine unserer großen Schwächen, auch als Christen. Lassen Sie mich das kritisch und selbstkritisch sagen: Wir haben wohl mancherlei Überzeugungen. Aber für diese Überzeugungen auch dann noch einzutreten, wenn uns das irgendeinen Nachteil, sei es auch nur einen kleinen materiellen Nachteil, einbringen könnte, fällt uns ziemlich schwer.

Der Einsatz für die Verwirklichung christlicher Werte in unserer Gesellschaft erfordert von uns als Christen eine gute Portion Zivilcourage, d. h. Mut und die Bereitschaft, Nachteile um der Überzeugung willen auf uns zu nehmen.

Lassen Sie mich zum Schluss aus dem Stuttgarter Schuldbekenntnis des Rates der evangelischen Kirche in Deutschland vom 19. Oktober 1945 ein paar Zeilen zitieren. Da heißt es: „Wohl haben wir lange Jahre hindurch im Namen Christi gegen den Geist gekämpft, der im nationalsozialistischen Gewaltregiment seinen furchtbaren Ausdruck gefunden hat; aber wir klagen uns an, dass wir nicht mutiger bekannt, nicht treuer gebetet, nicht fröhlicher geglaubt und nicht brennender geliebt haben.

Wir hoffen zu Gott, dass durch den gemeinsamen Dienst der Kirchen dem Geist der Macht und der Vergeltung, der heute von Neuem mächtig werden will, in aller Welt gesteuert werde und der Geist des Friedens und der Liebe zur Herrschaft komme, in dem allein die gequälte Menschheit Genesung finden kann."

Nichtmilitärische Friedensarbeit stärken!
18. November 1979
Volkstrauertag
Andachten an Gedenksteinen in Gudendorf und Franzenburg
Matthäus 5,9

Wir sind zusammengekommen, um der Opfer der beiden Weltkriege zu gedenken. Wir sind auch hier, um über uns selbst und unsere Zukunft nachzudenken.

Beide Weltkriege haben viele Millionen Menschen das Leben gekostet. Im Zweiten Weltkrieg allein waren es mehr als 55 Millionen.

Man sollte denken, dass die schreckliche Erfahrung des Ersten Weltkriegs die deutsche Bevölkerung zur Besinnung, zur Vorsicht, zur Zurückhaltung, zur Vernunft hätte bringen müssen. Aber es dauerte nur zwanzig Jahre, bis die Deutschen einen Zweiten Weltkrieg begonnen hatten.

Auch die noch schrecklichere Erfahrung des Zweiten Weltkriegs hat den Krieg nicht auslöschen können. Wir Deutsche haben uns bisher zurückgehalten. Aber auf der ganzen Erde hat es auch nach 1945 mehr als 80 Kriege gegeben. Es ist eine traurige Erfahrung, dass wir als Menschen aus Erfahrungen nicht lernen.

Wir müssen uns das auch als Deutsche selbstkritisch sagen. Zwar haben wir nicht wieder kriegerische Auseinandersetzungen angezettelt, noch uns in solche hineinziehen lassen. Aber es ist eine erschütternde Tatsache, dass in unserem Land der Wehrdienst einen erheblich besseren Ruf genießt als der Friedensdienst. Wer den Dienst mit der Waffe aus Gewissensgründen verweigert, muss nicht nur zweifelhafte Befragungen über sich ergehen lassen. Er muss auch damit rechnen, als Drückeberger verspottet zu werden.

Die Notwendigkeit einer militärischen Absicherung unseres Landes kann wohl kaum in Abrede gestellt werden. Dennoch ist die Förderung von Friedensinitiativen um ein Vielfaches wichtiger. Militärische Macht kann nur einen Waffenstillstand

Kriegerdenkmal in Cuxhaven-Gudendorf

Kriegerdenkmal in Cuxhaven-Franzenburg

herstellen. Frieden ist aber mehr als Waffenstillstand. Wer bereit ist, sich für den Frieden einzusetzen, ist es wert, geachtet

38

und unterstützt zu werden.

Wie kann heute Einsatz für den Frieden aussehen?

Wir haben in diesem Jahr 1979, vierzig Jahre nach Beginn des Zweiten Weltkriegs, die erste Direktwahl für das Europäische Parlament erlebt. Das vereinigte Europa ist ein hoffnungsvoller Schritt auf den Frieden zu, zumindest in diesem Teil der Erde. Die gegenseitige Abhängigkeit der europäischen Länder und die vielfältigen organisatorischen und persönlichen Beziehungen machen einen Krieg innerhalb der Gemeinschaft mehr und mehr unwahrscheinlich. Aber politische Strukturen allein garantieren den Frieden nicht. Das persönliche Engagement, der Einsatz jedes Einzelnen bleibt grundlegend. Denn ohne den Einzelnen können Strukturen gar nicht erst entstehen. Und da ist noch sehr viel zu tun.

Ich möchte drei Aufgaben einer Friedensarbeit nennen:

Erstens. Es geht darum, Lebensbedingungen in aller Welt zu schaffen, die das Leben lebenswert machen. Solange noch viele Menschen, ja, die Mehrheit der Weltbevölkerung unter menschenunwürdigen Bedingungen leben muss, gequält von Hunger, Krankheit, sozialer Ungerechtigkeit, wird es keinen Frieden geben können. Denn diese Menschen haben nichts zu verlieren, wenn sie sich gewaltsam gegen ihr Schicksal auflehnen.

Zweitens kann es aber nicht nur darum gehen, die materiellen Lebensbedingungen zu verbessern. Wohlstand allein ist keine tragfähige Grundlage für den Frieden. Wir erleben gerade in unserem Land seit mehr als zehn Jahren eine zunehmende Unzufriedenheit besonders unter Jugendlichen trotz oder vielleicht gerade wegen unseres materiellen Überflusses. Das haben wir nicht nur durch die gewaltsamen Aktionen der Terroristen erlebt. Wir erkennen die Unzufriedenheit auch an der hohen Selbstmordrate.

Frieden setzt voraus, dass wir unser Leben als sinnvoll erfahren. Und sinnvoll wird es nicht durch das, was wir haben, was wir besitzen, das spüren wir immer mehr. Den Sinn unseres Lebens erfahren wir nur durch menschliche Beziehungen:

39

dadurch, dass wir einander annehmen, Freud und Leid miteinander teilen, die menschliche Gemeinschaft pflegen. In einer von Materialismus und von anonymen Strukturen geprägten Umwelt sind wir umso mehr darauf angewiesen, unseren Wert als Menschen zu erfahren.

Die dritte Aufgabe einer Friedensarbeit hängt mit der zweiten zusammen. Wir haben erkannt, dass die ungezügelte Fortsetzung unseres Konsumverhaltens selbstmörderisch ist und zu einer weltweiten Katastrophe führen kann. Es ist schon davon gesprochen worden, dass es vielleicht schon in 30-40 Jahren zu kriegerischen Auseinandersetzungen um die letzten Rohstoffe kommen könnte. Es ist wohl unumgänglich, dass wir uns auf einen neuen Lebensstil einrichten, der gekennzeichnet ist durch Sparsamkeit im Verbrauch von Rohstoffen und Energie, der uns zufrieden sein lässt mit dem, was wir sind, und dem, was wir haben.

Die Trauer um die Opfer der beiden Weltkriege kann nur dann glaubwürdig sein, wenn wir selbstkritisch nach den Ursachen von Krieg in uns und in unserem Verhalten forschen und wir bereit sind, unser Leben zu ändern.

Das Böse bekämpfen, nicht den Menschen
26. Oktober 1980
21. Sonntag nach Trinitatis
Epheser 6,10-17

Im Kino kann man solche kriegerischen Gestalten sehen, wie hier in unserem Predigttext eine beschrieben ist: den Körper gepanzert, einen Helm auf dem Kopf, in der einen Hand zum Schutz den Schild, in der anderen das Schwert. Wie ein römischer Soldat oder ein Ritter, ein Kreuzritter vielleicht. Eine furchterregende Gestalt, gepanzert für die Verteidigung und gerüstet für den Angriff. So sollen wir dem Bösen begegnen.

Natürlich wird hier bildhaft geredet. Aber dieses Bild drängt sich, weil es so anschaulich ist, in den Vordergrund. Und da wirkt es – jedenfalls empfinde ich das so – ganz unangemessen. Es passt nicht zu der Vorstellung, die wir von einem Menschen haben, der vom christlichen Glauben geprägt ist. Das Bild steht in starker Spannung zu dem, was es aussagen soll.

Denken wir nur an das Bild, das wir von Jesus Christus haben. Das ist doch ganz anders. Ein einfacher Mann in einfachem Gewand, ungeschützt mit Händen, die niemanden verletzen können. Sein Äußeres war weder zur Verteidigung noch zum Angriff geeignet. Dennoch war er stark, ja, mächtig. Wir können es nur paradox ausdrücken, in scheinbar widersprüchlicher Weise: Seine Schwäche war seine Stärke. Gerade weil er sich nicht verteidigte, gerade weil er nicht mit Waffengewalt angriff, siegte er.

Dass uns Jesus Christus heute noch etwas bedeutet, hängt mit seiner Schwäche zusammen, damit, dass er sich dem Bösen so schutzlos aussetzte. Nicht naiv freilich, sondern in der bewussten Absicht, seine ihm von Gott gegebene Stärke für alle erfahrbar zu machen. Darüber wird noch näher zu reden sein.

Aber ich möchte noch eines sagen: Auch Naivität kann unter gewissen Umständen schon eine Stärke sein. Wenn ein kleines Kind einem fremden erwachsenen Menschen naiv vertraut,

41

dann mag es sein, dass dieser naive Glaube den anderen geradezu entwaffnet und dieser seine eventuellen bösen Absichten aufgibt. Aber Jesus Christus war nicht naiv. Dass er bewusst auf seine äußere Stärke verzichtete, machte ihn in Wirklichkeit stark.

Dieses Bild von der angsterregenden Waffenrüstung steht in ziemlicher Spannung zu dem, was wir von Jesus Christus wissen.

Was will nun dieses Bild aussagen? Welche sind die Waffen, mit denen der Christ das Böse bekämpfen soll?

Der Panzer, das ist die Gerechtigkeit. Der Gürtel ist die Wahrheit. Die Schuhe stellen die Bereitschaft dar, das Evangelium des Friedens zu verkündigen. Der Schild soll der Glaube sein, der Helm die Hoffnung auf das Heil und schließlich das Schwert der Geist, das Wort Gottes.

Als die „Waffen" des Christen, soweit man sie überhaupt Waffen nennen kann, das müssten wir in Anführungszeichen setzen – die „Waffen" des Christen haben mit dem Bild, das hier gebraucht ist, nicht viel gemein. Sie sind ganz und gar nicht kriegerisch. Sie haben einen ganz friedlichen Charakter: Wahrheit, Gerechtigkeit, Bereitschaft, das Evangelium des Friedens zu verkündigen, Glauben, Heil, Geist, Wort Gottes. Es ergibt sich aus der Aufzählung dieser sogenannten „Waffen" auch schon, was mit ihnen bekämpft werden soll, nämlich die Lüge, die Ungerechtigkeit, der Unfrieden, der Unglauben, das Unheil, die Gewalt. Über diese einzelnen Aspekte des Bösen ließe sich viel sagen. Das möchte ich jetzt mal nicht tun. Es fällt uns ja nicht schwer, uns das selbst im Einzelnen auszumalen.

Ich möchte aber auf eines aufmerksam machen, auf eine ganz wichtige Aussage in unserem Text. Es heißt da: „Wir kämpfen nicht gegen Menschen, wir kämpfen gegen unsichtbare Mächte und Gewalten, gegen die bösen Geister zwischen Himmel und Erde."

„Wir kämpfen nicht gegen Menschen", so hat Jörg Zink übersetzt. Bei Luther heißt es: „Wir kämpfen nicht gegen Fleisch und Blut." Mir gefällt die Übersetzung von Jörg Zink

42

besser, weil sie deutlicher sagt, was gemeint ist. Hier wird unterschieden zwischen dem Menschen und den Mächten des Bösen, zwischen dem Menschen und dem Bösen.

Wir bekämpfen nicht den Menschen, sondern wir bekämpfen das Böse. Das ist eine ganz wichtige Aussage. Wir können sie gar nicht ernst genug nehmen. Wir sind nämlich oft genug geneigt, den Menschen und das Böse gleichzusetzen. Und das hat katastrophale Folgen.

Um gleich deutliche Beispiele zu nennen: Wenn irgendwo jemand eine Gräueltat begangen hat, einen Taxifahrer ermordet hat, oder Terroristen jemanden umgebracht haben, dann wird in unserem Land regelmäßig der Ruf nach der Todesstrafe laut. „Das sind keine Menschen mehr", heißt es dann. „Die haben kein Recht mehr, unter uns zu sein. Die gehören umgebracht!"

Hier werden der Mensch und das Böse gleichgesetzt. Es ist wahr, dass einem manche Menschen wie die Verkörperung des Bösen, wie die leibhaftige Gestalt des Bösen erscheinen mögen. Aber christliche Überzeugung ist es, dass ganz klar zu unterscheiden ist zwischen dem Menschen und dem Bösen. Christliche Überzeugung ist es, dass jeder Mensch ein Geschöpf Gottes ist, ein von Gott geliebtes Wesen, ein von Gott bedingungslos und grenzenlos geliebtes Wesen ist, mag der Mensch auch noch so viel Böses getan haben.

Das Böse ist nach christlicher Überzeugung eine Macht, die den Menschen mit ihren Klauen zu packen und in den Abgrund zu reißen versucht. Manche Menschen sind wahrhaftig in den Klauen des Bösen. Andere weniger. Aber ganz frei sind wir alle von der Macht des Bösen nicht.

Jesus Christus ist gekommen, um uns von der Macht des Bösen zu befreien, um uns aus den Klauen des Bösen herauszureißen, damit wir wieder unser göttliches Wesen, unser gottgewolltes Wesen entfalten können. Er will uns befreien, damit unserem menschlichen Antlitz wieder abzulesen ist, dass wir nach Gottes Ebenbild geschaffen sind.

Den Menschen aus der Gewalt des Bösen befreien: Im Evangelium des Markus besonders ist das sehr anschaulich beschrieben. Da gibt es genug Geschichten, die erzählen, wie Jesus die bösen Geister austrieb. Ein Mensch, der von den Mächten des Bösen gepackt war, der wegen seines bösartigen Verhaltens nicht mehr tragbar und darum aus der Gesellschaft ausgestoßen war, der begegnete Jesus. Jesus trieb den bösen Geist aus, und dieser Mensch war wie verwandelt. Das Böse hatte ihn verlassen.

Es ist gewiss schwer, bei manchen Menschen ist es schwer, daran zu glauben, dass sie jemals wieder von dem Bösen frei werden könnten. Aber Gott gibt keinen Menschen auf. Gottes Liebe gilt auch dem allerbösesten Menschen. Auch ihm gilt das Angebot der Vergebung. Auch auf ihn richtet sich die Hoffnung, dass er neu werden möge.

Das wird von manchen Menschen nicht verstanden. Als damals in Berlin Terroristen im Gefängnis saßen und der damalige Berliner Bischof Scharf sie dort besuchte, traten aus Protest eine ganze Reihe Menschen aus der Kirche aus. Aber jeder Mensch, mag er auch noch so schwere Schuld auf sich geladen haben, ist es wert, dass wir zu ihm gehen und mit ihm reden und ihm die Möglichkeit zur Umkehr offenhalten – bis zum letzten Augenblick. Gerade die in die Irre Gegangenen sucht Gott mit besonderer Hingabe.

Wir kämpfen nicht gegen den Menschen, sondern gegen die Macht des Bösen. Das Böse besiegen wir nicht, indem wir den Menschen totschlagen, der vom Bösen ergriffen ist. Unsere Waffen sind die Wahrheit, die Gerechtigkeit, die Bereitschaft, das Evangelium des Friedens zu verkündigen, der Glaube, die Hoffnung auf das Heil. Unsere Waffen sind das Wort Gottes und der Geist, der aus ihm kommt.

Mit diesen – in Anführungszeichen – „Waffen" sind wir schwach, mag einer sagen. Wie können wir damit überhaupt des Bösen Herr werden? Nun, wir mögen darüber streiten. Wir mögen an der Wirksamkeit dieser „Waffen" zweifeln. Für mich steht aber fest: Jesus Christus hat schon einen Sieg errungen.

44

Die Vollendung steht noch aus. Auf sie hoffen wir. Jesus Christus hat schon Menschen verändert. Er hat vielerorts Macht über das Böse gewonnen und Menschen zum Guten befreit – trotz seiner äußeren Schwäche – ich möchte sagen: durch seine äußere Schwäche. Was Jesus Christus stark macht, ist, dass er bewusst – nicht naiv –, dass er bewusst auf jede äußere Stärke verzichtet, dass er an das gottgeschaffene Wesen des Menschen unerschütterlich glaubt und dass er an unsere Veränderbarkeit glaubt.

Lassen Sie uns das Risiko der Schwäche eingehen. Lassen Sie uns mit den unscheinbaren Waffen des Glaubens dem Bösen Widerstand leisten, damit wir wieder menschlicher werden, menschlich so, wie uns Gott geschaffen hat.

Der Herr wird seinem Volk Kraft geben; der Herr wird sein Volk segnen mit Frieden.

Juni – Juli 1981
Gemeindebriefandacht
Psalm 29,11

Der Monatsspruch für Juni spricht eine große Hoffnung aus. Noch haben wir den Frieden nicht, nach dem wir uns sehnen. Werden wir ihn jemals haben? Ein weltweiter Frieden scheint immer weiter in die Ferne zu rücken. Was können wir tun? Können wir als Einzelne etwas ausrichten? Bleibt uns nur der innere Frieden? Aber können wir inneren Frieden haben in einer friedlosen Welt?

Das Stichwort Frieden löst Ängste und Hoffnungen aus. Mit dem Motto „Fürchte dich nicht" will der Kirchentag der Resignation entgegentreten und die Hoffnung stärken. Das möchten auch wir tun in dem Feierabendmahlsgottesdienst in unserer Kirche am Freitagabend während des Kirchentags. Zu dem Gottesdienst und anschließenden Beisammensein mit den Gästen aus Ost und West und Nord und Süd laden wir Sie herzlich ein.

Aus der verwirrenden Vielfalt der Kirchentagsveranstaltungen haben wir für Sie einige speziell zum Thema Frieden herausgesucht.

Donnerstag, 18. Juni

10.00–11.00
Innerer Krieg – Äußerer Frieden
Friedenslieder und Texte zum Hören und Mitsingen
Musikgruppe Elysium & Chor, Duisburg*
St. Gertrud Uhlenhorst, Immenhof 8a, Hamburg 76

11.00–12.30
Vorträge Reihe 3: Frieden schaffen
Den Frieden verkünden
Bischof Dr. Hans-Gernot Jung, Kassel
Halle 13, Messegelände

15.00–18.00
Arbeitsgruppe 3: Frieden schaffen
Frieden weltweit: Energie und Kriegsgefahr
Öl und Sicherheit – Ängste und Bedrohungen in der Nord-Süd-Beziehung
Dr. Hanns W. Maul, München
befragt
Rahman Mechadani, Bonn
Dr. Wolfgang Müller-Michaelis, Hamburg
Leopoldo Niilus, Genf
Dr. Theo Sommer, Hamburg
Gesprächsleitung:
Dr. Klaus Lefringhausen, Bonn

Rüstungstransfer und Militarisierung
Ein Gespräch zwischen
Professor Dr. Ulrich Albrecht, Berlin, und
Minister Dr. Henning Schwarz, Kiel, unter Beteiligung von
Leopoldo Niilus, Genf, und
Dr. Theo Sommer, Hamburg
Leitung:
Oberkirchenrat Klaus Wilkens, Hannover

Veranstaltungsleitung:
Dr. Reinhold Braun, München
Dr. Klaus Lefringhausen, Bonn
Oberkirchenrat Klaus Wilkens, Hannover

Halle 13, Messegelände

16.00–17.30
Fürchte dich nicht
Soldaten beten für den Frieden
Musik: Gospelchor Husum-Bredstedt und Posaunenchor der Evang. Militärseelsorge*

St. Gertrud-Kirche Uhlenhorst, Immenhof 8 a, Hamburg 76

46

16.00–17.00

Meditation Bedrohter Frieden
Für Ehre, Ruhm und Vaterland
Collage aus Texten von Brecht, Tucholsky,
Borchert, Kästner u. a.
Schweigen und kleine Klavierstücke
Leitung: Christel Lohse, Hamburg
Theatergruppe der Paulskirchengemeinde
Schenefeld*

Kreuzkirche Altona Hohenzollernring,
Hamburg 50

19.30–22.30

Friedens-Beatmesse
Den Frieden leben
Bestandsaufnahme: den Unfrieden
erkennen. Verweigerung. Schwerter zu
Pflugscharen schmelzen – den Frieden
träumen. Stillwerden. Sich gemeinsam
stärken mit Brot und Wein. Pflanzen und
Wünschen: ein Samenkorn für den Frieden.
Es laden ein:
Christian Wolff (Moderation) und Peter
Saueressig (Predigt) mit der Arbeitsgruppe
Gottesdienst Unionskirche Mannheim
(Konzept, Texte, Patomime)*
Paul-Gerhard Walter mit Chor und
Musikgruppe Lattwerkers aus Mannheim*

Halle 7, Messegelände

20.00–22.00

Ökumenischer Friedensgottesdienst mit
Mahlfeier und Nachgesprächen
**Fürchte dich nicht: selig sind die
Friedensstifter**
Christen aus Ost und West laden ein zur
Teilnahme an den Abrüstungsbemühungen
in aller Welt
Es wirken mit:
Leopoldo Niilus, Genf, Ökumenischer Rat
der Kirchen (ev.-luth.)
Jan ter Laak, Interkirchlicher Friedensrat
(IKV), Niederlande, (röm.-kath.) Alexei N.
Stoyan, Evang. Christen/Baptisten in der
UdSSR
Lieder und Liturgie mit Texten von Huub
Oosterhuis und B. Huijbers

Abrüstungsinitiative Bremer
Kirchengemeinden* und Interkirchlicher
Friedensrat.(IKV) Niederlande

Gnadenkirche St. Pauli Nord,
Karolinenstraße 2, Hamburg 6

19.30–23.00

Politisches Nachtgebet
Schreckensgeschrei haben wir gehört,
friedloses Entsetzen (Jeremia 30, 5)
mit:
Heinrich Albertz, Berlin
Helmut Frenz, Bonn
Elmar Funk, Kirchheimbolanden
Musik:
Gruppe Kontakte, Lippstadt*
amnesty international, Sektion der
Bundesrepublik Deutschland e. V., Bonn*

Alsterdorfer Sporthalle, Krochmann-
straße 55, Hamburg 60

Freitag, 19. Juni

11.00–12.30

Vorträge Reihe 3: Frieden schaffen
Den Frieden sichern
Ein Podiumsgespräch mit:
Bundesminister Dr. Hans Apel, Bonn
Dr. Christoph Bertram, London
Professor Dr. Wolfgang Huber, Marburg
Professor Dr. Eva Senghaas-Knobloch,
Bremen
Leitung: Chefredakteur
Eberhard Stammler, Stuttgart
Halle 13, Messegelände

15.–18.00

Arbeitsgruppe 3: Frieden schaffen
Frieden, Sicherheit und Abrüstung
Was macht uns sicher – was macht uns
Angst?
Biblisch-theologische Meditation:
Professor Dr. Marie Veit, Marburg

Rüstung – Wettlauf zum Tode?
Information: Dr. Gert Krell, Frankfurt

Frieden sichern – Frieden schaffen:
Wie ist Abrüstung politisch möglich?
Podiumsgespräch zwischen
Egon Bahr MdB, Bonn
Dr. Alois Mertes MdB, Bonn
Bischof Karlheinz Stoll, Schleswig
Ben ter Veer, Groningen/NL
und unter Beteiligung von
Dr. Gert Krell, Frankfurt/Main
Professor Dr. Marie Veit, Marburg
Gesprächsleitung:
Pastor Eberhard le Coutre, Hamburg

Veranstaltungsleitung:
Rüdiger Stegemann, Neuenstein
Pastor Eberhard le Coutre, Hamburg
Professor Dr. Heinz Griesinger, Stuttgart

Halle 13, Messegelände

*Gemeindebrief St. Markus Juni/Juli 1981
Kirchentagsprogramm zum Thema „Frieden" (Auszug)*

47

Kämpfen mit dem geistlichen Wort
19. Juni 1981
Kirchentag
Feierabendmahl
Epheser 6,10-17

Unter uns, die wir hier im Gottesdienst sitzen, sind aus christlicher Verantwortung heraus die unterschiedlichsten Überzeugungen über den rechten Weg zum Frieden vertreten. Diese Spannung gemeinschaftlich auszuhalten, ist nicht so leicht, es sei denn, wir würden dieses Thema tabuisieren, einfach nicht darüber reden. Aber so sollten wir uns nicht aus der Affäre zu ziehen versuchen. Wir sind es einander schuldig, dass wir uns gegenseitig die Meinung sagen, dass wir uns gegenseitig unsere Überzeugungen mitteilen und uns um gegenseitiges Verständnis bemühen.

Wir sollten bei einem solchen Gespräch auch nicht auf der Ebene des Unverbindlichen bleiben. Unverbindlichkeit kann unmenschlich sein. Sie lässt den anderen mit seinen Fragen allein und enthält ihm die Chance vor, sich in der Auseinandersetzung mit anderen Positionen innerlich weiterzuentwickeln. Und wir sollten ein solches Gespräch auch nicht unter der Annahme zu führen versuchen, es könnte unpolitisch ablaufen. Kirchliches Reden und Handeln hat immer seine ganz konkreten politischen Konsequenzen, denn unser christlicher Glaube besteht aus Grundüberzeugungen, die die Grundlage für konkrete Entscheidungen bilden. Selbst die Grundüberzeugung, sich nicht politisch konkret äußern zu sollen, hat konkrete politische Folgen. Wir lassen die Entscheidungen der anderen zu. Nicht ob, sondern wie wir politisch wirken wollen, können oder sollen, ist die Frage. Deshalb hat ein bekannter Theologe schon vor Jahrzehnten gesagt: Ein Christ hat zweierlei zu lesen: die Bibel und die Tageszeitung.

„Fürchte dich nicht!" Das verstehe ich in unserer gegenwärtigen Situation als Ermutigung, für die aus christlicher Verantwortung bezogene Position verbindlich, engagiert und aktiv

48

einzutreten. Ich möchte mit mir selbst gleich beginnen und sagen, wie ich in Sachen Frieden denke und fühle. Vielleicht sollte ich besser sagen: gegenwärtig denke und fühle. Meine Gedanken und Gefühle setzen nicht bei der Frage ein: „Wie lässt sich ein Atomkrieg vermeiden?" Diese Fragestellung kann uns für mein Empfinden nicht das Leben eröffnen, das wir so sehnsüchtig suchen. Sie ist genauso wenig hilfreich wie die Frage „Wie kann ich den Tod verhindern, damit ich endlich leben kann?" Ich gehe von der Gewissheit des Todes aus, und ich gehe stillschweigend auch davon aus, dass der Atomtod auf uns zukommt. Eine solche Annahme müsste eigentlich den Beifall aller sogenannten Realisten finden, die sagen: Kriege hat es immer gegeben und wird es immer geben. Also wird auch der Atomtod nicht weit sein.

Ich nehme den Tod, auch den Atomtod, gewissermaßen bereits als gegeben hin, versuche diese Grenze innerlich zu überwinden und gebe mich mit meinen Gedanken und Gefühlen dem hin, der uns in einzigartiger Weise das Leben nach dem Tod eröffnet. Ich meine Jesus Christus. Bei ihm und bei dem, was er uns als Leben anzubieten hat, beginne ich.

Jesus Christus hat sich nicht um seine Selbsterhaltung gesorgt. Er hat sich selbst aufs Spiel gesetzt. Er hat das Risiko des Scheiterns auf sich genommen. Ja, er hat die Gewissheit seines Scheiterns angenommen.

Aber gerade dadurch hat er Leben in seiner schönsten Form verwirklichen können. Er konnte lieben, auch wenn er davon ausgehen musste, dass er nur auf wenig Gegenliebe stoßen würde. Er konnte vertrauen, auch wenn er damit rechnen musste, dass sein Vertrauen missbraucht werden würde. Er konnte vergeben, ohne Vergebung von anderen zu erwarten. Er konnte denen etwas geben, von denen er selbst nichts zu erwarten hatte. Er konnte sich, ohne es zu bereuen, für solche Menschen einsetzen, die sich für ihn nicht einsetzten. Er konnte auf Gewalt verzichten, auch wenn man ihm Gewalt antat. Er konnte sich reich schätzen, obwohl er nur wenig besaß. Er konnte vom ewigen Leben reden, obwohl seine Tage gezählt waren.

Jesus Christus hat uns gerufen, ihm nachzufolgen. Von diesem Ruf fühle ich mich angesprochen, und ich möchte diesen Ruf weitergeben an euch und an alle. In der Nachfolge Jesu Christi leben – was bedeutet das für mich?

Ich möchte nicht, dass die Sorge um meine Selbsterhaltung für mich zum Grundmotiv meines Lebens wird. Ich möchte meine Zeit und Kraft nicht darin aufgehen lassen, dass ich mein Hab und Gut sichere und verteidige. Ich möchte mich nicht im Kampf um meine persönlichen Sicherheiten, zum Beispiel meine Arbeitsstelle, verausgaben. Ich möchte mich auch nicht für die Sicherheit nur des Landes aufopfern, in dem ich zufällig lebe. Es hätte genauso gut Amerika, Russland, China, Israel sein können. Ich möchte mir nicht meine Mitmenschen verteufeln lassen, nicht nahe, nicht ferne, nicht rote, nicht schwarze, nicht gelbe, nicht sonst wen. Ich möchte Liebe üben. Und lieben kann ich nicht mit Waffengewalt. Ich möchte vertrauen. Vertrauen erweisen, das kann ich nicht aus dem Bunker heraus. Ich möchte vergeben. Vergeben kann ich nicht mit der drohend erhobenen Faust. Ich möchte lieber scheitern um dieser Werte willen, als im Verteidigungskampf für solche Dinge untergehen, die für mich drittrangig sind.

Ich möchte frei sein, aber frei sein, um Menschen zu begegnen im Geiste der Liebe Jesu Christi. Solche Freiheit ist notfalls auch noch möglich im Gefängnis. Solche Freiheit ist auch möglich unter diktatorischen Regimen.

Mit den immer zahlreicher werdenden Waffen lässt sich nicht das verteidigen, um dessentwillen Jesus Christus gekommen ist.

Jesus Christus hat gesagt: Das Reich Gottes – das Reich, in dem der Geist seiner Menschenliebe regiert, das Reich Gottes ist angebrochen und es wird vollendet werden. Vertrauen wir dieser Zusage so wenig, dass wir sie mit immer mehr Waffen abzusichern versuchen?

Fürchte dich nicht! Das Wort Gottes ist unter uns. Der gute Geist ist lebendig. Er gibt uns das Leben, das zu leben sich lohnt.

50

Kann es vielleicht sein, dass wir geistige und geistliche Schwäche durch militärische Stärke auszugleichen versuchen? Rüsten wir militärisch immer weiter auf, weil uns nichts anderes mehr einfällt? Und fällt uns nichts anderes mehr ein, weil wir keine inneren Kräfte mehr haben, um dem Bösen Widerstand zu leisten?

Der Friede Gottes, der höher ist als alle Vernunft, kann nicht durch militärische Stärke hergestellt werden. Lasst uns aufrüsten, aber geistig und geistlich aufrüsten. Lasst uns die geistliche Waffenrüstung anlegen, wie Paulus sagt: „Legt die Wahrheit Gottes als Gürtel um. Zieht das neue Leben als Panzer an. Tragt als Schuhe die Bereitschaft, die gute Nachricht vom Frieden zu verkünden. Haltet dazu den Glauben als Schild vor euch. Die Hoffnung auf Rettung sei euer Helm und das Wort Gottes das Schwert, das der Geist euch gibt. Und vergesst nicht das Gebet."

Mit solchen Waffen kämpfe ich gern. Darum bin ich Pastor und gerne Pastor. Und wenn ich auch die verschiedenen Versuche, den Frieden zu erlangen, respektiere, möchte ich euch doch diese geistigen und geistlichen Waffen mit besonderer Wärme ans Herz legen.

Möge uns diese Schöpfung noch möglichst lange als unser Lebensraum erhalten bleiben. Und mögen wir in ihr Frieden finden durch den guten Geist Gottes.

Für diese ganze wunderbare Schöpfung lasst uns Gott loben und preisen – für die Pflanzen, die Tiere, die Menschen. Und lasst uns ihn loben für die Geduld, die er mit uns hat, für die Vergebung, die Freude, die Gemeinschaft mit ihm und unter uns und mit allem Lebendigen.

Bemüht euch um Frieden mit jedermann und um Heiligung, ohne die niemand den Herrn sehen wird.

September – Oktober 1981
Gemeindebriefandacht
Hebräer 12,14

Frieden –
das ist nicht erst ein Zustand in einer fernen Zukunft.

Frieden –
das fängt schon jetzt in meinem Inneren an:

- wenn ich versuche, Menschen zu verstehen, die anders sind, anders denken, anders handeln als ich;
- wenn ich versuche, die Interessen, die Wünsche, die Hoffnungen der anderen genauso ernst zu nehmen wie die meinen;
- wenn ich versuche, die Angst der anderen vor mir meiner Angst vor ihnen gleichzustellen;
- wenn ich versuche, das Sicherheitsbedürfnis der anderen anzuerkennen wie mein eigenes;
- wenn ich versuche, die Schwäche des anderen durch meine Stärke auszugleichen;
- wenn ich bereit bin, das Risiko der Selbstgefährdung auf mich zu nehmen,
- und versuche, anderen zu vertrauen, statt ihnen zu misstrauen;
- mich anderen zu öffnen, statt mich gegen sie zu verteidigen;
- anderen zu verzeihen, statt mich an ihnen zu rächen;
- wenn ich es mir verbiete, mein eigenes Leben zu erhalten, indem ich anderer Menschen Leben zerstöre;
- wenn ich versuche zu leben, statt nur zu überleben.

Den Tod vorwegnehmen
14. November 1981
Geistliche Musik zur Friedenswoche
Ebenezer (ev.-meth.)
Psalm 90,12

Dieses Konzert ist in das Programm der Friedenswoche aufgenommen worden, die im Wesentlichen von St. Markus gestaltet worden ist. Ich bin gebeten worden zu versuchen, einen Zusammenhang herzustellen zwischen den Texten der Musiken und der Friedenswoche. Ich möchte dies in persönlicher und engagierter Form tun.

Graf Heinrich Posthumus Reuß, geb. 1572, war von lebensfroher Natur. Er besaß nicht nur staatsmännisches Geschick und war deshalb auch ein geachteter Ratgeber in politischen Fragen. Er war auch ein gerngesehener Gesellschafter an den deutschen Fürstenhöfen. Er ließ selten ein Fest aus. Bei Hochzeiten, Jagden, Ritterspielen, Maskeraden war er stets dabei. Er veranstaltete selbst glänzende Hoffeste. Über seine zahlreichen ausgedehnten Reisen verfasste er zum Teil recht launige Berichte. Er hatte ein weltoffenes Wesen. So lesen wir es im Vorwort zu dem musikalischen Werk, das wir eben gehört haben.

Als Graf Heinrich 62 Jahre alt war, ließ er sich einen kupfernen Sarg anfertigen. Den Sarg ließ er mit Sätzen aus der Bibel und Liedversen beschriften. Zu etwa der gleichen Zeit bat er Heinrich Schütz, aus eben diesen Bibelsätzen und Liedversen eine Trauermusik zu gestalten. Es wird für wahrscheinlich gehalten, dass Graf Heinrich diese Trauermusik, die auf seiner eigenen Beerdigung gespielt werden wollte, noch zu seinen Lebzeiten hat aufführen lassen.

Dem eigenen Tod bewusst ins Auge sehen, sich mit der Tatsache des Sterbenmüssens rechtzeitig mit wachem Verstand auseinandersetzen, das ist eine Aufgabe, der sich nur wenige stellen. Diese Aufgabe wahrzunehmen, ist aber im wörtlichen Sinne lebenswichtig. Ob und wie sie wahrgenommen wird, kann auch entscheidend dafür sein, ob die gegenwärtige Friedensbewegung zu einer tiefgreifend verändernden Kraft wird oder nicht.

Viele, die sich in der Friedensbewegung engagieren, sind motiviert – und motivieren andere – durch die Angst vor dem Atomtod, vor dem Tod durch einen Atomkrieg. Wer diese Angst schürt, der darf sich allerdings nicht wundern, wenn er damit die hektischen Aktivitäten gerade derjenigen fördert, die meinen, sich und uns schützen zu müssen durch weitere Aufrüstung.

Die bis ins Überdimensionale hineingetriebene militärische Rüstung ist ein kolossales Monument menschlicher Angst, die nirgendwo mehr ihren Halt findet, eine Art Turm zu Babel, erwachsen aus einer Gottlosigkeit, einem abgrundtiefen Misstrauen in den guten und sinnvollen Verlauf unseres Lebens und dem ins Größenwahnsinnige übersteigerten Versuch, unter Einsatz allen Materials menschliche Totalherrschaft über unser Schicksal zu erlangen. Der Turm wird zusammenbrechen, und vielleicht werden wir alle daran zugrundegehen.

Wir tun nicht gut daran, die Angst weiter zu schüren. Heilsamer wird es für uns alle sein zu versuchen, den Tod, auch den Tod durch Atomwaffen, geistlich vorwegzunehmen, ihn jetzt schon zu bedenken und in unserem Innersten zu überwinden: „Herr, lehre uns bedenken, dass wir sterben müssen, auf dass wir klug werden!"

Die Angst vor dem Tod gilt es wohl ernst zu nehmen, ja, wir müssen sie sehr ernst nehmen. Aber wenn sie die treibende Kraft unseres Lebens wird, dann haben wir das Leben bereits verloren. „Wer sein Leben erhalten will, der wird es verlieren."

Das Leben ist ein Geschenk an uns. Wir haben es uns nicht selbst gegeben, wir haben keinen Anspruch darauf. „Der Herr hat's gegeben, der Herr wird es nehmen." Bescheidenheit und Dankbarkeit sollen unsere Antwort sein.

Für den Unverständigen, der meint, einen Anspruch auf das Leben zu haben, für den wird die Beendigung des Lebens eine unerträgliche Zumutung sein. „Der Abschied wird für eine Pein

54

gerechnet, das Hinfahren für ein Verderben."

Graf Heinrich hat sein Leben vielleicht deshalb mit einiger Ruhe bewusst loslassen können, weil ihm nicht nur die Mühen des Lebens sattsam bekannt waren – es war immerhin die Zeit des Dreißigjährigen Krieges: „Es ist allhier ein Jammertal, Angst, Not und Trübsal überall" –, er mag sich auch mit der Hoffnung auf ein neues Leben nach dem leiblichen Tod getröstet haben.

Wir werden heute wohl nur wenigen Menschen durch die Angst vor dem Tod hindurchhelfen, indem wir auf ein Leben in Herrlichkeit nach dem leiblichen Tod verweisen. Weniger nach vorn schauen mag uns helfen, und mehr in die Tiefe schauen. Ewiges Leben begreifen als die Tiefendimension unseres Lebens, begreifen, dass jeder Augenblick ein Stück ewiges Leben ist, erfüllte Zeit, die alles enthält und mehr, als wir jemals erwarten könnten. Uns ist schon alles gegeben. Wir können nicht mehr verlieren.

Wenn wir „ja" sagen zu unserer Gegenwart, wenn wir unser Leben und damit auch unseren Tod bejahen, wenn wir beschei-

Veranstaltungen in der Friedenswoche im November 1981

55

den genug sind, unser Leben als eine Leihgabe Gottes anzunehmen, so wie es auch immer aussehen mag, wenn wir bescheiden
genug sind, es die Sache Gottes sein zu lassen, die grundlegen-
den Dinge des Lebens zu regeln, dann brauchen wir uns nicht
mehr vor den Karren derjenigen spannen zu lassen, die sich als
Übermenschen aufspielen und meinen, die Geschichte der
Menschheit per Knopfdruck sicherstellen zu müssen.

„Ich hab mein Sach Gott heimgestellt" – das mag zwar
furchtbar altmodisch klingen und nicht in unsere emanzipierte
Welt hineinpassen. Aber unser Leben mag davon abhängen,
dass wir zu einer gewissen Arbeitsteilung zurückfinden, einer
Verteilung der Zuständigkeiten und Verantwortlichkeiten und
Gott lassen, was Gottes ist, und dem Menschen, was des Menschen ist.

Der Glaube ist nicht nur für das stille Kämmerlein
15. November 1981
Volkstrauertag
1. Petrus 3,8-17 / Matthäus 5,38-48

Mehr als 60 Millionen Menschen sind im 2. Weltkrieg umgekommen, umgebracht worden von Menschenhand. Einige hunderttausend Menschen starben in den letzten Tagen des weltweiten Krieges durch eine Waffe, von der man seitdem trotzdem immer wieder behauptet, sie sei zu schrecklich, als dass man sie jemals einsetzen würde.

Am 18./19. Oktober 1945 kamen in Stuttgart führende Männer der Deutschen Evangelischen Kirche zusammen. Sie legten ein Schuldbekenntnis ab, in dem es u. a. heißt: „Wir klagen uns an, dass wir nicht mutiger bekannt, nicht treuer gebetet, nicht fröhlicher geglaubt und nicht brennender geliebt haben."

Bekennen, beten, glauben, lieben – mit diesen Haltungen, so meinten diese Männer, hätten sie einen Beitrag zur Verhinderung der großen Katastrophe leisten können. Das mutige Bekenntnis, das treue Gebet, der fröhliche Glaube, die brennende Liebe – das waren für sie offenbar Verhaltensweisen mit politischer Einflusskraft.

Sie haben wohl recht gehabt. Um die nächste große Katastrophe verhindern zu helfen, wird es noch nötiger sein zu bekennen, zu beten, zu glauben, zu lieben.

Das Bekenntnis. Über Jahre hinweg sind wir mit dem Bekenntnis unseres christlichen Glaubens ziemlich schüchtern umgegangen. In der Kirche, im Gottesdienst, unter Gleichgesinnten haben wir unseren Glauben bekannt, aber in der Öffentlichkeit waren wir sehr zurückhaltend. Wir wollten uns nicht der Lächerlichkeit preisgeben. Wir wussten auch nicht recht, wie wir uns verständlich machen sollten. Es soll keiner behaupten, es wäre leicht, sich in der Bundesrepublik zum christlichen Glauben zu bekennen. Zwar sind wir ein freies Land. Aber die öffentliche Meinung ist auch eine starke Macht, die manchem den Mund stopfen kann.

57

Es ist etwas leichter geworden, öffentlich zum Glauben zu stehen, und es wird noch leichter werden, weil bald die Notwendigkeit des Bekenntnisses noch offensichtlicher werden wird. Aber noch lassen wir uns den Mund stopfen. Noch gibt es viele unter uns, die sich einreden lassen, das christliche Bekenntnis sei etwas für das stille Kämmerlein. Kirche und Politik seien zwei Bereiche, die säuberlich voneinander zu trennen seien. Die Kirche solle sich nur zu Fragen äußern, die das private Leben des Einzelnen betreffen. Sie solle die Finger lassen von Dingen, die sie nicht verstehe und die sie nichts angingen. Ein Politiker könne sich nicht nach den Grundsätzen verhalten, zu denen sich Christen bekennen. Die Kirche möge doch bitte den Menschen nichts Gegenteiliges einreden. Das könnte die staatliche Autorität untergraben und die Politiker daran hindern, ihre verantwortliche Aufgabe wahrzunehmen.

Nein, das wäre ja trostlos, hoffnungslos, wenn wir theologisch nur noch das zu sagen wagten, was politisch vernünftig erscheint. Der Maßstab theologischer Äußerungen kann nicht die politische Vernunft sein. Wohin uns die letztere geführt hat, macht der heutige Gedenktag deutlich. Es gilt ein freies Bekenntnis abzulegen, auch und gerade in der Öffentlichkeit, ein freies Bekenntnis dessen, was uns Jesus Christus aufgetragen hat. „Geht hin in alle Welt, lehrt sie halten alles, was ich euch geboten habe." Mehr denn je braucht die Öffentlichkeit unser christliches Bekenntnis. Denn es herrscht eine tiefe Orientierungslosigkeit und eine haltlose Angst.

Das Gebet. Von vielen außerhalb des Kirchenraums bespöttelt. „Beten verändert die Welt nicht", sagen sie. „Betet ruhig, dann tut ihr nichts Böses, dann stört ihr uns nicht!" Und auch in der Kirche haben manche das Gebet in diese Rolle hineindrängen lassen – in die Rolle eines quasi introvertierten Gesprächs des Einzelnen oder der kleinen Gruppe mit Gott. Ein Gespräch, das von Zeit zu Zeit stattfindet und sich mehr im Inneren abspielt und das, auch wenn es öffentliche Dinge berührt, wie z. B. im Fürbittengebet, doch seine Wirkung nicht über den Kirchenraum hinaus entfalten soll.

58

Nein, das Gebet ist eine Grundhaltung des ganzen Christen, eine Grundhaltung, die seine ganze Person betrifft in allen ihren Lebensbereichen. Und diese Grundhaltung besteht in einer Bescheidenheit, in der Bescheidenheit nämlich einzugestehen, dass wir nicht die Herren unserer selbst sind, dass wir nicht die Herren unseres Schicksals sind, nicht unseres Schicksals, nicht des Schicksals anderer; einzugestehen, dass wir nicht aus uns selbst heraus leben, dass wir uns das Leben nicht gegeben haben, dass wir es uns nicht bewahren können, welche Sicherungsmaßnahmen wir auch immer treffen mögen.

„Du Narr, diese Nacht wird man deine Seele von dir fordern!" Diese Bescheidenheit besteht darin einzugestehen, dass wir nicht von dem leben, was wir uns selbst geben, was wir uns selbst erarbeiten, verdienen, sondern dass wir leben letztlich von dem, was uns vorgegeben ist, was uns gegeben, geschenkt wird. Mit unserem Gebet bekennen wir uns zu unseren eigenen Begrenzungen und wir erkennen an, dass da einer ist, der mehr ist als wir selbst und der unser Leben letztlich in seinen Händen hält.

An die Stelle Gottes haben sich Menschen gesetzt. Sie haben die Fäden des Schicksals der ganzen Menschheit selbst in die Hand genommen. Und eine übermenschliche Fähigkeit haben sie sich in der Tat angeeignet: Sie können das Leben auf der Erde mit nur wenigen Handbewegungen auslöschen. Leben zerstören können sie, Leben erhalten – das können sie nicht.

Sie behaupten, Leben erhalten zu können. Wie aufgeblasen sind Menschen doch geworden! Welche gottlose Arroganz hat die Hebel der Macht ergriffen! Leben erhalten – das kann nur Gott selbst. Wir können nicht unser Leben sichern und nicht das unseres Nachbarn. Wir werden sterben – mit und ohne Waffen. Mögen wir doch wieder bescheiden werden – und beten, bitten, die Fäuste öffnen, öffnen, damit wir empfangen können.

Der Glaube. Woran glauben Menschen, die per Knopfdruck die Geschicke der Menschheit lenken wollen? Sie glauben an die Macht der Waffen. Sie glauben nicht mehr an die Kraft des Wortes: Geredet wird viel in der Welt und geschrieben auch.

59

Worte, und sei es auch das Wort Gottes – Schall und Rauch, leere Hülsen. Sie hören nicht mehr hin, sie schauen nicht mehr hin, sie begreifen nicht mehr, sie lassen sich nicht mehr ansprechen. Sie sprechen nur noch zu sich selbst, sie hören nur noch sich selbst, sie sehen nur sich selbst, sie können nur noch sich selbst begreifen. Und doch brauchen sie irgendwo Halt – Halt an etwas, das mehr ist als sie selbst. Und weil sie keinen Halt mehr finden am Wort, an der Größe Gottes, bauen sie sich selbst das, von dem sie meinen, sie könnten sich daran festhalten. Sie bauen und bauen und meinen in ihrer abgrundtiefen Angst, immer noch nicht genug Halt gefunden zu haben. Ihr Glaube an die Macht Gottes ist so klein, wie der Turm ihrer Waffen hoch ist.

Lasst uns doch daran glauben, darauf vertrauen, dass Gott es gut mit uns meint, so wie wir es durch Jesus Christus erfahren haben: „Werft all eure Sorge auf Gott, er wird's wohl machen." Lasst uns doch nicht noch mehr Götzen unserer Glaubenslosigkeit schaffen!

Die Liebe. Hat das etwas mit Liebe zu tun, wenn wir Millionen und Abermillionen Menschen, Männer, Frauen, Kinder, mit den schrecklichsten Waffen bedrohen? Nein, das hat nichts mit Liebe zu tun. Das hat nicht einmal etwas mit der Liebe zu uns selbst zu tun. Weil wir uns selbst nicht lieben, weil uns unsere eigene Boshaftigkeit allzu gegenwärtig ist, weil wir uns selbst nicht als liebenswerte und von Gott geliebte Wesen begreifen, sondern uns von innen und von außen durch Lieblosigkeit bedroht fühlen – darum verstehen wir nicht, dass wir den anderen lieben sollen und noch dazu den, der uns nicht wohlgesonnen ist.

Ist der Mensch gut oder böse? Natürlich, der Mensch ist erfüllt von bösen Mächten. Aber sollen wir deswegen den Menschen zerstören? Jesus Christus hat Menschen trotz aller Bedrohungen, trotz aller Beweise der Bösartigkeit geliebt – illusionslos, aber hoffnungsvoll. Natürlich können wir daran zugrunde gehen, wenn wir uns dem anderen liebevoll öffnen. Aber ist die

Liebe nicht dieses Risiko wert? Jesus Christus hat sein Scheitern um der Liebe willen auf sich genommen. Viele haben darum gesagt: „Das Kreuz ist eine Torheit." Ja, das Kreuz muss denen eine Torheit sein, die nicht mehr an den Sinn und die Kraft der Liebe glauben.

Aber wir sind doch Christen und wollen es ein! Darum lasst uns doch die Botschaft der Liebe nicht nur hegen und pflegen wie ein kostbares Kulturgut aus alter Zeit im Raum der Kirche! Jesus Christus ist nicht in die Kirche gekommen, er ist auch nicht ins Museum gekommen. Er ist in die Welt gekommen. In die Welt – dort will er wirken, will, dass wir wirken – über alle Grenzen hinweg, die Menschen jemals errichtet haben.

Dass es zu dieser bedrohlichen Nachkriegsentwicklung gekommen ist, ist Grund, das Stuttgarter Schuldbekenntnis nachzusprechen: „Wir klagen uns an, dass wir nicht mutiger bekannt, nicht treuer gebetet, nicht fröhlicher geglaubt und nicht brennender geliebt haben." Lasst uns umkehren und das tun, was dem Leben dient!

Keine Atomwaffen – „Ohne Wenn und Aber"

7. November 1982
Drittletzter Sonntag des Kirchenjahres
Friedensgottesdienst
Jesaja 41,10

Nachdem Ende 1979 von der Nato beschlossen worden ist, in Westeuropa eine große Zahl neuer Atomraketen aufzustellen, um der Bedrohung aus dem Osten zu begegnen, ist die Öffentlichkeit aufgeschreckt und – was uns besonders interessiert: In der Kirche ist die Diskussion wieder in Gang gekommen darüber, ob und wie sich christlicher Glaube und Kernbewaffnung miteinander vereinbaren lassen.

Ich sage: „Wieder", weil es diese Diskussion in den fünfziger und Anfang der sechziger Jahre schon einmal gegeben hat, damals u. a. aus Anlass der Absicht, die Bundeswehr mit Atomwaffen auszurüsten. Schon damals gingen die Meinungen sehr weit auseinander.

Für besonders bemerkenswert halte ich, dass einer der berühmtesten Theologen unseres Jahrhunderts, Karl Barth, damals zu einem vollständigen „Nein" gegenüber den Atomwaffen „ohne Wenn und Aber" aufgerufen hat.

Solche Stimmen gibt es auch heute – vor allem aus dem Bereich der Reformierten Kirche. Die am weitesten verbreitete Gegenposition im Raum der Kirche besteht in der Aussage: Gebrauch von Atomwaffen: „Nein" – Drohung mit Atomwaffen

Die innerkirchliche Diskussion um die Atomwaffen (1957–1959)

108: Rundfunkvortrag, September 1957 (Auszug)

HELMUT GOLLWITZER:

Die Christen und die Atomwaffen

...Wahrscheinlich hätte die Kirche schon viel früher nein sagen sollen, spätestens jetzt aber muß sie es tun, weil mit den neuen Vernichtungsmitteln der Krieg endgültig so bestialisch geworden ist, daß eine Teilnahme an ihm mit dem Willen Gottes unmöglich zu vereinb aren ist. Die Waffen, die Paulus, Augustin, Luther vor Augen hatten, fügten sich noch ein in die Zweckbestimmung eines Krieges im Dienste des Rechtes;...

Auszug aus einem Rundfunkvortrag von Helmut Gollwitzer zum Problem der Atomwaffen aus christlicher Sicht, September 1957

62

zum Zwecke der Abschreckung: „Ja".

Die Diskussion über die Kernbewaffnung wird von sehr unterschiedlichen Grundpositionen her und aus ganz unterschiedlichen Motiven geführt. Allen Anschauungen und Absichten vorgegeben sind die Tatsachen. Wir haben einige am Beginn des Gottesdienstes genannt. Ich möchte eine Zahl noch einmal ins Gedächtnis rufen: Die heute vorhandenen Kernwaffen haben zusammengenommen eine Sprengkraft von einer Million Hiroshima-Bomben. Wir stehen vor dieser schrecklichen Tatsache trotz der zahlreichen Abrüstungsverhandlungen und trotz der zahlreichen Beteuerungen, es ginge nur um das Gleichgewicht der Abschreckung.

Ich möchte nun von unserem Glauben an Jesus Christus her unter drei Aspekten zur Kernbewaffnung Stellung nehmen.

Als erstes beziehe ich mich auf die Aussage: „Wir müssen mit Atomwaffen drohen, damit Atomwaffen niemals eingesetzt werden." Diese Aussage erklärt den Besitz von Atomwaffen und die Funktionstüchtigkeit und ständige Alarmbereitschaft einer perfekten Kriegsmaschinerie für notwendig.

Diese Aussage geht von dem Bild eines Menschen aus, der erstens die unendlich komplizierte Kriegsmaschinerie perfekt beherrscht, und der zweitens nur lautere Absichten hat, d. h. in diesem Fall die Zerstörungsmacht wirklich nur zur Drohung gebraucht.

Schon die tägliche wie auch die geschichtliche Erfahrung sprechen gegen dieses Menschenbild. Es ist geradezu müßig, Beispiele dafür zu nennen, wie wenig der Mensch die von ihm selbst geschaffene Technik beherrscht. Ich möchte als einziges besonders augenfälliges Beispiel aus dem Militärbereich die Tatsache nennen, dass von den Starfightern der Bundeswehr, die für den Transport von Atomwaffen geeignet sind, bereits 250 bei Übungsflügen abgestürzt sind.

Es ist aber abgesehen von solchen Erfahrungen eine grundlegende neutestamentliche Einsicht, dass der Mensch nicht nur unfähig, sondern auch böswillig ist. Dass Jesus Christus, der Sohn Gottes, gekreuzigt worden ist, ist für uns als Christen das überzeugendste Bild für die im Menschen tief verwurzelte Boshaftigkeit. Müssen wir nicht damit rechnen, dass auch die übrigen Kinder Gottes, nämlich wir alle, und die ganze Schöpfung aus menschlicher Unzulänglichkeit und Bosheit vernichtet werden?!

Warum nähren wir weiter die Illusion der vielen, die nur daran glauben, dass der andere ein Sünder ist? Warum entziehen wir nicht endlich durch unser klares Nein denen die Unterstützung, die von dem Irrglauben an die Allmacht und Unfehlbarkeit des Menschen befallen sind? Der Mensch darf nicht so gefährliche Werkzeuge, die die ganze Schöpfung bedrohen, in seinen Händen haben. Er hat sie schon in den Händen. Und wenn wir dies auch nicht mehr verhindern können, so sind wir doch aufgerufen, wenigstens die Wahrheit zu sagen.

Ich komme zu dem zweiten Aspekt. Die Kernbewaffnung der westlichen Welt ist gegen den Kommunismus gerichtet, insbesondere gegen den russischen Kommunismus oder die kommunistischen Russen. Es wird zur Rechtfertigung der Atomrüstung immer wieder auf die in der kommunistischen Ideologie enthaltenen Ziele der Weltherrschaft hingewiesen.

Wer sich mit so monströsen Waffen gegen die Ausbreitung einer Ideologie zur Wehr setzt, der leugnet die Kraft des Wortes Gottes. Den Kommunismus gibt es seit sechzig Jahren, den Glauben an Jesus Christus gibt es seit zweitausend Jahren.

Wie wenig überzeugend die kommunistische Ideologie ist, ist schon heute erwiesen. Denn es gibt keinen Staat dieser politischen Ausrichtung, der es sich leisten könnte, seinen Bürgern die Freiheit des Handelns zu gewähren. Gäbe es in kommunistischen Ländern Freiheit, so würde sich die Mehrzahl der Menschen im Handumdrehen von dieser irrigen Ideologie lossagen.

Aber auch mit Gewalt ist es keinem kommunistischen Staat gelungen, den christlichen Bazillus auszutilgen. Und daran glaube ich: Da nun einmal Jesus Christus in diese Welt gekommen ist und Menschen an ihn glauben, ist die gute Botschaft unauslöschlich in dieser Welt vorhanden. Der Glaube an Jesus Christus hat sich aus kleinsten Anfängen entwickelt und in feindseliger heidnischer Umgebung zur Größe entfaltet – allein durch die Kraft des Wortes. Und so wird es weiterhin sein.

Die christliche Botschaft brauchen wir nicht durch Atomwaffen gegen den Kommunismus zu verteidigen. Was mit Atomwaffen verteidigt wird, das ist unsere wirtschaftliche und politische Ordnung, das ist unser materieller Wohlstand, das ist unsere Bequemlichkeit im Denken und unsere Schlaffheit im Glauben.

Für einen Christen gibt es nicht die Alternative „rot oder tot". Wenn wir von kommunistischen Machthabern regiert würden, so bräuchten wir in unserem Glauben längst nicht rot zu sein. Unsere Schwestern und Brüder in der DDR legen für uns Zeugnis dafür ab, dass der christliche Glaube auch heute in heidnischer, sprich kommunistischer Umgebung durchzuhalten ist. Das ist gewiss nicht leicht.

Aber wer hat behauptet, dass Christsein eine leichte Sache sei? Christen haben um ihres Glaubens willen oft genug gelitten. Und fast möchte ich hinzufügen: Wo sie um ihres Glaubens willen nicht mehr leiden, müssen sie sich fragen lassen, ob sie sich nicht allzu gut mit heidnischen Mächten arrangiert haben.

Wer an den Kommunismus glaubt, und wer an unser wirtschaftliches und politisches System als obersten Wert glaubt, der ist dem Heidentum verfallen. Der Kampf solch heidnischer Glaubensrichtungen wird im Untergang der Schöpfung enden. Haben wir demgegenüber als Christen nicht Zeugnis abzulegen für die Kraft des Wortes Gottes, für den Glauben an die Leben spendende und Leben bewahrende Kraft der Liebe Gottes zu uns Menschen? Sollen nicht wir selbst mit unseren Leibern die Werkzeuge Gottes sein, durch die er seine Botschaft des Friedens in diese Welt hineinträgt?!

Ein dritter Aspekt: die Angst. Die Angst kann für Christen kein Motiv des Handelns sein. Weder die Angst vor dem Kommunismus noch die Angst vor einem Atomkrieg. Wenn wir daran glauben, dass Jesus Christus die Mächte des Todes überwunden hat, dann bedeutet dies: Uns kann keiner mehr mit dem Tod und allem, was dazu führt, drohen. Wir leben bereits jetzt ein Leben nach dem Tode, wie es in der Taufe heißt: ein neues Leben. Wenn wir auch im Einklang mit den Merkmalen der Bibel davon ausgehen können, dass die menschliche Bösartigkeit in einer großen Katastrophe ihr letztes Gericht finden wird, so ist es doch hier und heute unsere Aufgabe, in Gottes Schöpfung nach seinem Willen zu leben in der Liebe zu den Menschen und allen seinen Geschöpfen.

Selig sind, die Frieden stiften; denn sie werden Gottes Kinder heißen.
November 1983
Gemeindebriefandacht
Matthäus 5,9

Wenn sich in einer Diskussion über den Frieden die Gemüter erhitzen und die Gesprächspartner sich zu zerstreiten drohen, fällt nicht selten der Satz: „Wir alle wollen doch den Frieden – nur über den Weg sind wir uns nicht einig." Dieser Satz erweckt den Eindruck, als wäre dies der entscheidende Schritt: dass wir den Frieden wollen, und als wäre es von untergeordneter Bedeutung und letztlich beliebig, auf welchem Weg wir den Frieden anstreben.

Die moderne Waffenentwicklung hat Zweifel daran aufkommen lassen, dass jeder Weg zum Frieden rechtens sei. Auf der einen Seite werden uns zwar immer noch die schrecklichsten Massenvernichtungsmittel als Garanten des Friedens angepriesen, so als heiligte der Zweck die Mittel. Auf der anderen Seite haben aber z. B. die Delegierten von über 300 Kirchen auf ihrer Weltkonferenz in Vancouver im Juli / August dieses Jahres die Herstellung, Stationierung und den Einsatz von Atomwaffen als Verbrechen gegen die Menschheit bezeichnet.

Angesichts der Gefährlichkeit moderner Waffen sind viele Christen nicht mehr davon überzeugt, dass militärische Macht überhaupt noch ein legitimes Mittel zum Frieden ist. Sie entdecken neu Jesus Christus, der den politischen und gesellschaftlichen Mächten mit äußerlicher Schwäche, dafür aber mit unüberwindlicher innerer Kraft entgegengetreten ist. Der von Christus ausgehenden geistigen und geistlichen Kraft vertrauen sie sich zunehmend an. Sie wissen, dass der Weg der äußeren Schwäche ein Weg des Leidens ist. Es drängt sich ihnen aber mehr und mehr als Gewissheit auf: Frieden stiften heißt heute: Zum Leiden bereit sein.

Dieser Weg ist nicht einer, den wir anderen empfehlen könnten. Aber wir können ihn für uns selbst gehen. Und wir können allen, die ihn zu gehen und mitzugehen bereit sind, Mut machen, beistehen und sie mit unserer Fürbitte begleiten.

Ehrenmahl von Ernst Barlach im Magdeburger Dom (1929)

Risiko der Feindschaft – Risiko der Liebe
13. November 1983
Volkstrauertag
Friedensgottesdienst
Jeremia 8,4-7

Jeremia war unendlich traurig. Er hatte den Irrweg seines Volkes erkannt. Er hatte gemahnt, versprochen, gedroht – und kein Gehör gefunden. Warum nur, fragte er sich betroffen, warum nur ist hier niemand bereit umzukehren?

Wir haben Grund, in die Trauer Jeremias einzustimmen. Wir leben am Rande des Abgrunds und bewegen uns weiter auf die Katastrophe zu.

Haben Menschen jemals aus der Geschichte gelernt? Einzelne Menschen gewiss, aber Völker? Immer wieder haben sich Menschenmassen bewegen lassen – auf immer das gleiche Unglück zu. Darum stimmt es: „Kriege hat es immer gegeben." Ist denn der Mensch nicht zur Umkehr fähig? Ist denn nur wenigen die Gabe der Einsicht gegeben, wenigen Menschen, die am Lauf der Dinge nichts ändern können?

Die Bibel ist ein Dokument der Verstocktheit des Menschen. Es ist freilich zugleich ein Buch der Hoffnung. Denn es schreibt davon, wie Gott sich immer wieder diesem zur Umkehr unwilligen Menschen zugewandt hat, wie er mit immer neuen Mitteln versucht hat, ihn zur Besinnung, zur Einsicht, zur Wende zu bewegen.

Einmal, so schreibt das Alte Testament, hat Gott das ganze Menschengeschlecht so übergehabt, dass er die Menschen in einer großen Sintflut alle zugrunde gehen ließ – fast alle. Mit einigen wenigen wollte er einen neuen Anfang wagen. Und damit die Menschen das neue Leben mit Freude und Zuversicht ergriffen, versprach er ihnen, nicht noch einmal eine Sintflut über sie kommen zu lassen.

Es dauerte nicht lange, da war wieder alles beim Alten. Als hätte es nie eine Sintflut gegeben, das Gericht über die menschliche Boshaftigkeit. Und als wäre das Geschenk des Überlebens nicht ein Grund zur Dankbarkeit. Und als wäre das Versprechen der Bewahrung vor einer gleichen Katastrophe in der Zukunft nicht eine Verpflichtung, nun aus freien Stücken keinen Anlass mehr zum Gericht zu geben.

Gott unternahm es dann noch einmal, den Menschen zum Guten zu bekehren, so lesen wir weiter. Er gab ihnen seine Gebote, er gab es ihnen schriftlich, was gut und böse ist. An den Geboten sollten sie sich orientieren können, und der gesetzliche Zwang sollte sie stärken gegen den inneren Wankelmut und ihnen helfen, das Geforderte zu tun.

Das Gesetz sollte sich als ein nur bedingt taugliches Mittel erweisen. Es wurde bald verdreht und zweckentfremdet. Was nicht ausdrücklich verboten war, galt als erlaubt. Und was nicht geboten war, konnte unterlassen werden. So fand das Gesetz nicht Verwendung als Richtschnur für das ganze menschliche Verhalten. Es diente nicht zum Guten, sondern zur Rechtfertigung des Bösen.

Nach dieser weiteren Schlappe schickte Gott die Propheten. Sie sollten ihren Zeitgenossen die Konsequenzen ihres Tuns vor Augen führen. Sie sollten ihnen ihre Schuld an den Fehlentwicklungen der Vergangenheit aufzeigen, an der Not der Gegenwart und an den Bedrohungen der Zukunft. Sie sollten mahnen und warnen, drohen und versprechen, Heil und Unheil verkünden – so wie Jeremia es tat. Und so wie er mühten sich die vielen Propheten vergebens.

„So wie ein Hengst in der Schlacht stur nach vorne stürmt, so jagt mein Volk blindlings und besessen seinem Unglück entgegen, nichts und niemand kann es aufhalten", klagt ein Prophet. Noch einen letzten Versuch unternimmt Gott. Er ist im Neuen Testament beschrieben.

Da die Geschichte bis dahin erwiesen hatte, dass der Mensch nicht von sich aus zum Tun des Guten fähig ist, entschloss er sich zu einer einseitigen Aktion. Erwarten wollte er von Menschen nichts mehr, zum einseitigen Geben war er bereit, zur Hingabe seiner selbst, so wie sich ein Vater, eine Mutter den störrischen Kindern liebevoll hingibt, ohne Dankbarkeit, ohne

70

Verstand oder Vernunft zu erwarten, aber doch in der Hoffnung, dass die Kinder diese Liebe annehmen, darin gedeihlich aufwachsen und auch zum Segen für andere werden.

Welch großartiger Akt der Liebe Gottes zu den Menschen! Es ist der göttlichen Liebe ergangen wie der der Eltern. Die Kinder nehmen sie an, solange sie ihrer bedürftig sind, und gehen dann ihre eigenen Wege.

Seit uns durch Christus die Liebe Gottes zu uns offenbar geworden ist, hat sich der Lauf der Geschichte nicht verändert. Die meisten Menschen haben sich nicht näher mit Christus beschäftigt und wissen gar nicht, was wir mit ihm geschenkt bekommen haben. Aber auch in den Ländern, in denen es viele Christen gibt und die von Christen regiert werden, ist der Lauf der Dinge nicht bemerkenswert anders als sonstwo in der Welt.

Es ist wohl richtig, dass die Liebe Gottes zu uns ein Geschenk und dass die Zuwendung zu uns in Christus nicht seine Leistung im Rahmen eines Vertrages auf Gegenseitigkeit ist, dass wir nun also zu einer gleichartigen Gegenleistung verpflichtet wären. Nein, seine Zuwendung ist reine Gnade und unverdiente und unverdienbare Liebe.

Aber es will mir einfach nicht einleuchten, dass alles in Ordnung ist, wenn wir diese Liebe Gottes als Geschenk freudig einstecken und es bei einem bloßen Dankeschön belassen. Ich käme mir schäbig, extrem eigensüchtig und undankbar vor, so zu verfahren. Wenn wir auch nicht verpflichtet sind – muss es uns nicht doch ein inneres Anliegen sein, auf die Zuwendung Christi zu uns mit Ernsthaftigkeit und Hingabe unsererseits zu antworten, in unserer je menschlich unvollkommenen Form, aber doch so gut wir können?

Auf den Anlass des heutigen Tages bezogen kann ich es nicht bei der Freude darüber belassen, dass sich Gott einseitig mit uns Menschen versöhnt hat. Ich fühle mich aus reiner Dankbarkeit und aus Einsicht in die Kraft der Liebe aufs stärkste gedrängt, am Werk der Versöhnung mit den Menschen nun meinerseits teilzunehmen. Wenn Gott uns leben lässt, obwohl wir unsere Boshaftigkeit immer wieder unter Beweis gestellt haben

– wenn Gott, wie wir in Christus erleben, Menschen vom Bösen befreit, damit sie zum Leben in Liebe fähig werden, dann kann ich nicht hingehen und die Menschen umbringen, die mir böse erscheinen.

Das Böse sollen wir wohl bekämpfen, aber nicht den Menschen, dieses trotz allem so sehr von Gott geliebte Wesen. Nicht einmal den anderen mit dem Tod zu drohen, steht mir zu. Denn er ist wie ich ein geliebtes Kind Gottes. Und darum steht mir dieses Abschreckungssystem, nach dem unsere Sicherheitspolitik betrieben wird, in einem so krassen Widerspruch zu dem, was Gott in Christus an uns getan hat.

Weil ich das Handeln Gottes an uns nicht nur eigensüchtig für mich selbst einstecken möchte, sondern nun in Dankbarkeit mein eigenes Handeln in seinem Geiste ausrichten möchte, bin ich eher bereit zu sterben, als zum Massenmörder zu werden, bin ich eher bereit, in äußerer Unfreiheit zu leben als die Vernichtung all unserer Lebensbedingungen zu riskieren. Ja, ich möchte nicht, dass irgendwo in der Welt irgendein einziger unschuldiger Mensch zu Schaden kommt, damit ich vor Schaden bewahrt werde.

Wenn dem jemand entgegenhält, das Abschreckungssystem wolle ja gerade die Bedingungen sichern, unter denen ein Leben im Sinne Christi erst möglich ist, und dass es eine vollkommene Lösung und ein Entkommen aus der Schuld sowieso nicht gäbe, dann antworte ich: Ich möchte lieber schuldig werden durch den Verzicht auf das Abschreckungssystem als durch seine Anwendung. Ich möchte lieber das Risiko der Verwundbarkeit eingehen als das Risiko der totalen Sicherheit. Ich nehme lieber das Risiko der äußeren Schwäche als das Risiko der Gewalt auf mich. Ich gehe lieber das Risiko der Liebe ein als das Risiko der Feindschaft.

Gott ist lange mit uns Menschen geduldig gewesen. Wenn ich abends am Bettchen unserer knapp eineinhalbjährigen Tochter stehe, frage ich mich, wie lange Gott uns noch gnädig sein wird. Wir haben die Gnadenfrist der letzten zweitausend

Jahre missbraucht. Angesichts dessen, was nun täglich passieren kann, wird mir zunehmend bewusster, welch wunderbares Geschenk dieses Leben ist; mir wird bewusst, dass alles, was uns gegeben ist – vom kleinen Grashalm bis zu uns Menschen – sich in vielen Millionen Jahren in unzählbaren kleinen Schritten entwickelt hat und dass dies alles morgen ein Ende haben kann.

Darum möchte ich den Weg der Zerstörung verlassen, den wir Menschen von Anfang an konsequent beschritten haben. Gewiss liegt es nicht in unserer Hand, das große Unglück zu verhindern. Gott allein, der uns alles gegeben hat, wird entscheiden, wann er wieder alles zu sich nimmt.

In seine Hände legen wir unser Schicksal, wenn wir Christus nachfolgen.

Jesus Christus sprach:
Seht zu, dass euch niemand verführe!
Februar – März 1984
Gemeindebriefandacht
Markus 13,5

Vom 29.-31. Mai 1934, vor 50 Jahren also, versammelten sich Vertreter der Deutschen Evangelischen Kirche in Barmen-Gemarke zu einer Bekenntnissynode. Sie verfassten auf dieser Versammlung eine Erklärung, in der sie sich insbesondere gegen die Irrlehren der „Deutschen Christen" wandten, der Grup-

pierung in der Evangelischen Kirche, die meinte, christlichen Glauben und nationalsozialistische Ideologie auf einen gemeinsamen Nenner bringen zu können. Die besorgten Kirchenvertreter verwarfen „die falsche Lehre, als dürfe die Kirche die Gestalt ihrer Botschaft und ihrer Ordnung ihrem Belieben oder dem Wechsel der jeweils herrschenden weltanschaulichen und politischen Überzeugung überlassen.

Da der Kirche durch Jesus Christus nicht nur die Sorge um das seelische, sondern auch die um das leibliche Wohlergehen des Menschen aufgetragen ist, ist für sie eine Zusammenarbeit mit dem Staat sinnvoll und notwendig. Dabei kann es ihr nicht gleichgültig sein, wie der Staat, in dem sie wirkt, verfasst ist und wie er seine Aufgaben wahrnimmt.

Das Miteinander von Kirche und Staat kann nie ohne Spannung sein, da die beiden einflussreichen Partner von unterschiedlichen Voraussetzungen her kommen und neben gemeinsamen auch unterschiedliche Ziele haben. Der Kirche ist es nicht immer gelungen, sich gegen eine übermäßige Vereinnahmung durch den Staat zu verwahren, bei der sie dann einen Teil ihres Wesens verraten hat. Das Verhältnis der „Deutschen Christen" zum nationalsozialistischen Staat bietet dafür nur ein Beispiel.

In unserer freiheitlichen, sozialen, rechtsstaatlichen Demokratie, der bislang wohl besten aller Staatsformen, ist die Kirche besonders versucht, sich mit einem großen Vertrauensvorschuss unter Zurückstellung deutlicher Kritik auf die Art und die Verfahrensweisen dieses Staates einzulassen.

Angesichts der Erfahrung, dass auch von Demokratien wie der unsrigen katastrophale Entwicklungen ausgehen, die inzwischen das Ausmaß einer Menschheitsbedrohung angenommen haben, ist zu fragen, ob unsere Kirche nicht besser daran täte, unserem Staat bei aller Loyalität kritischer zu begegnen und ihr eigenes Anliegen offener und nachhaltiger zu vertreten. Diese Anfrage ist nicht nur an die Kirchenleitungen, sondern an jeden von uns gerichtet, die wir zugleich Christen und Staatsbürger sind.

Während die Politiker einer Demokratie von den Bürgern ihres Staates für vier Jahre gewählt sind mit dem Auftrag, die Interessen ihrer Wähler nach bestem Wissen und Gewissen wahrzunehmen, und mit der Auflage, ihnen darüber Rechenschaft abzulegen, und während der Staat die Aufgabe hat, vor allem für das Wohlergehen s e i n e s Volkes zu sorgen, hat die Kirche gemäß ihrem Auftrag das seelische und leibliche Wohl eines jeden Menschen auf der Welt in gleicher Weise ernst zu nehmen. Schon der Hinweis auf diese ökumenische Verpflichtung der Kirche zeigt, dass der kirchliche Auftrag weit über den staatlichen hinausgeht und mit demokratisch gefassten Beschlüssen allein nicht zu erfüllen ist, ja, zu diesen sogar hier und dort in Widerspruch geraten kann.

Als Deutschland in Schutt und Asche lag, erhielt der Rat der Evangelischen Kirche in Deutschland am 18./19. Oktober 1945 in Stuttgart Besuch von Vertretern des Ökumenischen Rates der Kirchen. Deutsche Kirchenführer schauten zum ersten Mal wieder Christen aus den Ländern, über die durch Deutsche jahrelang unsagbares Leid gebracht worden war, unmittelbar in die Augen. Beschämt und zugleich beglückt über die Möglichkeit eines Neuanfangs legten sie ein Schuldbekenntnis ab: „Wir klagen uns an, dass wir nicht mutiger bekannt, nicht treuer gebetet,

Die Mitglieder des Rates der Evangelischen Kirche,
die am 18./19. Oktober 1945 in Stuttgart zusammenkamen
und das „Stuttgarter Schuldbekenntnis" verfassten (l-r):
Martin Niemöller, Wilhelm Niesel, der Ratsvorsitzende Theophil Wurm,
Hans Meiser, Heinrich Held, Hanns Lilje, Otto Dibelius.
(picture-alliance / epd / Hans Lachmann)

nicht fröhlicher geglaubt und nicht brennender geliebt haben."

Mit diesem Bekenntnis in seiner ökumenischen Dimension, d. h. mit seinem auf den ganzen Erdkreis bezogenen Anliegen, ist unser christlicher Auftrag heute angesichts der weltweiten Probleme eindringlich formuliert.

Christlicher Glaube und politische Mitverantwortung
11. August 1985
10. Sonntag nach Trinitatis
Lukas 19,41-48

Vor vierzig Jahren, im August 1945, nahm Pastor Martin Niemöller, eine der führenden Persönlichkeiten der Bekennenden Kirche im Dritten Reich, auf einer Kirchenkonferenz Stellung zur Frage der Schuld für die schlimmen Ereignisse der zurückliegenden dreizehn Jahre. Er sagte dabei unter anderem: „Die eigentliche Schuld liegt auf der Kirche; denn sie allein wusste, dass der eingeschlagene Weg ins Verderben führte, und sie hat unser Volk nicht gewarnt, sie hat das geschehene Unrecht nicht aufgedeckt oder erst, wenn es zu spät war."

Zwei Monate später, am 18. Oktober 1945, gibt der Rat der Evangelischen Kirche in Deutschland in Stuttgart eine förmliche Schulderklärung ab. Darin steht der Satz: „Wir klagen uns an, dass wir nicht mutiger bekannt, nicht treuer gebetet, nicht fröhlicher geglaubt und nicht brennender geliebt haben."

Ich möchte nun nicht einen Vortrag zum Thema „Die Kirche und das Dritte Reich" halten. Das steht mir in diesem Rahmen nicht zu. Ich möchte vielmehr unseren heutigen Predigttext auslegen. Aber dieser Predigttext aus dem Evangelium des Lukas legt es sehr nahe, einen Blick zurück in unsere jüngste politische Vergangenheit zu werfen.

Bei Lukas heißt es: „Jesus weinte über Jerusalem und sagte: „Wenn doch auch du an diesem Tag erkennen würdest, was zum Frieden dient! Aber nun ist's vor deinen Augen verborgen. Denn es wird eine Zeit über dich kommen, da werden deine Feinde um dich einen Wall aufwerfen, dich belagern und von allen Seiten bedrängen, und sie werden dich und deine Kinder in dir zerschmettern und keinen Stein in dir auf dem anderen lassen, weil du die Zeit nicht erkannt hast, in der du gnädig heimgesucht worden bist."

Diese Andeutungen einer furchtbaren Katastrophe nehmen Bezug auf ein konkretes historisches politisches Ereignis: die

Eroberung und Zerstörung Jerusalems im Jahre 70 n. Chr. durch die römische Besatzungsmacht.

Die Zerstörung Jerusalems, wie sie in den Worten Jesu angedeutet ist, hat stattgefunden. Man mag sich darüber streiten, ob Jesus zu seinen Lebzeiten die Katastrophe wirklich vorausgesagt hat über vier Jahrzehnte hinweg oder ob Lukas ihm diese Weissagung nur in den Mund gelegt hat. Lukas hat sein Evangelium ja erst etwa zwei Jahrzehnte nach der Zerstörung Jerusalems geschrieben.

Ob Vorhersage oder nicht, darauf kommt es nicht an. Wesentlich ist vielmehr ein anderes Merkmal dieses Textes: dass hier nämlich ein konkretes politisches Ereignis theologisch gewertet und in den Zusammenhang einer Schuld gestellt wird, die mit dem Verhältnis zu Gott, zu Jesus Christus insbesondere, zu tun hat. Wenn Jesus in unserem Text der Weissagung der Katastrophe die Begründung anschließt: „Weil du die Zeit nicht erkannt hast, in der du gnädig heimgesucht worden bist", dann hält er damit den Verantwortlichen Jerusalems vor, sie würden das Unglück über Jerusalem schuldhaft verursachen, weil sie in ihm, Jesus, nicht den Christus, den Gottgesandten, erkennen würden.

Jesus spricht in unserem Text diese Worte am Tag seines Einzugs in die Stadt Jerusalem: „Wenn doch auch du an diesem Tag erkennen würdest, was zum Frieden dient!" Die Menge der Jünger jubelt und begleitet Jesus mit Lobpreisungen: „Gelobt sei, der da kommt im Namen des Herrn, der König! Friede sei im Himmel und Ehre in der Höhe!"

Die Anhänger Jesu verkünden in ihren Jubelrufen öffentlich: „Hier kommt der König des Friedens." Aber Pharisäer, die am Wege stehen, warnen Jesus: „Bringe doch deine Jünger zum Schweigen. Man wird dich in Jerusalem zur Rechenschaft ziehen." Und Jesus antwortet: „Ich sage euch: Wenn diese schweigen werden, dann werden die Steine schreien." – „Dann werden die Steine schreien", auch hierin dürfen wir einen Hinweis auf die Zerstörung Jerusalems sehen. Wieder machen die Worte Jesu hier den Zusammenhang deutlich: Die Katastrophe wird die Folge der Ablehnung Jesu sein, Folge der Unfähigkeit und des Unwillens, in ihm den von Gott gesandten Retter und Erlöser zu erkennen und anzunehmen.

Lukas sieht dieses Unvermögen zunächst auf Seiten der führenden Männer von Jerusalem. Als Jesus sich in den Tempelbezirk begibt und auch dort seinen Anspruch geltend macht, indem er den Tempelbezirk von den Händlern reinigt und die, wie er sagt, „Räuberhöhle" wieder zum Bethaus macht und dann täglich im Tempel lehrt, findet er bei der Bevölkerung offene Ohren, großes Interesse und Zustimmung. Die Hohepriester, Schriftgelehrten und Vornehmsten des Volkes dagegen suchten nach einer Möglichkeit, ihn umzubringen. Aber später sind es nicht nur die führenden Männer Jerusalems. Als Jesus der Prozess gemacht wird und er vor Pilatus steht, ruft die ganze Menge der Bevölkerung: „Kreuzige ihn, kreuzige ihn!"

„Wenn doch auch du an diesem Tag erkennen würdest, was dem Frieden dient!" Mit dieser Klage über Jerusalem stellt Jesus einen bemerkenswerten Zusammenhang zwischen dem Glauben an ihn und dem politischen Wohlergehen dieser Stadt her. Die Schuld für die Zerstörung Jerusalems sieht er im Unglauben der Jerusalemer begründet.

Ist es nicht ein ungeheuerlich gewagtes, problematisches Unterfangen, einen solchen Zusammenhang herzustellen?! Kann da überhaupt etwas Wahres dran sein? Wäre das Schicksal der Stadt ein anderes gewesen, wenn Jesus in Jerusalem mit offenen Armen aufgenommen worden wäre, wenn man ihn als den Christus, den Messias erkannt und gepriesen und ihm die entsprechende Ehre erwiesen hätte?

Wenn wir einmal in einem Geschichtsbuch nachlesen, wie es zur Zerstörung Jerusalems gekommen ist, dann wird uns deutlich werden, wie verwickelt die Vorgänge waren, die zu dieser Katastrophe geführt haben. Da waren unzählige einzelne Ereignisse, die alle irgendwie eine Rolle gespielt haben. Und eine Unmenge einzelner Personen und Gruppierungen waren da, die in einem komplizierten Spiel der Kräfte und Gegenkräfte den Weg gebahnt haben, der schließlich zur Zerstörung

Jerusalems führte. Wie kann da einer angesichts dieser verwickelten Vorgänge behaupten, es wäre anders gekommen, wenn die Jerusalemer sich zu Jesus als den Christus bekannt hätten?! Zumal doch viele Entscheidungen gar nicht in Jerusalem und nicht von den Juden gefällt worden sind, sondern von Andersgläubigen in Rom und an anderen Stellen des riesigen römischen Reiches.

Ist es nicht abwegig und letztlich auch ungerecht, die Schuld für diese politische Katastrophe an einer ganz bestimmten Stelle, bei ganz bestimmten Menschen, in einer ganz bestimmten Verhaltensweise fest machen zu wollen?! Ist die Schuld für ein solches Ereignis wie die Zerstörung Jerusalems nicht etwas völlig Ungreifbares, Undefinierbares, etwas Vages und Schwammiges, jedenfalls nicht konkret Benennbares?

Wenn wir nun wieder auf die Ereignisse unserer eigenen jüngsten Vergangenheit zurückkommen: Ist die Schuld für die Zerstörung Berlins, Dresdens, Hamburgs, Hiroshimas und Nagasakis nicht ebenso schwer fassbar? Haben da nicht unzählige Menschen in unterschiedlichster Weise und unzählige Ereignisse eine Rolle gespielt, die in einem komplizierten Zusammenwirken schließlich zur Bombardierung dieser Städte führten? Von einem objektiven Standpunkt her betrachtet ist es unmöglich und unzulässig, die Schuld für solche Ereignisse an einer bestimmten Stelle, bei bestimmten Menschen festzumachen.

Und dennoch ist es notwendig und sinnvoll, die Frage nach der Schuld zu stellen und zu beantworten. Die Antwort kann nur subjektiv persönlich sein, im Sinne eines persönlichen Bekenntnisses zur Schuld, eines Bekenntnisses, das auf die Beweisführung im Einzelnen verzichtet. Jede Beweisführung würde letztlich im Sande verlaufen. Es wäre ein Leichtes aufzuzeigen, dass kein einzelner Mensch und keine einzelne Gruppe an den großen politischen Ereignissen, Katastrophen die Schuld trägt. Und dennoch liegt schuldhaftes Verhalten vor, denn sonst wäre es zu den Katastrophen nicht gekommen.

Diese vage, im Einzelnen schwer aufweisbare, aber doch

existierende Schuld kann nur jeder Einzelne ganz persönlich für sich auf sich nehmen und sich zu ihr bekennen – im Sinne einer Mitverantwortung im Kleinsten. In diesem Sinne können auch einzelne Gruppen Schuld übernehmen.

Martin Niemöller hat dies in Bezug auf die Vorgänge im Dritten Reich für die Kirche, besonders für die Bekennende Kirche, und der Rat der EKD hat es für die evangelische Kirche in Deutschland getan. Es handelt sich hierbei um Schuldbekenntnisse. Sie bringen zum Ausdruck, dass die Linien der Verantwortung auch für die großen politischen Ereignisse und Katastrophen bis in die Kirche, die Gemeinden, den Glauben und das Verhalten des einzelnen Christen hinein führen.

Das Bekenntnis zur Schuld ist das Bekenntnis zur Verantwortung, und dies ist zugleich das Bekenntnis zur menschlichen Freiheit, der Freiheit der Entscheidung zwischen Gut und Böse zu wählen; solche Freiheit ist Wesensmerkmal unserer menschlichen Würde. So ist das Bekenntnis zur Schuld zugleich das Bekenntnis zum Menschen als eines mit Verantwortung und Freiheit begabten Wesens.

Jesus weint über Jerusalem. Er stellt einen Zusammenhang zwischen dem mangelnden Glauben der Jerusalemer an ihn als den Christus und der Zerstörung der Stadt her. Wir dürfen diesen Zusammenhang nicht im Sinne eines direkten Aufweises von Ursache und Wirkung verstehen. Vielmehr wird uns hier gesagt, dass der Glaube an Christus seine Folgen hat auch für die politischen Verhältnisse und Ereignisse.

Wäre nicht vielleicht doch manches in der Vergangenheit anders verlaufen, wenn Christen sich mutiger zu Christus bekannt, treuer gebetet, fröhlicher geglaubt und brennender geliebt hätten? Gewiss wird auch der stärkste Glaube nicht zu einem sicheren Mittel zur – ich sage dies in Anführungszeichen – „Verbesserung der Welt". Aber wir sind doch gehalten, unseren Glauben an Christus als eine Kraft zu begreifen, die unsere Lebensverhältnisse, auch unsere persönlichen Lebensverhältnisse mitgestaltet und über Wohl und Wehe unseres gesellschaftlichen Daseins mit entscheidet.

Als Christ die Gesellschaft mitgestalten
16. November 1986
Volkstrauertag
Römer 8,18-25

Der 1. Weltkrieg hat fast 10 Millionen Soldaten das Leben gekostet. Mehr als 25 Millionen Soldaten sind im 2. Weltkrieg gefallen oder verschollen. Fast 30 Millionen Ziviltote waren zu beklagen. Etwa sechs Millionen Juden wurde ermordet. Mehr als 60 Millionen Menschen kamen im 2. Weltkrieg ums Leben – in der Zeit von 1939 bis 1945. In sechs Jahren wurde die Anzahl der heute in der Bundesrepublik lebenden Menschen ums Leben gebracht.

Am 6. August 1945 fiel die erste Atombombe – auf Hiroshima und forderte 136.000 Tote. Drei Tage später wurde die 2. Atombombe abgeworfen – auf Nagasaki. Es starben weitere 64.000 Menschen.

Der Volkstrauertag ist ein Gedenktag. Es geht darum, nicht zu vergessen. Es ist kein Heldengedenktag. Es ist ein Tag der Trauer im Gedenken an die unschuldigen und schuldigen Opfer der Kriege, der beiden Weltkriege insbesondere.

Und es ist ein Tag der Besinnung auf unser Menschsein, der Besinnung darauf, wozu wir Menschen fähig sind – im Bösen, aber auch im Guten. Und wir besinnen uns darauf, wozu wir berufen sind.

In unserer Besinnung bedenken wir die Vergangenheit, wir bedenken aber auch unsere Gegenwart und wir fragen nach unserer Zukunft.

Wir vergegenwärtigen uns, dass in den zahlreichen Kriegen und militärischen Konflikten nach dem 2. Weltkrieg inzwischen 35 Millionen Menschen ums Leben gekommen sind, dass mit den heute existierenden militärischen Waffen das Leben auf der Erde restlos ausgelöscht werden könnte, dass unser aller Leben von dieser Auslöschung in jedem Augenblick bedroht ist, ohne Möglichkeit des Schutzes, und dass auf deutschem Boden hüben wie drüben eine Konzentration atomarer Waffen besteht,

82

die in der Welt ohnegleichen ist.

Wir vergegenwärtigen uns, dass heute auf jeden Menschen drei Tonnen Sprengkraft entfallen, aber vielen Menschen das Brot zum Leben fehlt, dass jährlich weit über eine Billion DM für Rüstung ausgegeben werden, zugleich aber 500 Millionen Menschen Hunger leiden.

Wir führen uns diese Tatbestände vor Augen, um uns dessen bewusst zu werden, dass die Schrecken der Vergangenheit ihre Fortsetzung in den Schrecken der Gegenwart finden und bei weitem übertroffen werden von den möglichen Schrecken der Zukunft.

Im Mittelpunkt unserer Besinnung steht der Mensch, dieses sonderbare Wesen, dieses Opfer seiner selbst, von Gott nach seinem Bilde geschaffen, wie uns die Bibel erzählt, mit gottähnlichen schöpferischen Fähigkeiten begabt, mit hoher Verantwortung betraut und belastet, durch große Aufgaben gefordert und überfordert, zum Tun des Guten berufen, zum Tun des Bösen beständig versucht und oftmals teuflisch in seinen Taten. Und dennoch geliebt – das Wunder des Neuen Testaments.

Hätte Jesus Christus die beiden Weltkriege miterlebt und kennte er unsere Gegenwart – würde er an seiner Liebe zu den Menschen festhalten? Darauf vertrauen wir. Daran glauben wir. Von dieser Gewissheit her betrachten wir den Menschen, unsere Vergangenheit, unsere Gegenwart und unsere Zukunft. Mit den Augen Christi betrachten wir den Menschen, betrachten wir uns – ohne Illusionen, ohne Verdrehung der Wahrheit. Wir nehmen das Verkehrte und Schändliche offen in den Blick und sprechen es aus. Wir klagen an, aber wir verdammen nicht. Mit den Augen Christi betrachtet bleibt den Menschen die Chance zur Umkehr. Mit den Augen Christi betrachtet bleiben wir dazu berufen, über uns selbst hinauszustreben, zu werden und zu sein, wie wir nach allen Schandtaten der Vergangenheit offenbar nicht zu sein vermögen.

Wir dürfen nicht vergessen, wenn wir wissen wollen, wer wir sind. Wir brauchen den Glauben an Christus, wenn wir damit leben können wollen, wie wir sind, und wenn wir ohne Zynismus unser künftiges Leben gestalten wollen.

Wie können wir mit der Vergangenheit leben, die wir am Volkstrauertag bedenken? Die Vergangenheit muss uns eine beständige Mahnung zur Wachsamkeit in der Gegenwart sein. Was gewesen ist, muss als wertvoller Schatz der Erfahrung in uns lebendig bleiben, damit wir unterscheiden und urteilen lernen und Kraft zur Entscheidung bekommen.

Die Vergangenheit lehrt uns, wozu Menschen im Bösen fähig sind. Wir wissen aber auch, dass die menschliche Fähigkeit zum Tun des Bösen nicht immer und überall ihre volle Wirkung entfaltet. Das Dritte Reich hat zum Tun des Bösen ermutigt. Es hat die äußeren Bedingungen geschaffen, unter denen Menschen zu Verhaltensweisen ermutigt, verführt, herausgefordert und gezwungen wurden, für die sie sich unter anderen Bedingungen zutiefst geschämt hätten. Das Dritte Reich schuf die öffentlichen und offiziellen Grundlagen, um Unrecht legal und legitim erscheinen zu lassen. Es rechtfertigte den Rassismus, es rechtfertigte eine Herrenideologie, es rechtfertigte die Gewalt, die Versklavung von Menschen, die Tötung Behinderter, den Völkermord, die militärische Eroberung fremden Gebietes. In einem solchen System der Rechtfertigung von Unrecht haben viele Menschen schreckliche Züge offenbart, die sie unter anderen Gegebenheiten verborgen gehalten hätten. Es sind Züge am Menschen offenbar geworden, die in dieser schrecklichen Form und in diesem furchtbaren Ausmaß kaum für möglich gehalten worden waren. Und doch ist es der Mensch, der eine und selbe Mensch, der sich so oder so verhalten kann, der zum Guten und zum Bösen veranlagt und fähig ist. Zwar sind Menschen verschieden. Und die einzelnen Veranlagungen und Fähigkeiten sind in jedem Menschen unterschiedlich gewichtet. Aber wir würden uns wohl sehr täuschen, wenn wir meinten, es gäbe hier die Guten und dort die Bösen. Es gibt nicht diese zwei verschiedenen Sorten von Menschen. Sondern beides ist in jedem Menschen mehr oder weniger veranlagt – das wird uns auch vom Alten und vom Neuen Testament her oft gesagt. Es bedarf

84

gewisser Bedingungen, um das eine mehr zur Geltung kommen zu lassen als das andere.

Wenn wir uns diese Einsicht zu Herzen nehmen und aus dieser Einsicht in christlicher Verantwortung Konsequenzen ziehen wollen, dann müssen wir im Bereich des Politischen aufmerksam und aktiv sein. Dann sind wir gefordert, uns für ein politisches System einzusetzen, in dem die besseren Seiten des Menschen gefördert werden und die Chance zur Entfaltung haben. Wir müssen dann zum einen dazu beitragen zu verhindern, dass Unrecht öffentlich und offiziell als Recht erscheint. Und wir müssen zum anderen die technischen Möglichkeiten zu verhindern und zu beseitigen versuchen, die es Menschen ermöglichen, Unrecht in großem Ausmaß zu begehen.

Was das erste anbetrifft, so dürfen wir heute im Vergleich zum Dritten Reich wohl sagen, dass wir innerstaatlich in einem System des Rechts leben. Es ist sicherlich vielerlei in unserem Staat nicht in Ordnung. Aber das Gesamtsystem ist doch so, dass Menschen zum Tun des Guten motiviert werden. Und das Tun des Guten lohnt sich. Es gibt zwar auch viele enttäuschende Erfahrungen, aber man kann doch durch gehörigen Einsatz viele Dinge zum Besseren verändern. Unrecht kann öffentlich angeklagt und überwiegend auch beseitigt werden. Damit das so bleibt und sich in mancher Hinsicht noch bessert, sind wir aus christlicher Verantwortung gefordert, im Raum des Politischen aufmerksam und aktiv zu sein.

Was über den innerstaatlichen Bereich gesagt ist, gilt nicht in gleicher Weise für den internationalen Bereich. Wir können zwar mit großer Dankbarkeit zur Kenntnis nehmen, dass die Bundesrepublik zu manchen ehemaligen Feindstaaten des Ersten und Zweiten Weltkriegs intensive Beziehungen der Freundschaft unterhält, zu den Vereinigten Staaten von Amerika, zu Frankreich und Großbritannien. Aber manch andere Beziehungen – vor allem zu ärmeren Ländern der südlichen Halbkugel – lassen sich nicht uneingeschränkt als frei von Unrecht beschreiben. Im Rahmen der Weltwirtschaftsordnung wird gegen unser

Land der Vorwurf der Ungerechtigkeit erhoben. Diese Vorwürfe dürfen wir nicht ignorieren.

Was die technischen Möglichkeiten zum Begehen von Unrecht anbetrifft, so sind diese heute unendlich groß. Mit den heute vorhandenen Waffen kann alles Leben auf der Erde mehrfach ausgelöscht werden. Es wird gesagt: „Nicht die Waffen sind gefährlich, sondern der Mensch ist es, der für ihren Einsatz oder Nichteinsatz verantwortlich ist." Dies wird gesagt, um die Gefährlichkeit der Existenz der Waffen zu verharmlosen. Aber gerade weil es zutrifft, dass der Mensch die eigentliche Gefahr darstellt, sollten ihm die technischen Möglichkeiten der Zerstörung besser nicht zur Verfügung stehen. Gerade weil die Vergangenheit lehrt, zu welch furchtbaren Taten schier unvorstellbaren Ausmaßes der Menschen fähig ist, muss damit gerechnet werden, dass er die ihm zur Verfügung stehenden Möglichkeiten der Zerstörung in böser Absicht verwendet. Aus diesem Grunde, einem von vielen, muss Abrüstung sein.

Wir sind als Christen zur politischen Verantwortung aufgerufen. Politik – das ist die Gestaltung unseres menschlichen Gemeinwesens zum Wohle aller, unter Berücksichtigung der Belange aller und unter Berücksichtigung des menschlichen Wesens mit seinen guten und bösen Zügen. Als Christen haben wir zur Gestaltung unseres Gemeinwesens in vielfacher Hinsicht einen wertvollen Beitrag zu leisten. Der eine Beitrag ist dieser: die Wahrheit zu sagen. Es gibt nicht wenige Menschen, die um bestimmter Interessen willen die Wahrheit verdrehen und Verhaltensweisen rechtfertigen, die nicht gerechtfertigt sind.

Der Physiker und Christ Carl Friedrich von Weizsäcker hat die Kirchen aufgerufen, ein Konzil des Friedens zu veranstalten. Das Konzil soll die Wahrheit sagen. Es soll im Lichte des Evangeliums der Welt verständliche Wahrheiten sagen: dass die politische Institution des Krieges überwunden werden muss und kann, dass es keinen Frieden ohne Gerechtigkeit gibt.

Die Wahrheit ist nicht nur eine Frage des Wissens, sondern auch des Willens, sie zu sagen. Mit diesem Willen zur Wahrheit können wir einen wichtigen Beitrag im Bereich der Politik leisten.

Damit verbunden können wir unsere Sicht des Menschen beisteuern. Das bedeutet zum einen die ungeschminkte, illusionslose Betrachtung des Menschen als eines fehlerhaften, schwächlichen und zum abgrundtief Bösen fähigen Wesens. Das bedeutet zum anderen die Behandlung des Menschen als das von Gott geschaffene und von ihm geliebte und mit einer unantastbaren Würde ausgestattete Geschöpf. Die christliche Sicht des Menschen kann bei der Gestaltung des Gemeinwesens vor einer Überschätzung des Menschen, aber auch vor einer allzu geringschätzigen Behandlung des Menschen bewahren.

Als Christen können wir weiterhin unsere ethischen Werte für die Gestaltung des Gemeinwesens einbringen: dass das Wohl des Nächsten die gleiche Aufmerksamkeit verdient wie das eigene, dass wir noch nicht ausgesorgt haben, wenn wir für uns selbst gesorgt haben, dass der Starke zum Schutz des Schwachen berufen ist, dass auch dem Feind unsere Liebe gilt, dass der materielle Gewinn nicht unser höchstes Ziel sein kann. Die Gesellschaft hat die aktive Mitgestaltung bewusster Christen nötig, damit ihr Antlitz menschlicher wird. Und Christen können schließlich die Hoffnung beitragen.

Angesichts schrecklicher Erfahrungen der Vergangenheit und angesichts erschreckender Zustände und Möglichkeiten unserer Gegenwart sind die Aussichten für die Zukunft eigentlich trostlos. Aber als Christen werden wir uns in unserem Engagement in der Welt nicht nur von dem leiten lassen, was wir an Erfahrungen und Zuständen vorfinden. Wir werden uns vor allem von dem leiten lassen, wozu wir berufen sind und was uns verheißen ist. Wir sind zum Tun des Guten berufen, zum Tun des Willens Gottes. Wir sind dazu ermutigt durch seine Liebe, durch seine Bereitschaft zur Vergebung und die Eröffnung eines immer neuen Anfangs. Und verheißen ist uns ein neuer Himmel und eine neue Erde, das Reich Gottes, das in Christus seinen Anfang genommen hat. Als Christen werden wir uns

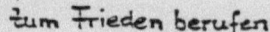

zum Frieden berufen

Arbeitskreis "FRIEDEN, ÖKOLOGIE, DRITTE WELT"
St. Markus, Hamburg-Hoheluft, Heider Straße 1
Telefon: 4 22 25 39 (Wolfgang Nein)

Ist der Mensch überhaupt zum Frieden fähig?

oder: Wie vermeidbar ist der nächste Krieg?
Gedanken zu einem Aufsatz der Militärhistorikerin Sue Mansfield
von Anna-Elisabeth Ubbelohde, Kantorin an St. Markus

Montag, 27. Oktober 1986, 20 Uhr

Gemeindehaus St. Markus, Eppendorfer Weg / Heider Straße

Friedenswoche in St. Markus, Hamburg-Hoheluft 1986

nicht leiten lassen von den möglichen Erfolgsaussichten unseres Handelns. Wir lassen uns leiten durch das, was uns gesagt und zugesagt ist durch den, der unser aller Herr ist. Gott gebe, dass wir nicht vergessen, er gebe uns die Kraft zur Wahrheit und zur Hoffnung und zum Tun seines Willens in unserer Welt.

88

Wir sind entlastet und beauftragt

8. November 1987
Drittletzter Sonntag des Kirchenjahres
Bittgottesdienst für den Frieden
Römer 6,19b-23

Dieser Gottesdienst soll ein weiterer Anstoß dazu sein, dass wir unsere Verantwortung als Christen für den Frieden, die Gerechtigkeit und die Bewahrung der Schöpfung aktiv wahrnehmen. In diesen drei Problembereichen – wir könnten sie auch mit den Stichworten „Frieden, Ökologie, Dritte Welt" benennen –, in diesen drei Problembereichen, um die es heute vor allem geht, trägt jeder von uns, natürlich als Staatsbürger, aber eben auch als Christ, eine Verantwortung. Das ist nicht allein meine private Meinung. Zu solcher Verantwortung ruft uns vielmehr auch der Weltrat der Kirchen in Genf auf, der für 1990 zu einer Versammlung aller Kirchen der Welt unter dem Thema „Frieden, Gerechtigkeit und Bewahrung der Schöpfung" eingeladen hat.

Aber auch unsere Evangelische Kirche in Deutschland, die zusammen mit dem Bund der Evangelischen Kirchen in der DDR die Ordnung unseres heutigen Gottesdienstes entworfen hat, und schließlich auch unsere Nordelbische Kirchenleitung sind gemeinsam der Überzeugung, dass jeder einzelne Christ und jede Gemeinde, also wir, die wir hier versammelt sind –, dass wir alle eine Verantwortung wahrzunehmen haben hinsichtlich des Friedens, der Umwelt und der sog. Dritten Welt.

Die Gebetstexte unserer Gottesdienstordnung benennen die Probleme. Wir werden auf unsere Schuld angesprochen und zur Veränderung unseres Verhaltens aufgerufen.

Den Predigttext hat man mit Bedacht ausgewählt. Hier wird ein Zusammenhang hergestellt zwischen Taufe und Lebensführung. Die Taufe ist nicht nur ein formeller Akt zum Eintritt in die Kirche. Die Taufe ist Geschenk und Verpflichtung. Es geschieht etwas an uns, aber wir sollen auch selbst tätig werden.

Das Kapitel, in dem unser Predigttext enthalten ist, ist überschrieben mit den Worten: „Taufe und neues Leben". Es wird etwas neu und es soll etwas neu werden.

Worum es geht, ist mit dem Stichwort „Sünde" bezeichnet. Die Sünde ist nicht etwas Abstraktes, sondern etwas ganz Konkretes. Sie hat mit menschlicher Schuld zu tun, und sie hat konkrete Folgen. Sie drückt sich in Verhaltensweisen aus, die wir zu verantworten haben. Und sie hat schädliche Folgen für das menschliche Zusammenleben, für die Gemeinschaft. Sie führt zur Ungerechtigkeit. „Der Sünde Sold ist der Tod" – so scharf drückt sich Paulus aus: Tod nicht nur des Sünders selbst, sondern der Gemeinschaft, in der der Sünder das Unheil wirkt.

Die Taufe versteht Paulus als einen Wendepunkt, freilich nicht in dem Sinne, dass der Ungetaufte böse und der Getaufte gut ist. Vor allem ist der Getaufte nicht unbedingt gut. Es ist leider nicht so, dass da, wo Christen sind, Gerechtigkeit herrscht, die Umwelt geschützt und Frieden gehalten wird. Leider ist es nicht so, aber es kann auch nicht so sein. Auch dazu hat uns Paulus etwas zu sagen. Selbst da, wo Christen nach bestem Wissen und Gewissen, mit bestem Willen versuchen, Gutes zu tun und Gerechtigkeit zu üben, werden sie in vielen Fällen scheitern. Das liegt an Zweierlei: an der Kompliziertheit der Probleme und an unserer menschlichen Schwachheit.

Was das Erste anbetrifft: Die Diskussion über den rechten Weg in konkreten Fragen wird auch unter ernsthaften Christen kontrovers, also von gegensätzlichen Standpunkten aus geführt. Auch wenn wir gutwillig sind, können wir irren und letztlich der Ungerechtigkeit, dem Unfrieden und der Zerstörung der Schöpfung Vorschub leisten. Wir müssen dieses Unvermögen in aller Bescheidenheit bekennen.

Was das Zweite anbetrifft, unsere menschliche Schwachheit, so müssen wir leider eingestehen, dass wir nicht immer gutwillig sind. Wir haben gute Phasen und wir haben schlechte Phasen. Manchmal können wir wie Engel sein. Aber manchmal reitet uns der Teufel. Wir haben unsere Durchhänger, unsere

90

Tiefs, innere Rückschläge, depressive und resignative Momente und Zweifel, ob es denn so gut ist, gut zu sein.

Das alles soll uns nicht entschuldigen. Aber wir müssen zur Kenntnis nehmen, wie wir sind.

Was wird nun durch die Taufe anders, inwiefern ist sie Wendepunkt? Nun, die Taufe nimmt Bezug auf unsere menschlichen Schwächen und Begrenzungen. Als Allererstes ist die Taufe ein Akt der Vergebung. Dadurch wird etwas wesentlich neu. Im Lichte Jesu Christi werden wir gesehen, wie wir sind, und wir werden genommen, wie wir sind, im liebevollsten Sinne. Wir werden nicht verdammt und wir werden nicht überfordert. Weder wird uns unsere Vergangenheit vorgehalten, noch muss uns unsere Zukunft bevorstehen. Wir werden befreit durch Vergebung vergangener Schuld und durch zuvorkommende Gnade.

Für denjenigen, der sich ernsthaft mit den Problemen des Friedens, der Gerechtigkeit und der Bewahrung der Schöpfung befasst, kann dieses Geschenk der Taufe eine enorme Erleichterung sei. Denn wer angesichts der großen, weltweiten Probleme die riesige Verantwortung spürt, könnte unter solcher Last auch zusammenbrechen. Er könnte in Depression verfallen angesichts der letztlich unausweichlichen Einsicht, dass unser Handeln nur ein Tropfen auf dem heißen Stein ist.

Theoretisch hätte der Mensch heute die Möglichkeit, die Lebensverhältnisse für alle Menschen in der Welt entscheidend zu verbessern. Es könnte genug zu essen geben für alle. Aus dieser Möglichkeit ergibt sich eine gewaltige, enorm belastende Verantwortung. Aber diese Möglichkeit kann aus der Sicht des Einzelnen und auch einzelner Gruppen und Staaten nur als eine theoretische verstanden werden angesichts der erwähnten Kompliziertheit der Probleme und unserer menschlichen Schwächen.

Die Spannung zwischen theoretischer Möglichkeit und praktischer Unmöglichkeit, zwischen Macht und Ohnmacht des Menschen ist für den ernsthaft Engagierten überaus belastend. Wer aus dieser Spannung heraus weder in Illusionen flüchten noch in Resignation verfallen möchte, der findet durch das Geschenk und den Auftrag der Taufe eine uns angemessene Erleichterung und Lösung.

Die Taufe bedeutet zunächst und vor allem eine Entlastung – nicht durch die Leugnung unserer Verantwortung, sondern durch die Eröffnung der Einsicht, dass hinter uns einer steht, der mehr und größer ist als wir. Wir dürfen getrost unsere Grenzen bekennen und dem lieben Gott den Hauptteil der Verantwortung überlassen.

Es ist vollkommen richtig und angemessen, wenn wir einen Bittgottesdienst für den Frieden feiern, einen Bittgottesdienst: Damit bringen wir unsere Bescheidenheit zum Ausdruck. Wir bitten um den Frieden in der Welt, um Gerechtigkeit für alle Menschen und um die Bewahrung der Schöpfung. Denn wir wissen: Unsere eigenen Kräfte sind zu klein, um selbst zu schaffen, was wir erstreben. Wir unterliegen nicht dem Irrtum, dass wir selbst das Reich Gottes auf Erden bauen könnten. Wenn das Reich Gottes Wirklichkeit werden sollte, dann wird es ein Geschenk des Himmels sein.

Das Gebet ist unsere erste uns angemessene Aufgabe. Es wäre aber alles missverstanden, wenn einer meinte, dabei sollte es bleiben. Die Taufe ist ein Geschenk im Sinne einer Entlastung. Aber dann gilt auch das andere: Die Taufe ist auch eine Verpflichtung. Sie erlegt uns auch etwas auf, nämlich das uns Mögliche zur Änderung unseres Verhaltens und zum Engagement in der Welt zu tun. Wir sollen uns nicht weiter in den Dienst der Ungerechtigkeit stellen, sondern der Gerechtigkeit dienen. Wir sollen nicht Knechte der Sünde, sondern Diener Gottes sein. Wir sollen das uns Mögliche tun – und das sollen wir tun. Wir sollen unsere Möglichkeiten nicht unterschätzen – bei aller erwähnten Bescheidenheit. Und wir sollen uns nicht leichtfertig missbrauchen lassen für die zweifelhaften Zwecke anderer.

Dies soll im heutigen Gottesdienst unterstrichen werden. Es ist schon ein wichtiger Schritt getan, wenn wir die Probleme, um die es in diesem Gottesdienst geht, nämlich den Frieden in

92

der Welt und die Gerechtigkeit und Bewahrung der Schöpfung ernst nehmen und unsere diesbezügliche Verantwortung wahrnehmen. Wenn wir die Hände resigniert in den Schoß legen, haben wir das uns Mögliche versäumt.

Lassen Sie uns dem Aufruf unserer Kirchenleitung folgen und uns einreihen in den sogenannten konziliaren Prozess, d. h. lassen Sie uns gemeinsam den Weg beschreiten zu dem „Konzil des Friedens", das der Physiker Carl Friedrich von Weizsäcker angeregt hat, und zur Weltversammlung über Gerechtigkeit, Frieden und Bewahrung der Schöpfung, zu der der Weltkirchenrat für 1990 eingeladen hat. Die Gemeinschaft aller Christen ist eine große Chance. Am kommenden Donnerstagabend können wir im Gemeindehaus über diese Dinge gemeinsam ausführlicher sprechen.

Die Taufe ist keine bloße Formalität. Sie ist das Geschenk eines neuen Lebens. Sie eröffnet uns einen neuen Weg. Es ist an uns, diesen Weg zu beschreiten. Gehen wir, in Bescheidenheit und Zuversicht, ohne Illusionen, doch mit Mut und Vertrauen.

Hoffen ohne Illusionen
13. November 1988
Volkstrauertag
Bittgottesdienst für den Frieden
Hesekiel 37,1-6

Dieser Abschnitt aus Hesekiel ist speziell für den Bittgottesdienst für den Frieden in der Welt am heutigen Volkstrauertag
ausgewählt worden. Volkstrauertag – das ist der Auftrag, insbesondere der Opfer der beiden Weltkriege zu gedenken. Wenn
wir heute um den Frieden bitten – gemeinsam mit den Menschen in der DDR und aus der DDR –, dann ist allerdings der
Friede im umfassendsten Sinne gemeint, nicht nur der militärische Frieden, auf den zu hoffen uns wegen der Entwicklung in
der Sowjetunion heute leichter fällt als in den Jahren zuvor. Gemeint ist auch der Frieden zwischen den verschiedenen gesellschaftlichen Gruppen, der soziale und der ökonomische Frieden
und der Frieden mit der Natur.

Wir haben die Worte des Propheten Hesekiel gehört: seine
Vision von dem weiten Feld voller Totengebeine und von der
Wiederbelebung der Toten – eine wirklich sehr sonderbare Vision. „Gott, der Herr, spricht zu den Totengebeinen: Siehe, ich
will euch Sehnen geben und Fleisch über euch wachsen lassen
und euch mit Haut überziehen und euch Atem geben, dass ihr
wieder lebendig werdet." Man könnte denken, hier werde im
Alten Testament von der Auferweckung der Toten gesprochen.
Das ist aber ganz gewiss nicht im wörtlichen Sinne gemeint.
Das wäre auch mehr ein Thema für den kommenden Sonntag,
den Totensonntag oder Ewigkeitssonntag.

Hesekiel spricht hier in Bildern. Das weite Feld voller Totengebeine ist sein Bild für die Situation des Exils: Ein Großteil
der israelitischen Bevölkerung muss fern der Heimat in fremder
Umgebung leben, die Heimat ist in fremder Hand, der Tempel
ist nicht in Funktion. Das war besonders schmerzlich für Hesekiel, der ja Priester gewesen war.

Hesekiel vergleicht Israel mit dem Totenfeld. Wenn er von

94

der Neubelebung der Totengebeine spricht, will er damit sagen: Israel wird aus dieser furchtbaren Situation neu erstehen. Israel hat eine Hoffnung. Zwar, so Hesekiel, hat Gott Israel mit der Situation des Exils und der Fremdherrschaft gestraft wegen der Hinwendung zu fremden Gottheiten, aber er wird sich auch wieder erbarmen und am Ende Gnade walten und Israel zu neuer Blüte erstehen lassen.

Es geht also Hesekiel nicht um das Problem des Sterbens und Auferstehens. Sein Thema ist ein anderes. Es geht ihm um das Versagen des Menschen, um die schuldhafte Herbeiführung einer großen Not und um die Frage, was dann noch als Hoffnung bleibt.

Dies ist eben auch das Thema des Volkstrauertages. Zwei Weltkriege werfen die Frage auf: „Was ist der Mensch?" Bis kurz über die Jahrhundertwende hinaus hatte es da noch sehr idealistische Vorstellungen gegeben. Dass diese völlig in sich zusammengebrochen sind, müssen vor allem wir als Deutsche uns zurechnen lassen. Wir haben in dieser Woche, am 9. November, der Reichspogromnacht 1938 gedacht.

Es ist manches Mal gefragt worden: „Wie kann man nach Auschwitz noch an Gott glauben?" Dass Menschen so Schreckliches vollbringen können, wie im 3. Reich geschehen, muss uns eine beständige Warnung vor den gefährlichen, in uns – vielleicht in uns allen – verborgenen zerstörerischen Möglichkeiten sein. Auf diesem Hintergrund wirkt es dann tatsächlich fast unglaublich, dass der Mensch ein geliebtes Kind Gottes sein soll. Müsste es nicht heißen: „Gott liebt die Guten, aber die Bösen hasst er?"

So müsste es doch nach unserem natürlichen menschlichen Empfinden heißen. Aber das ist nicht die biblische Botschaft, nicht die neutestamentliche und auch nicht die alttestamentliche. Christus ist um der Guten und der Bösen willen gestorben. Christus ist um der Opfer von Unrecht willen gestorben, um ihnen im Mitleiden besonders nahe zu sein. Aber er ist auch um der Täter des Unrechts willen gestorben, um ihnen zu zeigen, dass die Liebe stärker ist als ihre zerstörerische Macht, und um sie zur Umkehr zu bewegen.

In diesem Sinne hat auch Hesekiel Gott verstanden – und er steht damit fest in der alttestamentlichen Tradition –, dass Gott sein Volk nicht auf Dauer verwirft. Die Verfasser der alttestamentlichen Texte machen sich keine Illusionen über den Menschen. Niedrigste menschliche Triebe werden in erstaunlicher Offenheit bloßgelegt, auch wenn es sich um große biblische Persönlichkeiten handelt. Es wird geschildert, wie sich Einzelne oder das Volk als Ganzes den Zorn Gottes zuziehen und oft auch Unglück über die Schuldigen kommt. Aber es wird dann immer auch wieder von der Barmherzigkeit Gottes gesprochen, von seiner Vergebung: dass er sie heimführen würde aus der Verbannung, die sie schuldhaft über sich gebracht hatten, wie Hesekiel es ausführt.

Wenn man der christlichen Kirche und dem deutschen Volk zugehört, kann es einem angesichts der Reichspogromnacht und all dessen, was danach geschehen ist, nur schwer über die Lippen kommen, von der Vergebung Gottes zu sprechen. Vielleicht wäre es besser zu schweigen. Aber die Botschaft von dem barmherzigen, liebenden und vergebenden Gott entstammt ja gerade dem Volk, das schließlich zum Opfer des unsrigen geworden ist. Hesekiel war Jude und auch Jesus war Jude, und die ersten Gemeinden, die Jesus als den Christus, den Retter und Erlöser verkündigten, bestanden aus Juden. Dies macht Mut, die befreiende Botschaft auch in diesen schrecklichen Zusammenhängen aufzugreifen.

Das von Menschen verschuldete weite Totenfeld wird sich durch Gottes vergebendes Eingreifen in einen Ort des Lebens verwandeln. Das ist die Vision des Hesekiel. In Bezug auf die Situation in der Bundesrepublik nach 1945 möchte ich den jüdischen Theologen und Schriftsteller Pinchas Lapide zitieren, der kürzlich in einer Rede aus Anlass der Reichspogromnacht 1938 vor der Nordelbischen Synode im Hamburger Rathaus ausführte: „Reinrassig, arisch und volksdeutsch wollte er (Hitler) seine Volksgenossen machen. Noch nie zuvor war diese

96

Republik so offen für Türken, Jugoslawen, Araber und Flücht-linge aus aller Herren Länder, die in ihrem bunten Völkerge-misch wie eine lebendige Antithese seines Ideals der Herren-rasse anmuten.

Helden, Kämpfer und Krieger wollte der Führer aus dem deutschen Volke machen. Das Resultat von 1945 ist jedoch eine friedliebende Bundesrepublik, deren Jugend alle Deutschtüme-lei und jeden Chauvinismus verabscheut und verpönt. Nicht die geringste dieser erstaunlichen Schicksalsironien liegt in der Tatsache, dass die Deutschen, die Hitler zu Judenverächtern und Judenfeinden machen wollte, heute zu den Freunden des Staates Israel gehören."

So weit Pinchas Lapide. Ich hätte dies nicht so vorbehaltlos positiv zu sagen gewagt. Vielleicht war etwas Höflichkeit da-bei, aber mit Dankbarkeit können wir doch diese Worte aus jü-dischem Munde entgegennehmen, die eine Wandlung beschrei-ben, die uns wie ein wunderbares Geschenk Gottes erscheinen muss und die an die Vision des Hesekiel erinnert.

Jene vom Tode durchwirkten Jahre haben sich in etwas Gu-tes verwandelt – natürlich unter den Bedingungen unserer ge-fallenen und unvollkommenen Welt. Aber auch die Vision des Hesekiel war keine endzeitliche. Sie bezog sich auf die Aus-sicht auf einen realen Neuanfang des Volkes Israel.

Es war eine Vision der Hoffnung, einer Hoffnung, die auf den Glauben an den barmherzigen Willen Gottes gründete. Wo sich solche Hoffnung mit menschlicher Gestaltungskraft ver-bindet, mag die Chance zu einem Neuanfang gegeben sein.

Das weite Feld der Totengebeine war ein Bild des Hesekiel für die vom Menschen verursachte Not. Auf unsere Vergangen-heit bezogen können wir dies als ein Bild für die vielen Millio-nen Kriegstoten und die vielen Millionen Opfer des Rassen-wahns nehmen. Auf unsere Gegenwart bezogen mag es uns als Bild dienen für die vielen Millionen hungernder und verhun-gernder Menschen, aber auch für die vielen, vielleicht schon Millionen, die an Umweltschäden erkranken und sterben.

Wir haben noch viel zu hoffen. Wir können es angesichts

der Größe der Probleme und unserer Vergangenheit aber nicht alles vom Menschen erhoffen. Wenn wir uns der Verheißung Gottes anvertrauen, dass er einen neuen Himmel und eine neue Erde schaffen wird, dann ist uns mit dieser Hoffnung die Richtung gewiesen, dann werden wir all unsere gestalterischen Kräfte daransetzen, auf dieses Ziel hinzuarbeiten, ohne Illusionen über uns selbst, ohne unsere eigenen Kräfte zu überschätzen, aber auch in der Gewissheit, dass mit unserem Versagen noch nicht alles verloren ist.

Friede und Gerechtigkeit
18. November 1990
Volkstrauertag
Jesaja 32,17

Die Tage um den Volkstrauertag herum werden in unserer Nordelbischen Kirche als Friedenswoche begangen. Das Motto der diesjährigen Friedenswoche ist ein Satz aus dem Propheten Jesaja, Kapitel 32, Vers 17: „Friede wird die Frucht der Gerechtigkeit sein."

Friede und Gerechtigkeit, diese beiden Begriffe lassen sich schwerpunktmäßig zwei Regionen unseres Erdballs zuordnen: Friede, das ist das Thema des industrialisierten Nordens. Gerechtigkeit, das ist das Thema des Südens, der sog. Dritten Welt, der Entwicklungsländer.

Wir im Norden der Erdhalbkugel sind um unsere Ruhe besorgt, um den Erhalt unserer Ordnung, um die Sicherung unseres Wohlstands, um die Gewährleistung der kontinuierlichen Weiterentwicklung, der weiteren Aufwärtsbewegung unserer Wirtschaft, der politischen Zusammenarbeit und unserer Lebenskultur. Die Sorge der letzten Jahrzehnte war, dass das nach dem Zweiten Weltkrieg Erreichte plötzlich gewaltsam zerstört werden könnte durch Ausbruch eines Krieges, eines atomaren Krieges. Der Ost-West-Konflikt war die gefährlichste Bedrohung des Nordens. Das oberste politische Ziel war darum die Bewahrung des Friedens, der Schutz vor einem militärischen Angriff. Die Ost-West-Spannung hat sich im Wesentlichen erledigt. Das Thema Friede ist darum kaum noch eines. Und wenn es nicht den Irakkonflikt gäbe, dann hätte der Begriff Friede im öffentlichen Bewusstsein hier bei uns im Norden schon fast nur noch historische Bedeutung.

Gerechtigkeit ist das Thema des Südens. Denn wer von dort auf den Norden blickt, der muss, um das einmal aus der individuellen Perspektive zu formulieren, der muss sich vom Schicksal ungerecht behandelt fühlen, gerade im Süden zur Welt ge-

Liebe Gemeindeglieder, liebe Mitbürger!

Das vorliegende Programm der Friedenswoche ist vom Arbeitskreis "Frieden, Ökologie, Dritte Welt", St. Markus, vorbereitet worden. Dieser Kreis entstand im Zuge der Vorbereitungen für den Kirchentag in Hamburg 1981, der wegen der damals noch bevorstehenden sog. "Nachrüstung" als ein zentrales Thema, weitgehend von der Sorge um die Erhaltung des Friedens bestimmt war.

Die Gefährdung des Friedens hat seitdem zugenommen. Der Arbeitskreis sieht sich deshalb veranlaßt, seine Zielsetzungen noch engagierter zu verfolgen. Er beschränkt sich dabei nicht auf die Behandlung der militärischen Aspekte des Friedens, sondern bezieht auch die ökologischen Gefährdungen und die Folgen unserer Sicherheitspolitik für die Länder der Dritten Welt mit ein.

Der Arbeitskreis sieht seine Aufgabe darin, den Wissensstand der Gruppenmitglieder zu verbessern und durch Veranstaltungen die öffentliche Diskussion über Frieden, Ökologie und Dritte Welt zu fördern.

Der Kreis trifft sich einmal monatlich montags um 20 Uhr im Gemeindehaus St. Markus - Hoheluft, Heider Str. 1. Das nächste Treffen nach Abschluß der Friedenswoche findet Montag, den 25. November 1985, um 20 Uhr statt. Wir laden Sie herzlich zur Mitarbeit ein.

Wolfgang Nein, Pastor

Weitere Informationen bei W. Nein, Tel. 422 25 39.

"Die Erde ist des Herrn"

St. Markus-Hoheluft
Heider Str. 1

lädt Sie herzlich ein zur

Nordelbischen

Friedenswoche

vom 11.11. - 17.11. 1985

Montag, 11.11.85, 20°° Uhr, Gemeindehaus
Fritz Haber und der Einsatz chemischer Kampfstoffe im Ersten Weltkrieg
Die Verantwortung des Naturwissenschaftlers in der Rüstungsforschung.
(Prof. Dr. Jost Weyer, Universität Hamburg)

Dienstag, 12.11.85, 20°° Uhr, Gemeindehaus
"Aggression" - Ist der Mensch zum Frieden fähig?
Ein Abend mit Erziehern, Lehrern und Eltern.
(Hajo Sassenscheidt, Schulpsychologe, Wolfgang Nein, Pastor)

Mittwoch, 13.11.85, 20°° Uhr, Gemeindehaus
Alternativen zur geltenden Sicherheitspolitik.
(Dr. Christiane Rix, Institut für Friedensforschung und Sicherheitspolitik der Universität Hamburg)

Freitag, 15.11.85, 20°° Uhr, Gemeindehaus
Zivilschutz und Katastrophenmedizin
Chance zum Überleben?
(Barbara Mühlradt, Lehrerin, Kurt Henseleit, Kaufmann, Dr. Andreas Wolff, Arzt)

Samstag, 16.11.85, 18°° Uhr, in der Kirche
Lieder und Texte zum Frieden
zum Hören und Mitsingen
(Anna - Elisabeth Ubbelohde, Kantorin)

Sonntag, 17.11.85, 10°° Uhr, in der Kirche
Gottesdienst am Volkstrauertag
zum Abschluß der Friedenswoche
(Pastor Detlef Ostkamp)

St. Markus - Hoheluft

Programm der Friedenswoche 1985 in St. Markus, Hamburg-Hoheluft

kommen zu sein, in einem Land der Dritten Welt, in einer Region der Armut, des Hungers, der Verelendung, der Unterentwicklung. Aber die Menschen des Südens empfinden ihre Benachteiligungen gegenüber dem Norden nicht nur als Ungerechtigkeit des anonymen Schicksals. Sie machen auch die

100

Staaten des industrialisierten Nordens für ihr Elend verantwortlich. Sie beklagen eine ungerechte Ordnung der Weltwirtschaft, die von den reichen und mächtigen Nationen entworfen worden ist und aufrechterhalten wird.

Die wirtschaftliche Not im Süden ist so groß, dass der Friede im Sinne einer Sicherung vor militärischer Bedrohung ein zweitrangiges Thema ist. Denn gestorben wird in den Regionen des Südens schon jetzt. Die imaginäre Bedrohung durch einen Krieg, einen Weltkrieg gar, erscheint verhältnismäßig weit hergeholt gegenüber den realen, gegenwärtig vor der Haustür liegenden Problemen des Hungers, der Krankheit, der Obdachlosigkeit, der Arbeitslosigkeit.

„Ihr habt Sorgen!", halten uns die Menschen des Südens vor. „Ihr macht euch Sorgen um eine Bedrohung, die nur in eurer Fantasie besteht. Ihr habt Angst, etwas zu verlieren – euren Wohlstand zu verlieren. Wir aber haben nichts zu verlieren; wir haben schon seit Jahrzehnten verloren. Unsere Sorge ist, wie wir endlich Anteil bekommen können an dem Wohlstand, um dessen Verlust ihr im Norden so sehr besorgt seid. Wir wollen Gerechtigkeit!" Das ist die Forderung des Südens.

Für uns, im industrialisierten Norden ist die Gerechtigkeit aufs Ganze gesehen weniger ein Thema. Uns geht es verhältnismäßig gut – im Durchschnitt. Wir sind die Nutznießer der Weltwirtschaftsordnung, die von den Menschen des Südens beklagt wird. Eine Veränderung dieser Ordnung müsste uns eher bedrohlich erscheinen. Und dass sie ungerecht sein soll, das vermögen die meisten Menschen im Norden nicht nachzuvollziehen. Dazu gibt es einfach zu viele Erklärungsmodelle, die unseren Wohlstand als das Natürlichste von der Welt und als wohlverdientes Ergebnis unserer eigenen Bemühungen erscheinen lassen.

„Friede wird die Frucht der Gerechtigkeit sein." In diesem Wort des alttestamentlichen Propheten sind die beiden Begriffe Friede und Gerechtigkeit nun in Beziehung zueinander gesetzt. Der Friede – Frucht der Gerechtigkeit, Gerechtigkeit also Voraussetzung des Friedens: „Ohne Gerechtigkeit kein Friede." So ließe sich das Prophetenwort auch formulieren. Oder auf die Regionen unseres Erdballs bezogen: Wenn die Menschen in den Ländern der Dritten Welt weiter im Elend leben, kann der Friede im Norden nicht von Dauer sein. Dann ist der Friede durch eine Art von Bombe bedroht, deren Sprengsatz ein sozialer ist.

Wenn wir dieses globale Problem einmal herunterstufen auf unsere ganz persönliche Ebene, dann wird uns deutlich, dass es hier im Grunde um eine Alltagsweisheit geht. Eltern können es tagtäglich erleben, wie das eine Kind Streit anzettelt, wenn es auch nur das Gefühl hat, das andere würde in der einen oder anderen Weise bevorzugt.

Ungerechtigkeit ist eine Quelle des Streites. Ob die Ungerechtigkeit real besteht oder nur als eine solche empfunden wird, ist dabei zweitrangig. Und natürlich handelt es sich hier nicht nur um ein Problem von Kindern. Unser Nachbar hat schwer daran zu tragen, wenn er sieht, dass es uns besser geht. Jede kluge Politik wird sich darum um soziale Gerechtigkeit bemühen, um den sozialen Frieden zu gewährleisten.

Zwischen den alten und den neuen Bundesländern liegt ein sozialer Sprengsatz. Wir können nur hoffen, dass die Zündschnur lang genug ist und die Maßnahmen des sozialen Ausgleichs schnell genug zum Zuge kommen. Noch brisanter ist die Lage in der Sowjetunion. Soziale Probleme sind eine Bedrohung für den Frieden; darauf weist uns das Prophetenwort und Motto der diesjährigen Friedenswoche hin.

Wer den Frieden will, muss auch Gerechtigkeit wollen. Wir können unseren Frieden auf Dauer nicht auf Kosten der anderen haben.

Freilich wäre es nicht ganz im Sinne desjenigen, nach dem wir uns Christen nennen, wenn wir uns zur sozialen Rücksichtnahme auf den Schwächeren nur aus bloßer Angst um unseren eigenen Frieden leiten lassen würden. Im politischen Bereich mag diese Argumentation wohl gehen: „Tretet für das Wohlergehen der anderen ein, sonst ist euer eigener Wohlstand gefährdet." Im kirchlichen Bereich wirkt diese Argumentation allzu

102

ich-bezogen.

Jesus Christus hat uns gelehrt, in unserem Mitmenschen ein Wesen mit eigener Würde und eigenen Rechten zu sehen. Und er hat uns gelehrt, darin die eigentliche Aufgabe der Menschlichkeit zu sehen, dass wir den anderen von seinen Bedürfnissen und Rechten her ernst nehmen und ihm gerecht zu werden versuchen. So jedenfalls hat es Jesus Christus mit uns gemacht. Er war ja nicht gut zu den Menschen, um auf diese Weise seine eigene Ruhe umso ungestörter genießen zu können. Um des Mitmenschen willen hat er sich dessen angenommen und ihn geheilt, getröstet, gespeist, besucht, vergeben.

Vielleicht können wir uns zu so viel Selbstlosigkeit nicht aufschwingen. Dann wollen wir darin aber doch die Aufgabe sehen, zu der wir in der Nachfolge Jesu Christi berufen sind.

Wir haben Grund, dafür zu danken, dass er selbst sich dieses von Gott gegebenen Auftrags angenommen und uns Gerechtigkeit geschenkt hat, damit wir Frieden hätten. Wenn wir es mit dem Dank ernst meinen und ihn Jesus Christus gegenüber zum Ausdruck bringen wollen, dann werden wir uns dabei von seinem Wort leiten lassen: „Was ihr einem von diesen meinen geringsten Brüdern und Schwestern tut, das tut ihr mir." Das ist der wahre Gottesdienst: Nicht dass wir dogmatische Formeln korrekt nachsprechen, sondern dass wir unser Beten und Danken und Preisen verbinden mit einem menschlichen, liebevollen Umgang miteinander, von Mensch zu Mensch, im engen persönlichen Bereich, aber auch gegenüber Menschen in der Gemeinde, in unserem Land und in unserer weltweiten Gemeinschaft.

Manchmal bleibt nur das Beten
2. Februar 1991
Friedensgebet
Lukas 2,14

Der Weg zum Frieden ist wieder weiter geworden. Vor kurzem hatten wir noch meinen können, das Thema Frieden sei keines mehr, obwohl beständig in vielen Regionen unserer Erde Kriege geführt werden. Der Krieg um Kuwait ruft uns ins Bewusstsein zurück: Der Frieden war, ist und bleibt eine tägliche Aufgabe für jeden von uns.

Zweiter Irakkrieg	
Datum	2. August 1990 (irakische Invasion Kuweits)
	7. Januar 1991 (alliierter Gegenschlag)
Ort	Irak und Kuweit
Kriegsgrund	irakische Invasion in Kuweit
Ausgang	Niederlage des Irak, Rückzug aus Kuweit

Wir können den Frieden nicht schaffen. Aber im Glauben an die Verheißung, dass eines Tages Friede sein werde, können wir Zeichen setzen. Christus verkörpert in seiner Person den Frieden – als Wirklichkeit und als Verheißung, als Weg und als Auftrag.

Ich bitte euch nun um eine Minute der Stille.

Wir schweigen im Gedenken der Opfer des Krieges,
die uns verschwiegen werden.
Wir schweigen als Bekenntnis unserer Ohnmacht.
Wir schweigen als Zeichen unserer Bereitschaft,
uns fragen zu lassen nach unserer Mitschuld,
uns ansprechen zu lassen durch Worte der Hoffnung,
und uns in Anspruch nehmen zu lassen
für die Aufgabe des Friedens durch den,
der unser Friede ist.

Herr, unser Gott:
Wir beten zu dir um des Menschen willen,
um deines Geschöpfes willen.
Wir beten zu dir um des Menschen willen,
von dem es heißt:
Um seines Lebens, um seines Heils willen
hat Christus gelitten, ist Christus gestorben.

Wir beten für die Opfer des Krieges um Kuwait,
für die Frauen und Männer,
für die Mütter und Väter, die Kinder,
für die Jungen und die Alten.

Wir beten für die Soldaten,
die in diesem Krieg zum Kampf eingesetzt sind,
für diejenigen, die den Soldatenberuf ergriffen haben
in der Hoffnung, den Ernstfall nie zu erleben,
für diejenigen, die für diesen Krieg eingezogen wurden
und gegen ihren Willen kämpfen müssen,
und für diejenigen, die begeistert in den Krieg ziehen
in der Überzeugung,
sich für eine gerechte Sache aufzuopfern.
Wir beten für die Angehörigen der Soldaten.

Wir beten für die Verantwortlichen in der Politik,
die von Amts wegen Entscheidungen fällen müssen,
für diejenigen, die sich im Bewusstsein ihrer Verantwortung
um einen baldigen Frieden bemühen,
und für diejenigen,
die um ihrer Interessen willen Krieg und menschliches Leid
leichtfertig in Kauf zu nehmen bereit sind.

Wir beten für diejenigen,
deren Handeln und Reden wir bejahen,
und wir beten für die,

105

deren Handeln und Reden wir missbilligen und verurteilen.

Wir beten für alle Menschen,
die sich nach dem Frieden sehnen,
die von der Furcht vor einer Ausweitung des Krieges
niedergedrückt sind,
die verängstigt und ratlos sind,
die an ihrer Ohnmacht leiden.

All diese Menschen – und wir schließen uns ein –
befehlen wir dir an,
deinem Urteil, deinem Trost, deiner Hilfe, deinem Rat,
deiner Barmherzigkeit, deiner Gnade.

Wir bitten dich um den Geist des Friedens,
der Versöhnung, der Toleranz und der Vergebung.
Wir bitten dich um Klugheit und Fantasie
bei der Lösung von Konflikten,
um Geduld und Ausdauer,
und um die Kraft der Hoffnung:
dass Friede und Gerechtigkeit sein werden,
wie du es verheißen hast.

Umkehren, stille sein und hoffen?!
31. Dezember 1992
Altjahrsabend
Jesaja 30,15

In einem der drei Wagendörfer in Berlin sitzt ein armseliger, schon älterer Mann in seinem ihm als Unterkunft dienenden Bauwagen und wird über seine Lebenssituation befragt. „Warum trinkst du denn so viel Alkohol?", fragt ihn die Reporterin. „Um nicht nachdenken zu müssen", antwortet er.

„Um nicht nachdenken zu müssen." Wenn man ins Grübeln kommt, kann das Leben schwer werden – und schwer erträglich.

Gerade zum Jahresende hin – ab November – wächst der Druck zum Nachdenken. Die dunkle Jahreszeit richtet den Blick nach innen. Und mit der dunklen Jahreszeit verbünden sich die Gedenktage: Volkstrauertag, Buß- und Bettag, Totensonntag. Gegen Heiligabend erreicht die Besinnlichkeit einen emotionalen Höhepunkt. Und dann kommt noch der Jahresabschluss mit den vielen Rückblicken auf das zu Ende gehende Jahr.

Zwei meiner früheren Kollegen – der eine ist bereits im Ruhestand – ist das Belastende des Nachdenkens in ihren Weihnachtsbriefen abzuspüren.

Der eine schrieb: „Mehr noch als in den vergangenen Jahren empfinde ich die Gestaltung der Weihnachtsgottesdienste als schwierig. Zwar hat es noch nie wirklich ‚Frieden auf Erden' gegeben; aber in diesem Jahr scheint mir die Spannung zwischen der Wirklichkeit und der Botschaft der Christen so besonders krass; ich brauche niemandem Beispiele zu nennen. Was sollen wir tun?", fragt er. „Für eine Stunde die Wirklichkeit ausblenden und den ‚Frieden der Herzen' beschwören? Die vielen Aufrufe zum Frieden um einen weiteren – eigenen – vermehren? Zum Frieden im eigenen Bereich mahnen, wenn global schon nichts zu machen ist? Einfach die Weihnachtsgeschichte vorlesen in der Hoffnung, dass sie von selbst wirkt?

(W) 1942 LICHT
WEIHNACHTEN IM KESSEL
LEBEN LIEBE
FESTUNG STALINGRAD

Stalingradmadonna von Kurt Reuber, Heiligabend 1942
im Kessel von Stalingrad

Und was ist mit denen, die trotz Mölln, Sarajewo und Somalia sagen – und das doch auch mit Recht: Mein persönliches Problem liegt mir doch viel näher als alle Weltprobleme!?"

Wer ernsthaft nachdenkt, kann an den Abgrund der Ratlosigkeit geraten. Die Gefahr des inneren Absturzes kann dann heraufziehen. Gerade in diesem Jahr haben wir hinsichtlich der Weltprobleme Ohnmachtsgefühle nicht nur bei anderen erlebt, sondern auch an uns selbst gespürt.

Wir wollen dem Nachdenken nicht auszuweichen versuchen. Wir wollen auch nicht zur Flasche greifen wie der alte Mann aus dem Wagendorf, um so etwa den im Nachdenken rotierenden Verstand zu benebeln. Was aber kann uns trösten? Was kann uns helfen, wenn wir uns der Grenzen unserer eigenen Macht bewusst werden?

Hilfreich kann vielleicht ein Wort sein wie das aus dem Propheten Jesaja, das uns für diesen Gottesdienst aufgegeben ist: „Wenn ihr umkehrtet und stille bliebet, so würde euch geholfen; durch Stillesein und Hoffen würdet ihr stark sein."

Wenn wir uns selbst und anderen nicht helfen können, dann ist „Stillesein und auf Hilfe hoffen" ein vielleicht besonders schwer zu befolgender Rat. Und doch mag uns in manchen Situationen nichts anderes übrig bleiben. Stillesein und Hoffen mag in der Situation der Ohnmacht die letzte angemessene konstruktive lebensbejahende Antwort auf das nicht mehr verfügbare Schicksal sein.

Ich habe Ihnen in diesem Sinne eine Zeichnung des 1906 in Kassel geborenen Arztes, Theologen und Malers Kurt Reuber kopiert. Er hat die Zeichnung für den Heiligen Abend 1942 angefertigt. Sie werden sie sicherlich kennen. Das Original hängt in der Kaiser-Wilhelm-Gedächtnis-Kirche in Berlin.

Eine Mutter umhüllt bergend ihr Kind. Beide sind umhüllt vom langen Gewand der Frau. Die Geborgenheit, die die Mutter ihrem Kind schenkt, wird zugleich Mutter und Kind zuteil durch einen umfassenderen Schutz, der beide umschließt. Ein zutiefst menschliches Bild, ein Bild der Ruhe, ein Bild der Liebe, der Geborgenheit, der Innigkeit, des Friedens. „Licht,

Leben, Frieden" hat Kurt Reuber an den Rand geschrieben. Er hat dabei an die Botschaft des Johannesevangeliums gedacht.

Dieses Bild hat Kurt Reuber für den Heiligabend 1942 gezeichnet – als Trost und Hoffnung für seine Kameraden, die mit ihm eingeschlossen waren im Kessel von Stalingrad.

Der Name Stalingrad steht für die schrecklichste Schlacht des 2. Weltkriegs, für die furchtbaren Folgen von Nationalismus und Rassismus. Von über 250 000 deutschen Soldaten kehrten nur 6000 in die Heimat zurück. Hunderttausende deutscher und russischer Soldaten – und nicht nur Soldaten – verloren ihr Leben und viele mehr verloren ihre Gesundheit, verloren ihre Angehörigen, ihr Hab und Gut. Und viele verloren ihren Glauben, wie ein Soldat nach Hause schrieb: „... in Stalingrad die Frage nach Gott stellen, heißt, sie verneinen ... Vom Himmel kamen Bomben und Feuer, nur Gott war nicht da. Nein, Vater, es gibt keinen Gott." Im November 1942 werden die deutschen Truppen von der Roten Armee eingekesselt. Ein Entrinnen ist nicht mehr möglich.

In einem Erdbunker auf engstem Raum, unterbrochen von Angriffen inmitten des Kessels von Stalingrad, malte Kurt Reuber auf die Rückseite einer russischen Landkarte mit einem Kohlestift diese Frau mit Kind. Wollte er mit diesem Bild die ihn und seine Kameraden umgebenden Schrecken für einen Augenblick ausblenden? Ganz gewiss nicht. Die Schrecken des Kessels sind in diesem Bild enthalten, freilich in verwandelter Form. Kurt Reuber hat die Realität mit dem Herzen abfotographiert, das Negativ hat er dann im übertragenen Sinne in ein Positiv verwandelt. Die Schrecken des Kessels – Angst und Hunger und Kälte und Hass – hat er verwandelt in ein Gegenbild von Liebe und Geborgenheit.

Umschlossen waren er und seine Kameraden von einer Maschinerie des Todes. Auf dem Bild verwandelt er die Zange des Todes in einen bergenden, schützenden Umhang. Während im Kessel die inzwischen zu Tode verängstigten, halberfrorenen und verhungerten Soldaten einer imperialen Großmacht gefan-

110

gen sitzen, sehen wir im Mantel Mutter und Kind inneren Frieden ausstrahlend. Nicht todbringende Waffen sind auf die beiden gerichtet, sondern das Licht des Lebens und der Liebe bescheint sie.

Es ist ein Weihnachtsbild. Maria mit ihrem Kind in einer feindseligen Welt, aber doch geborgen in der Liebe Gottes. Der Stall, der armselige Ort der Geborgenheit, ist hier der Mantel. Er umhüllt schützend Mutter und Kind. Und wie der Stall angestrahlt wird vom Stern zu Bethlehem, so wird der Mantel angestrahlt vom Licht Gottes.

In diesem Bild begegnet uns beides: Die Sehnsucht der geschundenen Kreatur Mensch nach Sicherheit, nach Ruhe, nach Frieden, nach Liebe. Und zugleich die Weihnachtsbotschaft: das uns in dem Geschehen von Bethlehem zuteilgewordene Geschenk der Geborgenheit und des Friedens.

Das Bild von Kurt Reuber hat die Weihnachtsbotschaft in den Kessel von Stalingrad hineingetragen. Auf das Übermaß des Schreckens antwortet dieses Bild mit einem Höchstmaß an Liebe. Dies eben ist das Befreiende, das Erlösende und das Hoffnung Schenkende der christlichen Botschaft: Die göttliche Liebe geht nicht unter im Teufelskreis von Gewalt und Gegengewalt, von Hass und Zerstörungswut. Sie bleibt uns erhalten auch in den größten Schrecken des Todes.

Gott ließ das Christkind geboren werden in einer Welt der Zerstörung, in einem Volk, das von einer Großmacht beherrscht wurde, in einer Welt, in der Kriege geführt wurden, in der getötet, unterdrückt, in der gekreuzigt wurde. Das Christkind war schon vor der Geburt und auch gleich nach der Geburt vom Tode bedroht. Aber es wurde zum kleinen Licht in der großen Finsternis. Zum Zeichen der Hoffnung und des Trostes.

Es ist für uns alle ein großes Geschenk, dass Kurt Reuber dieses Bild gemalt hat in einer Situation größter Not, größter Bedrohung, größter menschlicher Niedrigkeit und Schuld. Er hat damit gezeigt, dass die christliche Botschaft eine Kraft hat auch in einer solchen Extremsituation.

Wir persönlich leben nicht in einer solchen Extremsituation.

111

Aber wenn wir dieses Jahr bedenken, das wieder angefüllt war mit mehr als fünfzig Kriegen, mit Millionen von Hungertoten, mit unendlich großem und zahllosem kleinen Leid und wir einmal mehr und in diesem Jahr vielleicht besonders nachdrücklich eine große Ohnmacht gespürt haben gegenüber diesem Elend der Welt und uns fragen: „Wie können wir das ertragen, wie können wir damit zurechtkommen?", dann mag uns dieses Bild von Kurt Reuber eine Hilfe sein. Kurt Reuber und seine Kameraden waren so ohnmächtig wie Menschen nur ohnmächtig sein können. Die Botschaft dieses Bildes aber vermittelt dennoch eine große Kraft, Lebenssinn, Trost und Hoffnung.

Viele Menschen haben gegen Ende des Jahres Kerzen angezündet, um mit dem Licht dem Hass entgegenzutreten. Sie haben damit auf ihre Art in angemessener Weise der Weihnachtsbotschaft Ausdruck gegeben.

Wir dürfen nicht in Ohnmachtsgefühlen versinken, wir dürfen nicht wegschauen, wir dürfen das Nachdenken nicht mit Alkohol und Drogen zu verhindern versuchen. Hilfreicher ist es, bei der Betrachtung des vergangenen Jahres und mit Blick auf das neue das Bild der Stalingrad-Madonna vor uns hinzustellen, mit einer Kerze rechts daneben, und dieses Bild zu meditieren mit dem Jesajawort im Herzen: „Wenn ihr umkehrtet und stille bliebet, so würde euch geholfen; durch Stillesein und Hoffen würdet ihr stark sein." Das sei uns hiermit anempfohlen.

Im Angesicht dieses Bildes werden uns neben allem Elend auch die vielen Situationen der Bewahrung, des Schutzes, der Freude einfallen, und vielleicht können wir dann sagen, was Kurt Reuber in einem Brief heute vor fünfzig Jahren, am 31. Dezember 1942, kurz vor dem Ende in Stalingrad schrieb: „... dass ich in allem unendlich dankbar bin für alles, womit mich dieses seltsame Jahr gesegnet hat. Das ist wirklich wahr."

Der Mensch – gut gemacht?

7. Mai 1995

Jubilate / 3. Sonntag nach Ostern

1. Mose 1,1-4a.26-31a;2,1-4a

Die einzelnen Sonntage des Kirchenjahres haben Namen, in der Regel lateinische Namen. Der heutige Sonntag hat den Namen „Jubilate" – „Jubiliert, lobt, preist, freut euch!" Mit diesem Wort beginnt der 66. Psalm – in der Übersetzung Luthers: „Jauchzt Gott, alle Lande."

Der fröhliche Charakter dieses Sonntags wird durch den heutigen Predigttext unterstrichen. Er ist der Schöpfungsgeschichte im 1. Buch Mose entnommen. Der Schöpfungsbericht beschreibt die Erschaffung der Welt in sechs Tagen; am siebten Tag ruhte Gott von der Arbeit aus. Jeder Abschnitt endet mit den Worten: „Und Gott sah, dass es gut war."

„Gott sah an alles, was er gemacht hatte, und siehe, es war sehr gut." Das ist schon was, wenn man auf das Werk seiner Arbeit zurückblicken kann und sagen kann: „Toll, gut gemacht, das ist gelungen!"

Wir wissen, wie die Geschichte weitergeht – die biblische Geschichte, die ja ein Versuch ist, die Realität unseres Lebens und die Entwicklung der Menschheitsgeschichte zu interpretieren und in Worte und Bilder zu fassen. Die biblischen Texte schildern in den ersten Kapiteln Ereignisse, die so sind, dass unser Sohn einmal sagte, als ich versuchte, ihm die Bibel von Anfang an vorzulesen: „Hör auf", sagte er, „ich will das nicht mehr hören!" Es kam ihm zu viel Negatives vor. Denn nach dem guten Anfang der Schöpfungsgeschichte kommt als nächstes der Sündenfall im Paradies: Adam und Eva tun das Verbotene und werden aus dem Paradies hinausgeworfen. Es folgt der Brudermord: Kain bringt in seiner Eifersucht seinen Bruder Abel um. Das Nächste ist die Sintflut: Gott ist enttäuscht von seiner Kreatur Mensch. Er bereut sein Schöpfungswerk und lässt bis auf die Familie Noahs alle Menschen in den Fluten untergehen. Und nach dem Neuanfang wird es auch nicht besser. Es

113

folgt der Turmbau zu Babel, eine Erzählung über den Größenwahn des Menschen.

Wenn wir die Buchdeckel dann doch nicht schließen aus Frust über derart unerquickliche Geschichten und weiterlesen, dann stoßen wir auf immer neue Darstellungen der Unzulänglichkeit und Boshaftigkeit der Menschen: Eine Kriegsschilderung reiht sich an die andere, Lüge, Betrug, Hass, Verbrechen jeder Art – eine Gemeinheit folgt der anderen. Es könnte einer sagen: „Die Bibel macht den Menschen schlecht." Wir können aber auch sagen: „Die biblischen Autoren haben die menschliche Geschichte nicht geschönt. Sie haben sich nicht geschämt, den Menschen so darzustellen, wie sie ihn zu ihrer Zeit erlebt haben, und wie wir ihn auch heute noch vielfach erleben."

Ich sage all dies, weil morgen der 8. Mai ist, und weil wir in diesen Tagen fünfzig Jahre zurückblicken auf ein Ereignis, das einen Abschnitt unserer Geschichte abgeschlossen hat, der zu dem Schrecklichsten gehört, was sich in der menschlichen Geschichte überhaupt ereignet hat.

Die Frage, die sich stellt angesichts des Rückblicks auf die Ereignisse in den Jahren zwischen 1933 und 1945, ist doch diese: „Was ist der Mensch? Wer ist dieses Wesen, das zum einen zu bewundernswerten Höchstleistungen, zum anderen aber auch zu so unvorstellbaren Untaten fähig ist?" Diese Frage stellt sich im Rückblick auf unsere jüngste Zeitgeschichte. Diese Frage hat sich aber immer gestellt, und sie stellt sich auch heute noch und immer wieder – täglich – angesichts immer neuer Schreckensmeldungen aus allen Teilen der Welt.

„Was ist der Mensch?" Wir könnten auch gezielter fragen: „Wer sind die Deutschen?" Oder: „Wer waren die Deutschen in jener Epoche, der vor fünfzig Jahren ein Ende bereitet wurde?" Der Blick auf unsere spezielle Art, auf die Eigenarten und in die Abgründe unseres Wesens als Volk der Deutschen wäre dabei ganz wichtig. Ich möchte es aber angesichts des Predigttextes bei der generelleren Frage belassen: „Was ist der Mensch?"

Ich möchte diese Frage mit einem Satz aus unserem Predigttext verbinden, einem Satz aus der Schöpfungsgeschichte, über

114

den sich schon viele den Kopf zerbrochen haben: „Gott schuf den Menschen zu seinem Bilde, zum Bilde Gottes schuf er ihn." Der Mensch ein Abbild Gottes!??? Hinter diese Aussage müssen wir wohl drei Fragezeichen setzen.

So kann Gott nicht sein: wie der Mensch. So kann – rückschauend – Gott nach unserem Verständnis nicht sein, wie der Mensch nach all unserer bisherigen Erfahrung ist. Der Mensch als Abbild Gottes – vielleicht soll hiermit gesagt sein: Der Mensch wurde als Wesen mit eigener kreativer Kraft und Freiheit geschaffen, mit dem Auftrag, sich nun selbst weiter zu entfalten und zu entwickeln. Das war vom Ansatz her gut. Nur als dann dieses so geschaffene Wesen sich mit seiner Freiheit und kreativen Kraft betätigte und seine Fähigkeiten entfaltete, wurde zu einem beträchtlichen Teil etwas Schlechtes daraus. Wenn uns diese Einsicht noch nicht in die Resignation getrieben hat, wenn wir also noch eine Hoffnung in uns tragen, dann können wir hinzufügen: Der Mensch befindet sich noch auf dem Weg. Seine Entwicklung ist noch nicht abgeschlossen. Vielleicht haben wir es noch vor uns, zu dem zu werden, wozu wir im Akt der Schöpfung entworfen wurden. Vielleicht liegt das Ziel noch vor uns, Ebenbild Gottes zu werden.

Die jüdisch-christliche Tradition jedenfalls ist von dieser Hoffnung geprägt: Sie sieht den Schöpfer weiter am Werk, sein Geschöpf Mensch auf den rechten Weg zu bringen. Noah empfing die Verheißung, dass Gott nicht noch einmal die Menschen auslöschen wolle, dass er die Menschen vielmehr bewahren wolle. Zum Zeichen dieses Versprechens setzte Gott, so schreibt es das 1. Buch Mose, den Regenbogen an den Himmel. Auch die Zehn Gebote und die vielen weiteren Gesetze schildert uns das Alte Testament als gute Gaben Gottes, die nur dies eine zum Ziel haben: den Menschen vor sich selbst zu schützen, die zerstörerischen Kräfte in ihm zu zügeln und seine Absichten in die rechten Bahnen zu lenken. Auch die Propheten werden uns im Alten Testament als Boten Gottes vorgestellt, die die Menschen ihrer Zeit durch Mahnungen und Drohungen und Verheißungen an den guten Willen Gottes erinnern sollten und sie dazu bewegen sollten, sich zum Guten zu bekehren. Der rote Faden der Hoffnung zieht sich vom Alten Testament weiter hindurch ins Neue Testament.

Jesus von Nazareth wird den Menschen als der Christus gesandt, als der Retter, der Heiland, der Erlöser. Er ist der Mensch gewordene Versuch des Schöpfers, seine Kreatur Mensch nun durch die Kraft der Liebe zur Umkehr zu bewegen. Jesus, der Christus, wird uns im Neuen Testament als derjenige geschildert, in dem anschaubar wird, wie der Mensch gemeint war, als Gott ihn schuf. Jesus Christus ist derjenige, an dem wir ablesen können, was gemeint ist mit den Worten: „Gott schuf den Menschen, zum Bilde Gottes schuf er ihn" – Christus das Abbild Gottes. Er wird uns durch das Neue Testament nicht einfach als Vorbild hingestellt im Sinne von: „So sollt ihr alle sein." Er verkörpert vielmehr auch die Versöhnung Gottes mit dem Menschen, die Versöhnung des Schöpfers mit seinem in vieler Hinsicht missratenen Geschöpf. In Jesus Christus reicht Gott uns die Hand. Es ist ein Angebot des Friedens, das Angebot zu einem neuen Anfang im Vertrauen auf die verwandelnde Kraft der Liebe.

Was ist der Mensch? Er ist nach unserem jüdisch-christlichen Verständnis ein Geschöpf Gottes, berufen zur Freiheit, berufen zur Verantwortung, selbst zu wählen zwischen dem Guten und dem Bösen, und ausgestattet mit einer eigenen kreativen Kraft und dem Auftrag, am Werk des Schöpfers mitzuwirken.

Was ist der Mensch? Er ist ein Geschöpf aus Fleisch und Geist. Zwischen beidem ist der Mensch oft hin- und hergerissen. Wenn die rechte Einsicht und der gute Wille da sind, dann kann es dennoch sein, dass der Körper es anders will und es anders bestimmt. Unsere Triebe haben Macht über uns, die Hormone bestimmen unsere Gemütslage. Lust und Schmerz sind vom Verstand oft nicht zu regieren.

Was ist der Mensch? Wir sind und bleiben angewiesen auf geordnete Rahmenbedingungen, wir brauchen die Ermahnungen, wir brauchen die Gesetze, wir brauchen eine politische

116

Ordnung – und es muss eine gute Ordnung sein. Unter den Rahmenbedingungen des Dritten Reiches haben sich die im Menschen vorhandenen zerstörerischen Kräfte in schrecklichem Ausmaß entfalten können. Vor fünfzig Jahren haben wir mit anderen Rahmenbedingungen einen Neuanfang machen können. Das hat viele gute Kräfte zur Entfaltung gebracht.

Was ist der Mensch? Wir sind weiter auf dem Weg, Mensch zu werden, Mensch im Sinne unseres Schöpfers. Wir sind begleitet von der Verheißung, niemals aus der Hand Gottes herauszufallen. Wir sind gestärkt durch die Kraft der Liebe und getragen von der Hoffnung, das Ziel zu erreichen.

Wir haben heute den Sonntag Jubilate, und wir haben Tage des Gedenkens. Wir wollen Gott dankbar sein für seine Schöpfung. Wir wollen ihm danken, dass er seine Kreatur Mensch aus Irrwegen immer wieder herausführt, dass er Schrecken ein Ende bereiten und auch nach immer wieder neuem Unrecht die Kraft der Versöhnung schenken kann.

Für den Frieden – ohne Krieg!
13. Mai 1999
Himmelfahrt
Kosovokrieg
Apostelgeschichte 1,9-11

Die Jünger schauten nach oben gen Himmel – sehnsüchtig, denn soeben war derjenige vor ihren Augen entschwunden, in den sie all ihre Hoffnungen auf ein neues Leben gesetzt hatten.

Dieser Blick nach oben – gen Himmel – ist der Blick des suchenden, hoffenden, sehnsuchtsvollen Menschen, dem die Dinge hier unten auf der Erde allzu beschwerlich geworden sind. Der Himmel ist das Reich Gottes – und dieses vermuten wir immer noch am ehesten dort oben, weil es uns schwerfällt, die Erde als Gottes Reich zu verstehen.

Der Blick nach oben in die unendliche Weite des Himmels ist gewiss mehr symbolisch gemeint. Wir wissen wohl, dass wir Gottes Gegenwart nicht räumlich zuordnen können, dass wir ihn nicht nur in einer bestimmten Dimension unserer Welt vermuten können. Gott ist, wir wissen und glauben es wohl, überall – dort oben und hier unten –, und seine Gegenwart lässt sich mit räumlichen Begriffen allein nicht beschreiben.

Und dennoch ist es mir in diesen letzten Wochen zunehmend wie ein Sakrileg erschienen, wie die Überschreitung einer Grenze, die Menschen nicht überschreiten dürfen, wie der Einbruch in einen heiligen Raum, wie eine Verhöhnung Gottes und damit auch wie eine Verhöhnung des Menschen: dass in diesen letzten Wochen der Himmel mit Werkzeugen der Zerstörung und des Todes verseucht worden ist und dass viele Menschen nur noch mit Angst und Sorge und Schrecken gen Himmel blicken konnten und können.

Der Krieg im Kosovo ist gerade noch weit genug von uns entfernt, als dass wir uns allzu sehr betroffen fühlen könnten. Aber er ist doch zugleich nah genug, dass er auch uns mit Sorge erfüllen und in etlichen unter uns auch böse Erinnerungen erwecken kann.

Es sollte ein – in Anführungszeichen – „sauberer Krieg" sein, ohne Opfer auf unserer Seite, ein Luftkrieg, der dem Feind ganz gezielt die Organe herausschneidet, die dieser für sein Zerstörungswerk benötigt.

Dieser Krieg hat bisher in der Tat auf unserer Seite so gut wie keine menschlichen Opfer erzeugt. Er hat gleichwohl auch bei uns erheblichen Schaden angerichtet. Und wir können nicht weiter stumm und wie gelähmt zuschauen.

Der Kosovokrieg hat uns in eine Ratlosigkeit und eine Sprachlosigkeit hineingestürzt, indem wir uns ein intellektuelles Patt haben einreden lassen und indem wir unseren Verstand und unser Herz in eine ausweglose Alternative haben hineindrängen lassen, in diese nämlich: Wenn wir bombardieren, richten wir zwar Schaden an, aber wenn wir nicht bombardieren, lassen wir zu, dass Milosevic im Kosovo sein Zerstörungswerk fortsetzt.

Unsere Regierung hat sich – in Abstimmung mit den Partnern in der Nato – dafür entschieden, durch eigene Kriegshandlungen den Versuch zu machen, dem Zerstörungswerk desjenigen ein Ende zu setzen, der schon seit langem durch brutale Vertreibung und durch Exekutionen eine Volksgruppe aus einem Teil des Landes zu beseitigen versucht, das er ganz exklusiv für seine eigene Volksgruppe in Anspruch nehmen möchte.

„Entweder werden wir schuldig durch Handeln oder wir werden schuldig durch Unterlassen" – angesichts dieser ausweglosen Alternative fiel die Entscheidung vor einigen Wochen zugunsten des Handelns, des kriegerischen Handelns. Die politisch Verantwortlichen werden sich ihre Entscheidung nicht leicht gemacht haben, davon dürfen wir wohl ausgehen.

Dennoch sage ich bewusst: Uns ist dieses intellektuelle Patt eingeredet worden – und wir müssen uns daraus wieder befreien. Wir können angesichts eines Krieges, in dem unser eigenes Land aktiv beteiligt ist, nicht in Ratlosigkeit und Sprachlosigkeit verharren.

Wir müssen es einfach klar aussprechen, das, was wir längst

wissen, was wir und auch unsere politischen Entscheidungsträger immer wieder bei anderer Gelegenheit gesagt haben – und was sich durch die menschliche Geschichte bis in unsere Gegenwart hinein immer wieder bestätigt hat: Krieg ist kein Mittel zur Lösung von Konflikten. Krieg löst keine Probleme, sondern schafft neue Probleme. Krieg baut nicht auf, sondern zerstört, er zerstört auch das, was er bewahren soll. Für Krieg gibt es keine Rechtfertigung.

Wie konnte es dennoch jetzt zu einem Krieg und zu einer breiten Zustimmung zum kriegerischen Einsatz kommen? Ich meine: wegen dieser unseligen unentrinnbaren Alternative: „Schuld durch Handeln" oder „Schuld durch Unterlassen". Bei der Alternative „Schuld durch Unterlassen" dachte nicht nur der Außenminister, sondern dachten viele unter uns an das Dritte Reich, an Auschwitz und an Hitler: Hätten Menschen damals beherzt und mutig rechtzeitig dem zerstörerischen Treiben von Hitler ein Ende gesetzt – und nur mit dem nachhaltigen Einsatz von Gewalt wäre dies wohl möglich gewesen, so geht der Gedankengang –, dann hätte Auschwitz vielleicht verhindert werden können.

Wer hätte Auschwitz nicht gern verhindert! Die Vorstellung, so etwas könnte in unserer Zeit wieder geschehen, ist unerträglich, und unerträglich ist die Vorstellung, wir selbst könnten daran mitschuldig werden.

Und eben diese unerträgliche Vorstellung ist es, die uns in diesen Wochen angesichts der schrecklichen Vorgänge im Kosovo in eine Ratlosigkeit und Sprachlosigkeit gestürzt hat.

Hierzu möchte ich sagen: Die Vorgänge im Kosovo dulden keinen Vergleich mit dem Dritten Reich, sie dulden keinen Vergleich mit Hitler, und sie dulden keinen Vergleich mit Auschwitz. Was Milosevic seit Jahren anrichtet, ist zwar schrecklich, es ist aber das, was sich auf unserem Erdball an etlichen Stellen gleichzeitig immer wieder vollzogen hat und vollzieht: dass Volksgruppen sich über ein und dasselbe Stück Land streiten und bekriegen, dass sie sich gegenseitig zu vertreiben versuchen und dass es in solchen Auseinandersetzungen

120

zu Tausenden und Abertausenden Opfern kommt, zu Toten und Verletzten und zur Zerstörung ganzer Landstriche. Dies ist wahrhaftig schrecklich. Dies kann und darf aber von außenstehenden Nationen nicht zum Anlass für den Einsatz kriegerischer Maßnahmen genommen werden. Wenn wir dies zulassen würden und wenn wir uns selbst dieses Recht zubilligen würden, dieses Recht, den Weltpolizisten zu spielen, dann wären wir in einen Dauerkrieg verwickelt.

Wir können vieles von dem Unrecht, das auf unserem Erdball geschieht, nicht verhindern und nicht beseitigen. Diese Einsicht ist bitter und schmerzt. Und diese Einsicht erfüllt uns mit Schuldgefühlen und bereitet uns ein schlechtes Gewissen. Aber wir können uns von diesem Schmerz, von diesen Schuldgefühlen, von diesem schlechten Gewissen nicht dadurch zu befreien versuchen, dass wir nun unsererseits zur kriegerischen Gewalt greifen und dann in der Vorstellung Erleichterung suchen, wir hätten wenigstens versucht, dem Unrecht Einhalt zu gebieten.

Nein, dies kann und darf nicht der Weg sein!

Sollen wir also resigniert die Hände in den Schoß legen und das Unrecht in der Welt tatenlos geschehen lassen? Nein, auch das sollen und dürfen wir nicht. Wir sollen dem Unrecht entgegentreten, aber mit Mitteln des Friedens, mit Mitteln der Versöhnung, mit dem guten Wort, mit der guten Tat, mit solchen Mitteln, deren Rechtfertigung nicht erst mühselig mit Hinweis auf den Zweck gesucht werden muss, sondern die in sich gut und recht sind.

Wenn doch die vielen Milliarden von DM und Dollar, die jetzt so bereitwillig für den Luftkrieg zur Verfügung gestellt werden – wenn doch diese Unsummen Geldes schon vorher eingesetzt worden wären für die Förderung von Maßnahmen der Völkerverständigung. Wenn die Nato – statt Bomben – vorher schon mal, mag es auch lächerlich erscheinen, was ich sage, Werbeblätter über Jugoslawien abgeworfen hätte – biblische Texte vielleicht über Gottes Liebe zu allen Menschen, über die Feindesliebe, Texte über die Vielfalt und Schönheit der Kulturen, über die Schönheiten der Schöpfung Gottes, über Verständigung und Versöhnung, Papiere statt Bomben, vielleicht hätten es nicht biblische Texte sein sollen, um die Kirchen in Jugoslawien nicht zu irritieren, sondern einfach Texte der Menschlichkeit.

Oder hätten die jetzigen Kriegsmilliarden nicht zuvor besser in Angebote wirtschaftlicher Unterstützung investiert werden können. Vielleicht hätte das manche aggressiv gestimmte Menschen in jenen Regionen auf andere Gedanken gebracht.

Wie auch immer: Angesichts von Unrecht und Gewalt hätten wir uns nur – und das mit Nachdruck – friedenerhaltender und friedenstiftender Mittel bedienen sollen und uns jeglicher kriegerischen Mittel enthalten sollen. Wir hätten uns dies rechtzeitig überlegen müssen.

Und wir sollten, nachdem wir nun nach Wochen des Krieges langsam zur Besinnung kommen, es uns vielleicht zum festen Grundsatz machen: dass wir den Krieg als Mittel zur Lösung von Konflikten aus unserem Repertoire streichen. Dass wir statt dessen konsequent, unbeirrt und nachdrücklich nur die Mittel befürworten, die dem Willen desjenigen entsprechen, der seinen Jüngern den Auftrag gab: „Geht hin in alle Welt zu allen Völkern, lehrt sie halten alles, was ich euch geboten habe." Und der gesagt hat: „Mir ist gegeben alle Gewalt im Himmel und auf Erden."

Der Himmel ist Gott heilig und die Erde ist Gott heilig und der Mensch ist Gott heilig. Und wir haben für Himmel und Erde, für Gottes ganze Schöpfung einen Auftrag, diesen nämlich: in der Nachfolge Jesu Christi alle Menschen die Liebe Gottes erfahren zu lassen. Die Liebe Gottes erfahren sie nicht durch Bomben. Sie erfahren sie durch Gesten der Menschlichkeit, mögen diese auch schwach sein in ihrer Art, sie sind am Ende immer stärker.

Hätte Jesus Christus die Gewalt gepredigt, wir säßen hier heute nicht beisammen. Er ist im Namen Gottes den anderen Weg gegangen; es war zugegebenermaßen der Weg ans Kreuz. Aber ist nicht die Torheit des Kreuzes letztlich doch weiser als

122

alle Weisheit der Welt?

Ich möchte für mein Teil lieber in Liebe scheitern als durch Krieg obsiegen. Die Ratlosigkeit und Sprachlosigkeit, die auch mich angesichts des Kosovoproblems eine Zeit lang gelähmt hatte, bedaure ich zutiefst.

Wir haben uns als Kirche nicht nach der Politik zu richten. Wir dürfen uns keine ausweglosen Alternativen einreden lassen. Wir haben nicht gescheiterte Diplomatie mitzutragen. Unsere Sache kann nicht die Rücksichtnahme auf Bündnispartner, auf Parteidisziplin und den Fortbestand der Koalition sein. Unsere Sache kann nicht die Wahrung des Gesichtes sein.

Unsere Sache ist allein der Auftrag Gottes durch Jesus Christus: den Menschen Frieden zu bringen durch das Wort und die Tat der Liebe.

„11. September 2001"
16. September 2001
14. Sonntag nach Trinitatis
Römer 12,21

Einleitung: Wir gedenken in diesem Gottesdienst der Menschen, die durch das schreckliche Geschehen am Dienstag in den USA ihr Leben verloren haben, wir gedenken der vielen Verletzten. Wir gedenken ihrer Angehörigen und Freunde.

Die Ereignisse am Dienstag haben uns schockiert, sie haben uns aufgerüttelt und sie haben uns zum Nachdenken gebracht. Wir fragen uns: Wie konnte es zu diesem furchtbaren Geschehen kommen? Wir fragen uns: Wie wird es weitergehen?

Wir stellen auch grundsätzliche Fragen: Wer ist der Mensch, dass er zu solchen Untaten fähig ist? Wir fragen nach dem einzelnen Menschen, und wir fragen nach der großen, weltweiten menschlichen Gemeinschaft. Und wir besinnen uns auf die Grundlagen unseres Zusammenlebens.

Wir besinnen uns auf die Liebe Gottes zu seiner Schöpfung und zu jedem seiner Geschöpfe. Wir besinnen uns auf den Auftrag, den wir von ihm empfangen haben.

Wir nehmen die Ereignisse vom Dienstag zum Anlass, in die Geschichte zu blicken und über unseren ganzen Erdball zu blicken, der für uns heute so klein geworden ist.

Mit Erschrecken stellen wir fest, dass die Ereignisse vom Dienstag eine neue Form von Gewalt sind, eine neue Form der Gewalt, die Menschen seit Menschengedenken an Menschen verübt haben.

Wir dürfen und wir wollen uns mit der Spirale der Gewalt nicht abfinden. „Lass dich nicht vom Bösen überwinden, sondern überwinde das Böse mit dem Guten", diesen Auftrag gibt uns das Neue Testament. Das sei unser Ziel und unser Weg.

Wir sehnen uns nach Frieden in aller Welt. Wir bitten Gott um seinen Beistand.

Predigt: Als wir auf den Bildschirmen unserer Fernseher zuhause das Flugzeug auf den Turm des World Trade Centers zurasen sahen – was hätten wir dafür gegeben, die dann folgende Katastrophe zu verhindern!!! Wir konnten in dem Augenblick nichts geben. Wir waren gelähmt. Wir waren ohnmächtig. Und in der Starre unserer Ohnmacht mussten wir ansehen, wie ein zweites Flugzeug in die Türme raste.

Die Flugzeuge, Erfüllung eines Menschheitstraums, fliegen zu können, die Bodenschwere zu überwinden und die Freiheit der Grenzenlosigkeit zu empfinden – sie wurden zu Instrumenten der Zerstörung und der tausendfachen Tötung.

Und die hochaufragenden Türme, wunderschön anzusehen im Glanz der Sonne, der Stolz menschlicher Baukunst und Symbol weltweiter Wirtschaftsmacht – sie sanken zu Boden und wurden zum Trümmergrab von Menschen vieler Nationen.

Es waren Menschen in den Flugzeugen, es waren Menschen in den Türmen. Wir selbst hätten es sein können, privat oder geschäftlich, die schöne Aussicht aus dem Flugzeug genießend oder die wunderbare Aussicht von den Türmen ganz oben. Wir selbst hätten es sein können oder unsere Lieben, Angehörige, Freunde. Als wir vor dem Fernseher zuhause saßen, da sahen wir uns im Flugzeug und wir sahen uns in einem der Türme – und es war, als sähen wir die Katastrophe auf uns selbst zukommen und als rasten wir selbst in die Katastrophe hinein.

Was hätten wir gegeben, um dieses Unheil abzuwenden?! Wir konnten in dem Augenblick nichts geben. Das Entsetzen lähmte unser Denken, es lähmte unsere Sprache, wir fanden keine Worte für unsere Gefühle und wir konnten nicht handeln.

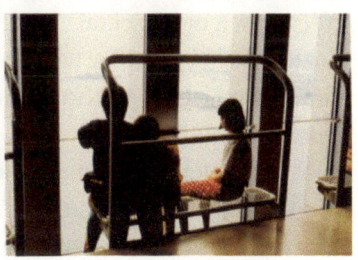

World Trade Center, New York, Anblick und Ausblick, 1993

125

Wir wurden ohnmächtige Zuschauer eines Geschehens tausende von Kilometern entfernt, eines Geschehens, das sich dennoch über die Fernsehbilder in unsere Herzen eingrub und in uns ist und in uns bleibt und in uns wühlt.

Was hätten wir gegeben? Wir konnten in dem Augenblick nichts geben. Wie gern hätten wir etwas getan! Wir konnten in jenem Augenblick nichts tun.

Das Geschehene ist geschehen. Das ist bitter. Aber nun sind wir beisammen, um unsere Gefühle und unsere Gedanken zu ordnen und uns zu besinnen und die Frage neu in uns zu stellen: Was hätten wir gegeben, um diese Katastrophe zu verhindern?

Es war kein Erdbeben, es war kein Vulkanausbruch, es war keine Naturkatastrophe – es war ein von Menschen geplantes und durchgeführtes Geschehen.

Wer waren und wer sind die Menschen, die dieses Grauen angerichtet haben? Was hat sie zu dieser Schreckenstat bewogen? Sie werden sich Gründe der Rechtfertigung zurechtgelegt haben.

Kann es eine Rechtfertigung für eine solche schreckliche Tat geben? Wir sagen „Nein – niemals!" Kann es eine Rechtfertigung dafür geben, die schreckliche Tat vom Dienstag mit schrecklichen Taten anderer Art zu vergelten?

Der Apostel Paulus hat im Geiste Jesu gesagt: „Lass dich nicht vom Bösen überwinden, sondern überwinde das Böse mit Gutem."

Am Mittwoch sagte eine Fernsehkommentatorin: „Wir können nun das Neue Testament beiseitelegen und das Alte Testament aufschlagen, das dritte Buch Mose, und sie zitierte: „Wenn dich einer schlägt, dann schlage zurück." Und sie fügte hinzu: „Dabei wird es wieder unschuldige Opfer geben, aber daran wird sich unsere Solidarität mit den Amerikanern messen lassen müssen."

Wir werden das Neue Testament nicht beiseitelegen. Das Neue Testament mahnt uns: „Lasst euch nicht vom Bösen überwinden, sondern überwindet das Böse mit Gutem." Dies ist eine Kernaussage des Neuen Testaments. Sie ist verkörpert in Jesus

126

Christus selbst. Jesus Christus ist das unschuldige Opfer menschlicher Gewalt – und er hat gesagt: „Herr, vergib ihnen, denn sie wissen nicht, was sie tun." Er ist als Unschuldiger ins Grab gebracht worden. Seine Anhänger und alle, die ihn liebten, hätten auf Rache an seinen Mördern sinnen können. Aber bevor sie darüber nur haben nachdenken können, kehrte er selbst zurück, nicht als Rächer, nicht um mit den Mitteln der Gewalt Vergeltung zu üben, sondern um aller Welt die Botschaft zu verkünden: „Euch steht der Weg zur Umkehr offen. Ihr habt die Chance zur Besserung. Gott sieht die guten Kräfte in euch. Sie sind unter euren düsteren Gedanken verborgen, aber Gott hilft euch, den finsteren Schleier zu entfernen. Gott sieht die guten Kräfte in euch. Im Gestrüpp schlimmer Erfahrungen sind sie in euch gefangen. Gott will euch befreien."

Gott schuf den Menschen und sprach: „Siehe, es ist sehr gut." Der Mensch erwies sich dann leider nicht immer als sehr gut. Unfassbar Böses ist immer wieder von Menschen ausgegangen. Aber in jedem Menschen sind die guten Kräfte veranlagt, in jedem Menschen auf unserem Erdball, gleich welcher Herkunft, gleich welcher Nationalität, gleich welcher Sprache, Kultur, Hautfarbe, Religion – und mag ein Mensch auch noch so viel Schuld auf sich geladen haben. In jedem Menschen sind die guten Kräfte veranlagt.

An das Gute im Menschen zu glauben und dem Menschen die Chance zu geben, das Gute in ihm zur Entfaltung zu bringen, das ist unser gottgegebener Auftrag.

Das Neue Testament beschreibt uns Jesus Christus als den Sohn Gottes. „Sie haben mein Kind umgebracht" – das ist eine der schrecklichsten Erfahrungen, die Eltern überhaupt machen können. „Sie haben meinen Sohn umgebracht", dies musste Gott selber feststellen als das bittere Ergebnis der Menschheitsgeschichte.

Gott hat die Ermordung seines Sohnes nicht zum Anlass genommen, die Menschen zu verdammen. Auf das Übermaß an Gewalt hat er mit einem noch größeren Maß an liebevoller Zuwendung geantwortet. Gegen die Macht des Todes hat er dem

Leben zum Sieg verholfen.

Was hätten wir gegeben, um die Katastrophe vom Dienstag zu verhindern? Das Höchste und Größte und Hoffnungsvollste, was wir hätten geben können, ist das Versprechen, allen Menschen auf unserer Erde mit einem Höchstmaß an liebevoller Zuwendung zu begegnen – und den ernsthaften Versuch zu unternehmen, dieses Versprechen einzulösen.

Der Glaube an das Gute im Menschen, an das von Gott in den Menschen hingelegte Gute, die Hoffnung, dass die Saat des Guten doch immer wieder aufgehen möge und die liebevolle Zuwendung als die wärmende Sonne, die Lebenskräfte entfaltet – Glaube, Hoffnung, Liebe – sie sind Gottes Zuspruch an uns. Sie sind Gottes Auftrag an uns, sie sind, was wir von Gott durch Christus empfangen haben, und sie sind die höchsten Güter, die wir weitergeben können.

In der Gewalt militärischer Waffen liegt keine Zukunft. Gewaltsame Vergeltung aus verletztem Stolz wird den Schaden vergrößern. Strafe muss sein, aber die Strafe darf nur den Täter treffen.

Unser Erdball ist sehr klein geworden. Die Anforderungen an das Leben miteinander auf diesem Erdball werden immer höher, die ethischen Anforderung steigen mit jeder neuen technischen Möglichkeit, Leben zu zerstören. Es kann keinen technischen Schutz geben. Es kann keine gewaltsame Einschüchterung geben. Denn selbstmordbereite Täter sind durch Drohungen nicht zu beeindrucken. Die Anforderungen an den guten Willen wachsen. Wir müssen alle die Kunst erlernen, Konflikte so zu lösen, dass jeder zu seinem Recht kommt. Dabei wird jeder ein wenig zurückstecken müssen.

Die Kunst friedlicher Konfliktlösung ist eine weltweite Aufgabe. Es ist die Aufgabe eines jeden Einzelnen von uns. Es ist die Aufgabe der Nationen untereinander. In New York gab es nicht nur das World Trade Center. Es gibt auch die Vereinten Nationen. Sie sind das Ergebnis der kriegerischen Katastrophen des letzten Jahrhunderts, der organisierte Wille der Nationen, das Leben auf diesem Erdball friedlich und gerecht zu gestalten.

128

Bevor ein weiterer kostspieliger Krieg vom Zaume gebrochen wird, möge eine jede Nation überlegen, ob sie ihre Beiträge für die Vereinten Nationen gezahlt hat und ob sie auch sonst alles getan hat, um die Arbeitsfähigkeit dieser Weltversammlung zu stärken!

Unsere menschlichen Kräfte reichen nicht, den Frieden auf unserem Erdball zu schaffen und zu erhalten, welche Mittel auch immer wir anwenden. Wir können nur zweierlei tun: Wir können um den Frieden beten. Wir können Gott bitten, dass er uns den Frieden schenken möge, nach dem wir uns alle sehnen. Das ist das eine.

Und das andere ist dies: Wir können das uns Mögliche tun. Wir können mit unseren begrenzten Möglichkeiten das tun, von dem wir meinen, es sei der richtige und gute Weg. Was richtig und gut ist, dafür gibt uns das Neue Testament einen Leitfaden: „Lass dich nicht vom Bösen überwinden, sondern überwinde das Böse mit Gutem."

Ethik für den Frieden
14. Oktober 2001
18. Sonntag nach Trinitatis
2. Mose 20,1-17

Es ist ganz gut, dass wir in diesen Tagen die 10 Gebote einmal insgesamt betrachten sollen. Die schrecklichen Ereignisse vom 11. September sind ein Anlass, grundsätzlich nachzudenken über die ethischen Grundlagen unseres Zusammenlebens als weltweite menschliche Gemeinschaft.

Die Menschen des Alten Testaments haben sicherlich nicht ganz so global gedacht, wie wir das heute infolge der Medien und der technischen Möglichkeiten gewohnt sind. Die alttestamentlichen Autoren befassen sich vor allem mit dem Volk Israel. Aber ihr Denken richtete sich doch auch auf den Menschen schlechthin. In der Schöpfungsgeschichte zum Beispiel geht es um den Beginn der Menschheit insgesamt. In der Paradiesesgeschichte mit dem Sündenfall, in der Erzählung von Kain und Abel, in der Sintflutgeschichte, in der vom Turmbau zu Babel – da geht es immer wieder um das Wesen des Menschen ganz grundsätzlich.

Und schließlich die 10 Gebote – sie sind zwar dem Mose für sein Volk gegeben, aber sie richten sich doch letztlich an den Menschen überhaupt.

Eine Konfirmandenmutter hatte das vor Jahren einmal ganz schlicht und persönlich so formuliert: „Ich möchte, dass Sie meinem Sohn die 10 Gebote beibringen, damit aus ihm ein anständiger Mensch wird."

Die 10 Gebote enthalten einen ethischen Leitfaden für unser Verhalten – immer mit Blick auf unser Miteinander in der menschlichen Gemeinschaft.

Dass Gebote überhaupt nötig sind, machen die ersten Seiten der Bibel recht deutlich. Das wird uns aber auch täglich immer wieder aufs Neue klar, wenn wir die Ereignisse um uns herum – im näheren und weiteren Umkreis – beobachten, und auch wenn wir uns selbst betrachten. Ohne Gebote, ohne Gesetze ginge es nicht. Chaos würde ausbrechen. Die Gebote haben eine geradezu lebenserhaltende Funktion. Das Volk Israel hat darum die Gebote als ein großes göttliches Geschenk empfunden und hat sie in etlichen Psalmen dankbar und fröhlich besungen.

Was dürfen wir, was dürfen wir nicht? Auf diese Fragen geben die Gebote eine Antwort. Sie bieten insofern eine ethische Orientierung und einen Halt. Allerdings sind sie auslegungsbedürftig. Sie können nicht immer als konkrete Handlungsanweisung dienen. Auch das fundamentale Gebot „Du sollst nicht töten" zum Beispiel versteht sich nicht von selbst. Es lässt die Frage offen, ob es vielleicht doch Ausnahmen gibt, zum Beispiel im Fall der Selbstverteidigung oder überhaupt im Fall der Verteidigung – auch eines anderen Menschen oder eines ganzen Volkes.

Wegen ihrer Uneindeutigkeit können die Gebote auch leicht missbraucht werden. Sehr beliebt ist es zum Beispiel, anderen die Gebote vorzuhalten und ihnen deutlich zu machen, was sie alles für Unrecht begangen haben. Ebenso beliebt ist es umgekehrt, die Gebote dazu zu benutzen klarzustellen, wie rechtschaffen man selbst ist – im Sinne von: „Ich habe mir nie etwas zuschulden kommen lassen."

Wir müssen also auch die Grenzen der Gebote sehen. Gebote sind gut und wichtig. Aber sie reichen für sich genommen noch nicht aus, das menschliche Miteinander im Kleinen und im Großen zu gestalten. Hinzukommen muss ein Geist der Verantwortung, sie vernünftig und sinnentsprechend anzuwenden. Und es muss ein Geist der Menschlichkeit hinzukommen, zum Beispiel für den Fall des Scheiterns. Wir scheitern an den Geboten täglich. Neben der Strafe muss auch die Bereitschaft zum Verzeihen und Vergeben hinzukommen. Der Geist der Menschlichkeit ist auch als Korrektiv zum Beispiel für den Fall nötig, dass die Gebote mehr Schaden als Nutzen bringen.

Wenn zum Beispiel das Ruhegebot am Feiertag dazu führt, dass einem Menschen nicht geholfen wird, dann schadet das Gebot. Jesus hat darum gesagt: „Der Mensch ist nicht für die Gebote da, sondern die Gebote sind für den Menschen da." Ggf.

131

muss ein Gebot um der Menschlichkeit willen auch einmal gebrochen werden.

Aber insgesamt und grundsätzlich und recht ausgelegt und angewandt sind die Gebote ein ganz großer Segen. Wie gesagt, das Volk Israel hat die Gebote als ein großes Geschenk Gottes mit Dankbarkeit angenommen. Und Jesus hat die Bedeutung der Gebote bestätigt. Auf die Frage, welches denn das größte Gebot sei, hat er die Gebote in einem Doppelgebot zusammengefasst und hat sie dabei mit dem Aspekt der Verantwortung und der Menschlichkeit verbunden, als er sagte: „Du sollst den Herrn, deinen Gott, lieben von ganzem Herzen, von ganzer Seele, von ganzem Gemüt und von allen deinen Kräften. Und das andere ist dies: Du sollst deinen Nächsten lieben wie dich selbst."

Gott lieben und den Menschen lieben – das ist der Leitfaden, nach dem wir die Gebote für das konkrete Leben auslegen und anwenden sollen. Wenn wir nun noch fragen, was das heißt: „Den Menschen lieben", dann können wir noch die Goldene Regel Jesu zur Erklärung hinzunehmen, die besagt: „Was du willst, dass man dir tut, das tue auch den anderen." Für uns selbst hätten wir gern das Beste, und eben dies sollen wir auch dem Nächsten zukommen lassen.

Die Goldene Regel ist, wie ich finde, eine sehr geschickte und effektive Handlungsanweisung. Sie fordert uns zunächst zu einem gedanklichen Rollentausch auf: Wir sollen uns in die Situation des anderen versetzen und dann aus dessen Position heraus überlegen: Was hätte ich gern? Wenn wir das jetzt einmal an einem Beispiel durchprobieren, dann merken wir, wie wirksam die goldene Regel uns die Augen öffnen kann. Versetzen wir uns mal für einen Augenblick in die Situation eines hungernden Menschen in Somalia – was würden wir uns dann wohl wünschen? Klar: dass uns jemand zu essen und zu trinken geben möge. Dieser Mensch in Somalia wird aber verhungern. Wir also, wenn wir nicht nur gedanklich, sondern tatsächlich an seiner Stelle wären, wir würden verhungern, zusammen mit tau-

132

send weiterer Menschen in dieser Stunde, in der wir hier Gottesdienst feiern, weil uns niemand zu essen geben würde, obwohl es auf diesem Erdball reichlich zu essen und reichlich Geld gibt.

Ich nenne jetzt gerade dieses Beispiel, weil die furchtbaren Ereignisse vom 11. September unseren Blick wieder geweitet haben und wir wieder den ganzen Globus in den Blick nehmen. Ich sage wieder, weil wir uns zwanzig Jahre lang mehr und vielleicht allzu sehr um unsere innere Befindlichkeit gekümmert haben. Die gesellschaftlichen Probleme weltweit sind aber dringlich. Jetzt, wo wir uns selbst bedroht sehen, werden wir vielleicht wieder die Kraft haben, uns Gedanken zu machen und Maßnahmen zu überlegen, wie wir unserer mitmenschlichen Verantwortung im weltweiten Sinne gerecht zu werden versuchen können.

Es wäre jedenfalls nicht gut, wenn wir die globalen Belange allein denjenigen überlassen würden, die vor allem auf technische und militärische Lösungen setzen. Die Probleme selbst müssen gelöst werden. Das ist das eine. Und das andere ist dies: Eine langfristige und nachhaltige Lösung kann es nur geben, wenn wir die Herzen der Menschen gewinnen. Das ist unser Auftrag.

Die Kirche ist ein weltweiter Organismus. Sie hat einen weltumspannenden Auftrag: nämlich die Liebe Gottes zu allen Menschen zu verkündigen und erfahrbar werden zu lassen. Es ist an der Zeit, dass wir uns auf die weltweite Dimension dieses Auftrags wieder in aller Intensität besinnen. Damit meine ich nicht, dass wir wieder verstärkt Mission im Stile früherer Jahrhunderte betreiben sollten.

Die Mission früherer Jahrhunderte hatte, wenn ich das einmal etwas vereinfacht sagen darf, allzu sehr einfach die Platzierung des eigenen Glaubens in anderen Teilen der Welt zum Ziel. Jetzt muss viel stärker die Kommunikation mit anderen Glaubensformen, mit anderen Religionen, Denkstrukturen, Lebensweisen, Kulturen hinzukommen. Jetzt ist interkulturelle, interreligiöse Kommunikation vonnöten mit dem vorrangigen

Ziel, Gemeinsamkeiten herauszufinden, gegenseitigen Respekt zu bekunden und gemeinsame Anliegen zum Wohle aller zu realisieren.

Der katholische Theologe Hans Küng beschäftigt sich seit gut zehn Jahren mit dem „Projekt Weltethos" und hat auch ein Buch mit diesem Titel schon damals veröffentlicht. Darin formuliert er zusammenfassend vier Kernsätze, die ich Ihnen jetzt gern weitergebe: Er sagt:

„Kein Frieden unter den Nationen ohne Frieden unter den Religionen. Kein Frieden unter den Religionen ohne Dialog zwischen den Religionen. Kein Dialog zwischen den Religionen ohne globale ethische Maßstäbe. Kein Überleben unseres Globus ohne ein globales Ethos, ein Weltethos."

Küng hat vor mehr als einem Jahrzehnt bereits das formuliert, was wir heute als ganz konkrete Aufgabenstellung annehmen sollten – ich wiederhole den letzten Satz: „Kein Überleben unseres Globus ohne ein globales Ethos, ein Weltethos."

Was er sagen will, ist dies: Wir müssen uns heute intensiver denn je weltweit um gemeinsame Maßstäbe für ein friedliches und gedeihliches Miteinander auf unserem Erdball bemühen. Das ist eine große geistige, geistliche und menschliche Aufgabe. Die Probleme, die uns der 11. September so brutal vor unser aller Augen gestellt hat, sind nicht allein und schon gar nicht nachhaltig mit militärischen Mitteln zu lösen, auch nicht mit Maßnahmen der technischen Kontrolle und Überwachung.

Erforderlich ist, dass wir uns weltweit über Grenzen aller Art hinweg als menschliche Gemeinschaft auf gemeinsame Maßstäbe des Zusammenlebens zu verständigen versuchen. Es gibt die Vereinten Nationen, da ist schon ein großes Gesprächsforum. Es ist sehr schön, dass die Arbeit dort nun durch den Friedensnobelpreis gewürdigt wird.

Die Kirche ist ebenfalls ein weltweiter Organismus mit einer alle Einzelkirchen verbindenden ganz wunderbaren Botschaft der Liebe und des Friedens. Die sollten wir mit viel größerer Deutlichkeit einbringen in die Bemühungen um ein weltweites friedliches und gedeihliches Miteinander.

Diese Predigt hat ihren Anfang bei den 10 Geboten genommen. Wir haben noch die Worte Jesu hinzugenommen. Wir können Wertvolles zur weltweiten Diskussion beitragen. Natürlich müssen wir bei uns selbst anfangen. Dann merken wir schon, wie schwierig das Ganze ist. Aber wir haben einen Auftrag, einen göttlichen Auftrag um des Menschen willen, um aller Menschen auf unserem Erdball willen. Stellen wir uns diesem Auftrag, uns selbst zum Wohl, allen Menschen zum Wohl und Gott zur Ehre.

Ich möchte zum Schluss einen Abschnitt aus dem Buch von Hans Küng zitieren, aus dem 1999 veröffentlichten Buch „Spurensuche" mit dem Untertitel „Die Weltreligionen auf dem Weg". Das Kapitel über das Christentum hat er mit einem Abschnitt abgeschlossen, dem er die Überschrift gegeben hat: „Um der Kinder willen." Küng schreibt:

„Nein, wir haben die Hoffnung nicht aufgegeben. Die Völker der Erde dürfen die Hoffnung nicht aufgeben, schon um der Kinder, um der kommenden Generationen willen. Und gerade die Kinder, die einmal selber die Zukunft gestalten sollen, könnten das brauchen, was vor 2000 Jahren der Nazarener verkündigt, vorgelebt hat: Toleranz, Verständnis, Güte, Hilfsbereitschaft, Teilen, Vergeben, Liebe. Auch nach 2000 Jahren wahrhaftig keine überholten Ideale!

Der Globus ist bedroht, von innen heraus. Er könnte auseinanderbrechen. Aber der Globus kann auch wieder heil werden, friedlicher, menschlicher: wo immer Menschen statt sich zu bedrohen und zu bekämpfen, miteinander reden, sich gegenseitig tolerieren und respektieren.

Für Nationen, Gruppen, den Einzelnen ist aktueller denn je die Goldene Regel, von Jesus nicht nur negativ, sondern positiv formuliert: ‚Was du willst, das man dir tut, das tue auch den anderen!' Eine Grundorientierung für den ganzen langen Lebensweg.

Gewalt ist heute in jeder Gesellschaft ein Problem. Aber das Wort des großen jüdischen Propheten Jesaja ‚Schwerter zu Pflugscharen schmieden' (Jes. 2,4) wird heute in allen Nationen und Religionen verstanden.

Schon junge Menschen sollten lernen, dass Gewalt kein Mittel der Auseinandersetzung sein darf. Nur so entsteht langsam – eine Kultur der Gewaltlosigkeit und der Ehrfurcht vor allem Leben, eine Kultur der Partnerschaft von Mann und Frau, eine Kultur der Solidarität und Gerechtigkeit, eine Kultur der Toleranz und Wahrhaftigkeit.

Kriege aber vor allem sind inhuman, Kriege müssen mit allen Mitteln verhindert werden. Hat doch der Nazarener gesagt, ‚Selig sind die Friedensstifter, denn sie werden Kinder Gottes heißen' (Mt 5,9)."

Arnaldo Pomodoros Sfera con Sfera, der Gefährdete Erdball (1990), im Vatikanischen Hof Cortile della Pigna

136

Siehe, dein König kommt zu dir, ein Gerechter und ein Helfer.

1. Dezember 2001
Gemeindebriefandacht
Sacharja 9,9

Sacharja hat eine Vision – sie bezieht sich auf Jerusalem und auf den ganzen Globus, eine Vision des Friedens. Aktueller geht's nicht. Die Israeliten damals leiden an der Zerstörung Jerusalems, sie leiden an der Fremde des Exils in Babylon. Was ist ihnen an Hoffnung geblieben, dass sie in ihrer Heimat einmal wieder in Ruhe und Frieden würden leben können – und dass in der Welt um sie herum Frieden sein möchte, in der Welt um sie herum, die das Schicksal ihres kleinen Landes immer so sehr mitbestimmt hat?!

Was ist an Hoffnung geblieben? Das ist ja auch unsere Frage – bezüglich des Friedens in Israel und bezüglich des Friedens auf unserem ganzen Erdball. Michael Wildt, der vorletzte Woche für ein paar Tage aus Jerusalem zurückgekommen war, sagte mir, die Stimmung in Israel sei depressiv. Er habe niemanden getroffen, der Hoffnung auf Besserung habe. Jedenfalls brächte niemand eventuelle hoffnungsvolle Gedanken zum Ausdruck. Und seit dem Wochenende, an dem er nach Jerusalem zurückgekehrt ist, ist ja genug Schlimmes dort geschehen, um die im Verborgenen vielleicht noch vorhandenen kleinen Reste von Hoffnung weiter zu dezimieren.

Jerusalem – das Krisenzentrum Nr. 1. Solange dort kein Frieden herrscht, wird unser Erdball im Ganzen wohl weiter bedroht bleiben. Und wenn dort einmal Frieden einkehren sollte, dann wird dies für unseren ganzen Erdball gut sein.

Kann von Jerusalem der Frieden für die Welt ausgehen? Jerusalem – zentrale Stätte der großen Buchreligionen Judentum, Christentum, Islam. Wo ist die geistige Kraft der Religionen, die der politischen Macht etwas entgegensetzen könnte? Wo ist das Friedenspotential der Kirchen und der Religionen in dieser heiligen Stadt? Ich habe Michael Wildt gefragt: „Gibt es denn in Jerusalem einen ‚Council of Religions‘ – ein gemeinsames Gremium der Religionen, das den Willen zum Frieden und die Hoffnung auf Frieden wieder stark machen könnte?" Ich habe ihn gefragt, ob es denn einzelne religiöse Persönlichkeiten gäbe, die den politischen Mandatsträgern mit geistiger und geistlicher Macht Paroli bieten könnten.

Ihm fielen weder einzelne Persönlichkeiten noch irgend ein Gremium ein. Von wo aus kann Hoffnung neu wachsen?

Sacharja hat eine Vision gehabt – im Angesicht einer Wirklichkeit, die zur Hoffnung keinen Anlass bot.

Wir, auch wir brauchen eine Vision, eine Vision des Friedens. Wir knüpfen jetzt in der Adventszeit an eben diese Vision des Sacharja an. Denn den König, auf den er gehofft hat, den haben später viele in Jesus von Nazareth erkannt. Ein König freilich, der einen ganz anderen Weg zum Frieden aufgezeigt hat als den der Vergeltung, der Gewalt und Gegengewalt.

Christus ist unsere Hoffnung.

ST. MARKUS
HOHELUFT

Friede auf Erden?!

Gemeindebrief Dezember 2001

139

„Friede auf Erden!"
Dezember 2001
Gemeindebriefandacht
Lukas 2,14

„Friede auf Erden" – danach sehnen wir uns alle. Frieden – das ist mehr als die Abwesenheit von Krieg im herkömmlichen Sinne. Frieden meint auch die Freiheit von einer andauernden hintergründigen Bedrohung durch Gewalt, die jederzeit und überall auf unberechenbare Weise unsere Lebensgrundlagen zerstören kann.

Eine solche Bedrohung existiert weltweit. Das hat uns der 11. September auf brutale Weise vor Augen geführt. Entsprechend weltweit muss nun auch unser Nachdenken über Möglichkeiten des Friedens ausgerichtet sein.

„Friede auf Erden" – dieser Zuspruch war schon vor 2000 Jahren global gemeint. Wir haben zwischenzeitlich gedacht, uns gingen die Probleme im Rest der Welt nichts an. Nun haben wir schmerzlich erfahren, wie klein unser Erdball ist, wie eng unser Schicksal mit dem der ganzen weltweiten menschlichen Gemeinschaft verknüpft ist.

Als Menschheit sind wir eine Schicksalsgemeinschaft – und wir sind eine Verantwortungsgemeinschaft. Der Versuch, die globale Verantwortung mit den Mitteln der Gewalt, auch der

Die Welt-Familie
(Zeichnung: Rolf Bunse, Male die Welt-Familie, missio aktuell Verlag)

140

militärischen Gewalt, wahrzunehmen, trägt den Keim der Selbstzerstörung in sich.

Die weihnachtliche Friedensbotschaft weist uns auf einen anderen Weg. Sie wendet sich an unser Herz und weist uns an die Herzen unserer Mitmenschen. Den Frieden gewinnen wir nur, wenn wir die Herzen der Menschen gewinnen. Die Herzen der Menschen gewinnen wir aber nicht mit den Mitteln militärischer Macht, sondern nur auf dem Weg gegenseitigen Respekts, gegenseitiger Fürsorge und gegenseitiger Öffnung.

Einer muss stets den ersten Schritt tun. Der erste Schritt ist ein Wagnis. Es ist das Wagnis der Liebe, ein lohnendes Wagnis. Weihnachten ist der Schritt Gottes auf uns zu. Er begegnet uns in einem neugeborenen Kind und fordert uns zur liebevollen Zuwendung heraus.

Lassen Sie uns in diesem einen Kind die Summe aller Geschöpfe Gottes erkennen. Und lassen Sie uns in jedem einzelnen Menschen dieses eine Kind wahrnehmen. Als Ebenbilder Gottes sind wir alle entworfen. Lassen Sie uns dies als Leitbild für unser weltweites Miteinander nehmen.

Schluss mit dem Sündenbock!
15. September 2002
16. Sonntag nach Trinitatis
Erinnerung an den 11. September
Hebräer 10,35-36(37-38)39

Das Bedürfnis ist tief im Menschen verwurzelt: Unrecht muss gesühnt werden. „Fügst du mir Leid zu, dann füge ich dir Leid zu. Schlägst du mir einen Zahn aus, dann schlage ich dir zwei Zähne aus." Oder etwas humaner im Alten Testament: „Auge um Auge, Zahn um Zahn." Unrecht soll mit gleichem Unrecht vergolten werden.

Es ist ein archaisches Bedürfnis, ein Bedürfnis tief im Inneren des Menschen, mitgetragen und immer weitervererbt, seit Menschengedenken, als Teil der menschlichen Natur.

Dieses Verlangen in uns sagt uns: Auch Unrecht, das wir selbst begangen haben, muss gesühnt werden. Auch unsere eigene Schuld fordert ihr Opfer. Der Priester in den frühen Zeiten des Alten Testaments lud einmal im Jahr das ganze Volk zu seinem Tempel ein. Er nahm in feierlicher Zeremonie einen Bock, fasste ihn bei den Hörnern und sprach die Sünden des Volkes und seine eigenen auf ihn. Dann schickte er den Bock in die Wüste. Dort verendete das Tier. Mit dem Tod des Tieres war auch die Schuld des Volkes und seine eigene dahin.

Das rituelle Opfern war Teil der psychischen Hygiene im alten Israel. Es war ein Weg, sich selbst und die Gemeinschaft zu entlasten von der Last des Unrechts und der Schuld. Das Verlangen nach solcher Entlastung ist tief in jedem Menschen verwurzelt. Der Sündenbock ist in unsere Sprache eingegangen. Aber nicht nur in unsere Sprache. Er war und ist und bleibt überall ein begehrtes Geschöpf. Ich sage jetzt bewusst „Geschöpf", ein Lebewesen. Es zu Tode zu bringen, erschien und erscheint als die sicherste und nachhaltigste Form der Entlastung.

Der Hebräerbrief im Neuen Testament handelt von diesem tief im Menschen verwurzelten Bedürfnis, Unrecht durch Opfer

142

zu sühnen. Der Hebräerbrief möchte seine Leser aber auf eine höhere Stufe des Bewusstseins und der Empfindungen heben. Grausig und untauglich ist eure Opfertheologie, sagt er. Legt eure archaischen Bedürfnisse ab, überwindet eure altertümlichen Empfindungen. Es gefällt Gott nicht, dass ihr tötet, um – innerlich befreit – weiterleben zu können. Lasst die ganze Opfertheologie hinter euch. Ihr könnt euch auf andere Weise entlasten lassen von Unrecht und Schuld – durch einen Blick und durch ein Wort: „Schaut auf das Kreuz – Vergebung!" Christus hat der Opfertheologie ein Ende bereitet. Er war Priester und Opfer zugleich. Er hat sich selbst zum Sündenbock gemacht und hat sich selbst als Opfer dargebracht. Es war ein letzter Akt der Sühne, ein für alle Mal, gültig für alle Zeit.

Wenn ihr künftig eure Seele entlasten wollt, so sagt uns der Schreiber des Hebräerbriefes, wenn ihr eure Seele entlasten wollt, dann eignet euch das Opfer Christi zu, nehmt es an als für euch geschehen. Nehmt das Opfer Christi an – in Form von Brot und Wein – als die Zeichen seines Leibes, als des Leibes Christi, der sich selbst zum Sündenbock gemacht hat, und sich selbst als Opfer dargebracht hat, um euretwillen – ein für alle Mal, damit Schluss ist mit dem Töten, damit endlich das Leben blühen kann.

Was immer sich auf unserer Erde an Unrecht und Schuld ereignet hat, ereignet und ereignen wird – es hängt bereits da am Kreuz, in Christus, dem Sündenbock der Menschheit. Er ist gestorben und mit ihm all unser Unrecht, all unsre Sünde, all unsre Schuld. Und er ist neu vor uns hingetreten als der Lebende, um uns zu sagen: Ihr seid frei. Lebt und freut euch des Lebens. Lebt nach dem Willen Gottes. Und wenn ihr wieder belastet seid vom Unrecht der Welt, vom Unrecht in euch selbst, dann setzt euch zusammen und stärkt eure Seelen mit Brot und Wein – als Zeichen meines Opfers für euch, meiner Vergebung, Gottes Vergebung.

Ich wünschte, die amerikanische Regierung hätte den Hebräerbrief gelesen. Sie hat ihn offenbar nicht gelesen. Und wenn sie ihn gelesen hat, spielt für sie die Botschaft dieses Briefes offenbar keine Rolle. Die amerikanische Regierung hält an den archaischen Ritualen fest. Sie meint in der Bevölkerung ein Bedürfnis nach Sühne wahrzunehmen – für das Unrecht des 11. September, für das dem Volk von Fanatikern zugefügte Unrecht und vielleicht auch für den im Herzen diffus empfundenen eigenen Anteil an diesem Unrecht.

Die amerikanische Regierung muss sich fragen lassen, ob sie sich nicht der Rolle des Hohepriesters bemächtigt hat, des archaischen Priesters, der einen Sündenbock gesucht und gefunden hat. Will sie nun Blut fließen lassen, um die amerikanische Seele zu reinigen? Es würde auch das Blut vieler unschuldiger Kinder, Frauen und Männer sein.

Wenn die amerikanische Regierung doch den Hebräerbrief gelesen hätte, wo es heißt: „Die Rache ist mein", spricht Gott, „euch steht es nicht zu, Vergeltung zu üben!"

Der Schreiber des Hebräerbriefes bemüht sich redlich, seinen Lesern aufzuzeigen, dass mit Jesus Christus eine grundlegende Wende eingetreten ist: die Wende vom Tod zum Leben.

Unrecht und Schuld sollen nicht mehr durch den Tod einer Kreatur gesühnt werden. Wir sollen vielmehr Unrecht und Schuld als Herausforderung annehmen, die Kräfte des Lebens, des Guten und Schönen, engagiert und nachhaltig zu entfalten.

Wer von der Achse des Bösen spricht und die Länder der Welt in die Guten und die Bösen einteilt, wer von Schurkenstaaten spricht und sich einen herausgreift, um an ihm das archaische Ritual zu vollziehen, der fällt hinter die befreiende und erlösende Botschaft des Neuen Testaments zurück.

Denn diese Botschaft öffnet uns die Augen für die Kräfte des Lebens. In allen Staaten der Erde – und seien sie auch von Diktatoren beherrscht – leben friedliche, freundliche Menschen, leben Menschen, die sich lieben, leben Eltern, die ihre Kinder lieben und die sich für ihre Kinder eine schöne und heile Welt ersehnen. In allen Staaten unserer Erde gibt es die Sehnsucht nach Wohlergehen, nach einem gedeihlichen Miteinander, nach Schutz und Geborgenheit, nach Freiheit. Die Sehnsucht nach dem Heilen zu stärken, die Kräfte der Sehnsucht zu

144

entfalten, damit sie unsere Welt zum Guten, zum Besseren umgestalten, das ist unser Auftrag. Natürlich gibt es das Böse in der Welt, es gibt auch Schurken; wer das beweisen will, hat es leicht. Aber an ihren unguten Absichten und Taten sollen und dürfen wir nicht unser Denken und Handeln ausrichten.

Unser Auftrag ist nicht, das Böse zu beseitigen, sondern das Gute zu fördern. Unser Auftrag ist nicht, dem Tod ein Ende zu bereiten, sondern dem Leben zu dienen.

Das Evangelium des heutigen Sonntags schildert uns, wie Jesus den toten Lazarus wieder zum Leben erweckt. Den Tod besiegen, das kann nur Jesus Christus im Namen Gottes. Was wir tun können, ist dies: an seine Kraft glauben, an die von ihm ausgehende Lebenskraft glauben, an die lebenspendende Kraft der Liebe glauben – und nach diesem Glauben das Leben gestalten. „Wer an mich glaubt, der wird leben, auch wenn er sterben muss", sagt Jesus Christus.

Sterben werden wir alle. Aber uns ist die Chance zum Leben gegeben, zu einem schönen, erfüllten, sinnvollen Leben. Wir sind in diese Welt hinein erschaffen, damit wir leben im Sinne des Schöpfers – und mit unserem Leben dem Schöpfer Dank und Ehre erweisen. Wir haben uns lange genug von den Kräften des Todes beeindrucken lassen und uns von ihnen bewegen lassen. Lassen wir uns in Dienst nehmen von dem Auferstandenen, von dem, der das Leben im besten Sinne des Wortes ist und von

dem die Kräfte des wahren Lebens ausgehen. Lassen Sie uns seinem Wort folgen, das uns sagt: „Vergeltet das Böse mit Gutem. Glaubt an die Kraft der Liebe." Der Schreiber des Hebräerbriefes ruft uns auf: „Haltet fest an diesem Glauben. Werft euer Vertrauen nicht weg. Seid geduldig und tut in Geduld den Willen Gottes. So werdet ihr das Verheißene empfangen."

145

Vertrauen und „Kein Krieg gegen den Irak!"
16. Januar 2003
Ansprache beim Neujahrsempfang

Ich bin ja froh, dass ich an der Kreuzung nicht umgefahren worden bin. Da kommt ein Auto, ich habe Grün, ich gehe los – das Auto hält! Manchmal denke ich: „Wenn der jetzt nicht hält!" Aber solche Sorge – verzeihen Sie –, damit könnten wir auf Dauer gar nicht leben. Das Miteinander im Verkehr ist auf Vertrauen aufgebaut: dass sich jeder an die Regeln hält und Rücksicht nimmt. Das funktioniert ja auch im Großen und Ganzen.

Nicht immer hundertprozentig, das ist wohl wahr. Aber es ist schon erstaunlich – und dafür können wir nur dankbar sein –, dass sich der Mensch so zügeln lässt und sich so in ein Regelwerk einfügen lässt. Schrecklich, wenn es anders wäre! Die endlos vielen Risiken im Verkehr würden uns binnen kurzem – schon emotional und nervlich – zugrunde richten. Den Verkehr halten wir nur mit Vertrauen durch. Und vertrauen können wir auch – im Großen und Ganzen.

Auch wenn ich in ein Geschäft gehe – dahinten eine Verkäuferin, vorn am Eingang, sagen wir, schöne Bilder, Ansichtskarten. Da wird auch mal – verzeihen Sie – geklaut. Vielleicht sagen Sie: „Und gar nicht so wenig!" Aber das ist noch überschaubar. Insgesamt können wir davon ausgehen: Die Kunden halten sich an die Spielregeln. Es wird nicht geklaut. Der Kunde kommt und bezahlt. Das Vertrauen muss man einfach haben, können wir auch haben. Ein bisschen vorsichtig sollte man schon sein und einige Vorkehrungen treffen. Aber wir können nicht überall noch Wachpersonal herumstehen haben. Das machen manche große Geschäfte.

Und hier im Gemeindehaus können wir auch nicht auf „Nummer Sicher" gehen. Es wird auch bei uns mal eingebrochen. Das ist immer ärgerlich. Aber wir können nicht, wir wollen nicht, wir wollen dieses Haus nicht – „übermäßig" –, sage

146

ich jetzt mal, bewachen und allenthalben Sicherungsmaßnahmen installieren.

Wir leben vom Vertrauen. Absoluten Schutz gäbe es eh nicht. Und was wäre das für ein Leben, was wäre das für eine Gesellschaft, wo wir im anderen immer den potentiellen Dieb, den Einbrecher, den Verkehrssünder, den Übeltäter sähen!

Sollen wir uns immer neue Sicherungsmaßnahmen ausdenken? Mitbedenken sollen wir das wohl stets.

Aber vielleicht sollten wir verstärkt daran arbeiten, dass sich jeder an die Spielregeln hält, ohne die wir in einer Gesellschaft nicht entspannt leben können. Die Bedeutung von Regeln, von Werten müsste verstärkt ins Bewusstsein gehoben werden als etwas, was uns allen guttut: damit wir nämlich im Vertrauen zueinander leben können.

Und vertrauensbildende Maßnahmen müssten wir ergreifen. Wir selbst müssen dem anderen mit Vertrauen begegnen, dem anderen was Gutes zutrauen. Das mobilisiert die guten Kräfte im anderen. Das kann ihn motivieren, sich als vertrauenswürdig zu erweisen. Das verpflichtet ihn geradezu.

Natürlich ist das auch ein Risiko. Vertrauen ist immer ein Risiko. Aber Misstrauen ist auch ein Risiko. Wenn ich dem anderen misstraue, ist das ja fast wie eine Beleidigung, dann mobilisiere ich die gemeinen Kräfte in ihm. Dann lässt er seine Phantasie arbeiten, wie er meine Sicherungsmaßnahmen umgehen kann, wie er mich austricksen kann.

Das Lenin'sche Wort macht umgekehrt, finde ich, mehr Sinn: „Kontrolle ist gut, Vertrauen ist besser."

Aber wie gesagt: Vertrauen setzt eine Menge Vorarbeit voraus, im Erzieherischen, im gesellschaftlichen Miteinander, auch im weltweiten Miteinander.

In manche Länder mögen wir gar nicht mehr reisen. Und in manchen Ländern mögen wir bestimmte Gegenden, in manchen Städten manche Stadtteile gar nicht aufsuchen. Geh nicht in die Villa Miseria, ins Armenviertel, und wenn, dann nicht allein, und auf keinen Fall mit dem Fotoapparat!"

147

Wenn Menschen in solcher Armut leben und das Gefühl haben: „Es kümmert sich keiner um uns, es interessiert sich keiner für uns", und wenn die Menschen das Gefühl haben, sie sind Opfer eines ungerechten Systems – welche Motivation sollten sie dann haben, sich an „unsere" Spielregeln und Werte zu halten?!

Wir könnten nicht das Vertrauen haben, dass wir einen Spaziergang durch ein Armenviertel unbeschadet überstehen würden. Und in wen oder was sollten die Menschen dort Vertrauen haben? Bis es da zu gegenseitigem Vertrauen kommen könnte, müsste noch vieles passieren.

Es ist für unsereins als Touristen schon bedrückend, wenn man sich von einigen Gegenden fernhalten muss. Es gibt aber ja auch schon ganze Länder, wo man sich das dreimal überlegt, ob man da überhaupt hinreisen möchte, und dann lässt man es lieber.

Schade – und bedrückend. Vielleicht können wir es manchen Ausländern nachempfinden, die es sich dreimal überlegt haben, ob sie nach Deutschland kommen wollen, weil sie Sorge haben, sich hier nicht unbehelligt aufhalten zu können. Und vielleicht können wir die Sorge mancher Ausländer nachvollziehen, die hier wohnen: dass sie immer ein wenig auf der Hut sein müssen.

Besonders problematisch ist die Situation nach dem elften September für arabisch aussehende Menschen geworden, bei uns und noch mehr in den USA. Und wenn wir in arabische Länder reisen! Das kann alles noch viel problematischer werden.

Vertrauen zerstören, das geht ganz schnell. Das merken wir in jeder zwischenmenschlichen Beziehung. Wenn wir belogen werden von jemandem, dem wir vertraut haben, dann sind wir künftig immer skeptisch dem Betreffenden gegenüber. Das Vertrauen wieder herzustellen, braucht sehr viel Zeit.

Vertrauen beruht auf einer gewissen Verlässlichkeit: dass Spielregeln eingehalten werden. Dass ich mich selbst an die Spielregeln halte und dass sich der andere an die Spielregeln

148

hält. Vertrauen braucht immer wieder vertrauensbildende Maßnahmen, die deutlich machen, dass die gemeinsame Basis noch Bestand hat.

Das ist eine ganz sensible Sache. Wenn ich dem anderen die Hand reiche, ist es gut. Wenn ich dem anderen die Faust zeige, dann wird es schwierig. Dann geht etwas kaputt.

Dann geraten wir auf eine andere Ebene des Umgangs miteinander. Und die ist dann nicht mehr vom Vertrauen geprägt. Da wird es dann problematisch und gefährlich.

Und wenn das dann nicht nur die zwischenmenschliche Beziehung Einzelner betrifft, sondern das Miteinander von Nationen, dann wird es ganz problematisch und ganz gefährlich.

Wir können uns – auch als Nationen – nicht absolut voreinander schützen. Auch das weltweite Miteinander bedarf des Vertrauens. Wer in einer anderen Nation vor allem den Übeltäter sieht und ein Land als „Schurkenstaat" betitelt, und eine solche Nation dementsprechend behandelt, der schürt üble Kräfte, der macht sich mitverantwortlich für das, was daraus an Zerstörung entsteht.

Wer von der „Achse des Bösen" spricht, der macht damit deutlich, dass ihm am Aufbau von Vertrauen nichts liegt. Und wer noch dazu nicht nur verbal, sondern mit dem geballten Aufmarsch der Kriegsmaschinerie seines Landes zu erkennen gibt, dass ihm internationales Recht eher ein lästiges Übel ist, der zerstört Vertrauen in globalem Ausmaß.

Ein solches Vorgehen richtet schon jetzt Schaden an. Die Vorbereitung des Angriffskrieges zerstört Vertrauen und guten Willen. Die Vorbereitung des Angriffskrieges liefert denen eine zusätzliche Rechtfertigung, die ihre Ziele mit Mitteln des Rechtsbruchs und der Gewalt erreichen wollen.

Welches Argument haben wir noch gegen diejenigen, die ihre Ziele mit Terroranschlägen zu erreichen versuchen, wenn wir das schweigend und tatenlos hinnehmen, was die Regierung der Vereinigten Staaten vorhat?

Welches Argument haben wir dann noch gegen ein Land wie Nord-Korea, das sich die Option offenhält, Atomwaffen zu

149

produzieren und ggf. einzusetzen?

Wie können wir dann überhaupt noch glaubwürdig für ein friedliches, vertrauensvolles Miteinander – unter uns und weltweit – werben, wenn wir schweigend und tatenlos abwarten?

Ist es nicht an der Zeit, dass wir klar und unmissverständlich sagen: „Kein Krieg gegen den Irak!?"

Und dass wir zum Beispiel unsere Worte in großen Lettern über den Kirchplatz spannen – oder über die Hoheluftchaussee?!

Ist es nicht an der Zeit, dass wir uns noch intensiver auf die Friedensbotschaft unserer biblischen Tradition besinnen und auf den Auftrag zum Frieden, der daraus erwächst. Und dass wir öffentlich Zeichen setzen?!

Und ist es nicht an der Zeit, dass wir intensiver auch nach der Friedensbotschaft in den anderen Religionen fragen?! Dass wir gemeinsam nach dem suchen, was uns helfen kann, Vertrauen zu bilden und zu stärken?!

Krieg zerstört. Auch das Drohen mit Krieg zerstört.

Wir brauchen eine Kultur des Vertrauens, des weltweiten Vertrauens, nicht nur auf dem Papier, sondern in unserem gelebten Miteinander, hier unter uns in diesem Stadtteil, in dieser Stadt, in unserem Land und weltweit.

Vertrauen nicht im Sinne einer naiven Vertrauensseligkeit, sondern als bewusste Entscheidung für ein Menschenbild, das den Menschen aller Kulturen Gutes zutraut und das die guten Kräfte im Menschen bejaht und zur Entfaltung bringen will.

Jeder von uns hier heute Abend hat seine eigenen Gedanken. Lassen Sie uns nicht nur jeder für sich denken. Lassen Sie uns unsere Gedanken austauschen. Lassen Sie uns auch unterschiedliche und konträre Meinungen austauschen. Und lassen Sie uns miteinander überlegen, was wir beitragen können zu einer Kultur des Vertrauens.

Die rosige Dekoration hier im Saal soll nicht bedeuten, dass wir rosigen Zeiten entgegengehen. Aber die jungen Damen, die das hier so schön dekoriert haben, wollten auf diesem Wege doch ein Zeichen der Hoffnung und des Vertrauens in die Zukunft setzen.

Unter uns ist hier heute Abend sehr viel Verstand, sehr viel Lebenserfahrung, sehr viel Kreativität und sehr viel guter Wille versammelt. Lassen Sie uns unsere guten Gaben zusammentun und was Gutes draus machen für unseren Stadtteil, für unsere Gesellschaft und für unser weltweites Miteinander.

Ich begrüße Sie alle sehr herzlich und danke Ihnen, dass Sie gekommen sind. Ich danke Ihnen für Ihre Aufmerksamkeit und wünsche uns einen schönen und ertragreichen Abend.

Das Böse mit Gutem überwinden
26. Januar 2003
3. Sonntag nach Epiphanias
Bibelsonntag und Aktion gegen den Irakkrieg
Römer 1,16

„Ich schäme mich des Evangeliums nicht", sagt Paulus. Das ist fast schon etwas zu defensiv. Er hätte auch sagen können: „Ich bin stolz auf das Evangelium" oder „Ich bin begeistert, ich bin fasziniert vom Evangelium." Das hat er in Wirklichkeit auch gemeint. Paulus war ja so erfüllt von den Worten Jesu, von seiner Art, die Welt und den Menschen zu sehen, dass er in die umliegenden Länder gereist ist – in die Türkei, nach Griechenland, bis hin nach Italien, nach Rom, um weiterzugeben, was sein Leben so radikal verändert hatte.

Reisen war damals ziemlich beschwerlich und gefährlich. Aber Paulus hat keine Mühen und keine Gefahren gescheut. Denn ihm waren im wahrsten Sinne des Wortes die Augen aufgegangen. Was er erkannt hatte, wollte er nicht für sich behalten. Wenn er dann etwas sagte – und in seinen Briefen schrieb – von dem, was ihm Jesus Christus bedeutete, war das wiederum so bedeutungsschwer, dass auch seine Worte, Paulus' Worte, Teil der Schrift geworden sind, die für viele Menschen, für Milliarden von Menschen, zur Heiligen Schrift geworden ist.

Die Bibel ist eine Schatzkiste voller guter Worte. Es sind nicht nur Worte voller Lebensweisheit – die gibt es auch in der Bibel, einige sind zum Schmunzeln: „Wem eine tüchtige Frau beschert ist, die ist viel edler als die köstlichsten Perlen" zum Beispiel. Aber Lebensweisheit ist oftmals recht pessimistisch: „Wer anderen eine Grube gräbt, fällt selbst hinein." In der Bibel stehen aber nicht nur – und überhaupt nicht in erster Linie – Lebensweisheiten. Vielmehr ist uns mit den Texten der Bibel in vielfältiger Entfaltung ein grundlegendes Lebensverständnis und ein Menschenbild gegeben, das geprägt ist von der „Liebe zum Leben" und der „Liebe zum Menschen".

152

Was in dieser Hinsicht in der Bibel formuliert ist, erschien und erscheint manchen Menschen allerdings nicht als Lebensweisheit, sondern eher als Torheit. Eine oftmals als weltfremd belächelte Aufforderung Jesu lautet: „Liebt eure Feinde!" Ein solches Wort macht uns besonders nachdrücklich deutlich, dass uns die Bibel mit einem offenbar radikal alternativen Lebens- und Menschenbild konfrontiert. Man mag das belächeln. Aber ein auch nur oberflächlicher Blick in die Menschheitsgeschichte bis in den heutigen Tag hinein kann auch die Frage nahelegen, ob da nicht vieles so grundlegend falsch gelaufen ist, dass eine radikale Überprüfung und Änderung unserer Denk- und Verhaltensmuster eigentlich schon immer nötig gewesen ist.

Die Bibel ist eine Schatzkiste guter Worte. Einige dieser Worte haben wir auf Spruchbändern geschrieben und draußen aufgehängt. Vielleicht kommen nachher noch ein paar dazu, Worte des Zuspruchs und des Anspruchs. „Friede auf Erden allen Menschen" – ein göttlicher Zuspruch, den einlösen zu helfen ein hoher Anspruch an uns alle ist.

Oder dieser Satz: „Alles, was ihr wollt, dass euch die Leute tun sollen, das tut ihnen auch!" Ein geniales Wort Jesu, zurecht als die „Goldene Regel" bezeichnet. Das bedeutet: „Behandle die anderen so, wie du von ihnen behandelt werden möchtest." Gegen dieses Wort lässt sich überhaupt nicht argumentieren, ohne dass man sich damit selbst gleich als Egoist entlarvt. Natürlich möchte ich von den anderen gut, ja, bestmöglich, behandelt werden. Und muss ich den anderen dann nicht das gleiche Recht auf eine ebenso gute, bestmögliche Behandlung zubilligen?! Wenn wir diesen Satz zur Leitlinie unserer zwischenmenschlichen Beziehungen machen würden, dann wäre das doch wunderbar.

Oder dieser Satz: „Überwindet das Böse mit Gutem!" Das müsste das Leitmotiv jeder Konfliktlösung sein. Wo Böses getan wird, da sollte nicht mit gleichen Mitteln oder noch Schlimmerem vergolten werden. Denn das führt – das zeigt doch alle Erfahrung – zur Spirale der Gewalt. Und diese findet oftmals erst dann ihr Ende, wenn die Gegner tot am Boden liegen. Es folgt dann die Versöhnung über den Gräbern.

Nein, es müssen im Konfliktfall sogleich Maßnahmen zur De-Eskalation ergriffen werden. Alle Fantasie und guter, bester Wille müssen aufgeboten werden, dem Gegner den Weg zur Umkehr zu eröffnen. Versöhnung muss das Ziel sein, bevor es nötig wird, Gräber auszuheben.

Natürlich ist das alles nicht einfach. Wir dürfen es uns aber auch nicht zu einfach machen. Vielleicht ist es erforderlich, dass wir uns immer wieder Gedanken machen, welches denn die Grundsätze unseres zwischenmenschlichen Verhaltens sind. Vielleicht fehlt es uns an inneren Leitlinien. Vielleicht denken wir, das regelt sich schon alles von allein. Oder andere werden's schon richten. Die Wertefrage dürfen wir nicht unterschätzen, die Frage: „Nach welchen Werten richten wir uns?"

Wenn der Führer der mächtigsten Nation unseres Erdballs, der uns vor kurzem noch in eine Wertegemeinschaft einbezogen hatte, über seine Gegner sagt: „Wir werden sie vor uns hertreiben und wir werden sie zur Strecke bringen", dann können wir doch gar nicht mehr anders, als dass wir uns noch einmal ganz intensiv auf unsere Werte besinnen und uns fragen, ob sich eine solche Äußerung wirklich mit unserem Menschenbild vereinbaren lässt.

Die Frage: „Wer ist der Mensch?", war ja übrigens auch die Frage gewesen, die sich für Paulus nach seinem sog. Damaskuserlebnis ganz neu beantwortet hatte, und zwar in folgender Weise: „Der Mensch ist", ich sage das jetzt mal theologisch, „der Mensch ist Sünder, der Mensch ist auf Vergebung angewiesen und der Mensch hat die tägliche Chance zur Umkehr." Das war sein Aha-Erlebnis. Eine Einsicht, die von da ab jegliche Selbstgerechtigkeit ausschloss und die Vorstellung, schuld seien immer nur die anderen.

Es verbot sich für Paulus künftig die Vorstellung, dort seien die Bösen und hier die Guten, dort seien die Schurken und hier die Engel, die anderen gehörten in die Hölle und wir in den Himmel. Das Aha-Erlebnis bestand für ihn in der Einsicht, dass

154

die Grenze zwischen Gut und Böse direkt durch uns selbst ver- läuft, durch jeden von uns. Dass der Kampf gegen das Böse also zunächst in uns selbst stattfinden muss und dass, wenn wir das Böse im anderen bekämpfen wollen, es keinen Sinn macht, den anderen umzubringen; dann würden wir ja auch das Gute in ihm zu Tode bringen. Nein, wir müssen dem anderen helfen, vom Bösen frei zu werden, indem wir die guten Kräfte in ihm stär- ken. So machen wir das doch auch in der Kindererziehung. Und eben so kann es auch unter uns Erwachsenen gehen und auch im Miteinander der Nationen.

Paulus hat in seinem Leben eine radikale Kehrtwende voll- zogen. Seine alte Lebensauffassung hatte er kurz zuvor noch mit den Mitteln staatlicher Gewalt durchzusetzen versucht. Doch nachdem ihm Jesus Christus erschienen war und es ihm wie Schuppen von den Augen gefallen war, machte er sich auf den Weg, um seine neue Einsicht durch das Wort zu verbreiten, durch das gute Wort, durch das „eu angelion", die „gute Bot- schaft" von der vergebenden Liebe Gottes zu allen Menschen.

Den Nationalsozialisten mit ihrem Herrenmenschengehabe erschien die christliche Art viel zu weichlich. Mit harten Waf- fen haben sie die Welt fast zugrunde gerichtet, aber auch mit harten Worten. Der morgige Gedenktag wird uns daran wieder erinnern.

Auch Worte sind Waffen. Worte können verletzen wie ein scharfes Schwert. Das Wort des amerikanischen Verteidigungs- ministers vom alten Europa hat Emotionen aufgewühlt und Gräben aufgerissen.

Worte sind eine Macht. Auch gute Worte sind eine Macht. Gute Worte sind so mächtig wie die Strahlen der Sonne, die das Leben wecken und zur Entfaltung bringen.

Paulus hatte es sich zur Lebensaufgabe gemacht, gute Worte in die Welt hinauszutragen, die guten Worte Jesu, das Evange- lium. Er hat selbst viele gute Worte hinzugefügt.

„Ich schäme mich des Evangeliums nicht", sagte er. Das war wirklich zu bescheiden. Das Evangelium ist eine große Kraft.

Es ist die Kraft des Lebens. Es ist die Kraft der Liebe zum Menschen. Es ist eine göttliche Kraft.

Die Bibel ist eine wahre Schatzkiste guter Worte. Wir sollten da viel häufiger hineingreifen – sie steht uns ja offen. Ein paar Schätze haben wir herausgeholt und haben sie draußen aufgehängt.

Unsere Welt braucht gute Worte; böse Worte gibt es schon viel zu viele. Unsere Welt braucht gute Worte, Worte des Friedens, der Verständigung, des Vertrauens, der Vergebung, der Anerkennung, Worte der Barmherzigkeit, des Trostes, Worte der Hoffnung, Worte der Zuneigung, der Liebe, der Liebe zum Leben, der Liebe zum Menschen, der Liebe zu den Menschen aller Kulturen.

Lassen Sie uns der Kraft guter Worte vertrauen und wie Paulus das Evangelium in die Welt hinaustragen – ohne falsche Scham, sondern mit Begeisterung. Wir werden sehen: Neues Leben wird erblühen.

Himmlische Gerechtigkeit
16. Februar 2003
Septuagesimae / 3. Sonntag vor der Passionszeit
Matthäus 20,1-16

Das Himmelreich, das Reich Gottes, ist anders. Es ist anders als die Welt, wie wir sie kennen mit den Spielregeln, nach denen wir unser tägliches Leben gestalten. Das Himmelreich ist anders als das Römische Reich, es ist anders als das Dritte Reich. Es ist anders als jegliches Reich, das auf unserem Erdball errichtet werden könnte.

Das Himmelreich ist aber nicht etwa nur eines im Jenseits oder eines in einer jenseitigen Zeit. Johannes der Täufer wandte sich an seine Zeitgenossen mit dem Aufruf: „Tut Buße, denn das Himmelreich ist nahe herbeigekommen!" – „Das Himmelreich ist nahe herbeigekommen", damit meinte er das Kommen Jesu, des Christus, der schon wenige Augenblicke später vor ihm stand und sich von ihm taufen lassen wollte und der sich dann bald darauf in die Wüste zurückzog, um sich auf seinen Auftrag in dieser Welt zu besinnen, und der in der Wüste vom Teufel versucht wurde, der ihn auf einen hohen Berg führte, ihm alle Reiche der Welt zeigte und ihn zu verführen versuchte mit den Worten: „Das alles will ich dir geben, wenn du niederfällst und mich anbetest."

Dieser Versuchung hat Jesus widerstanden. Er entgegnete dem Teufel mit einem Zitat aus der Heiligen Schrift: „Du sollst anbeten den Herrn, deinen Gott, und ihm allein dienen!"

Das ist auch für uns heute die Frage: Auf wessen Stimme wollen wir hören, in wessen Dienst wollen wir uns stellen, wem wollen wir uns andienen und an welchem Reich wollen wir mitbauen?

„Das Himmelreich nahe herbeigekommen", das verkündete Johannes mit Blick auf den kommenden Christus, das verkündete Jesus selbst, als er durch das Land zog und vom Himmelreich, dem Reich Gottes, predigte – und nicht nur davon predigte, sondern sich auch entsprechend verhielt. Jesus gab seinen

157

Mitmenschen mit seinem Auftreten einen Vorgeschmack auf das Himmelreich. Er verkörperte in seiner Person selbst ein Stück Himmel auf Erden, eine Alternative zum Alltäglichen, zu dem Bekannten, zu dem, was uns schon immer unbefriedigend gelassen hat, was uns schon immer als eine allzu unzureichende Lösung erschienen war und was uns schon immer hat wünschen und hoffen lassen, dass da noch etwas anderes kommen müsste, eine Alternative zum Unfrieden, zur Unzufriedenheit, zur Unversöhnlichkeit und Vergeltungssucht, zur Eigensucht, zur Habgier, zur Selbstgerechtigkeit, zur Ungerechtigkeit, zur Rücksichtslosigkeit, zur Gleichgültigkeit, zur Lieblosigkeit.

In Jesus Christus ist das Himmelreich angebrochen, nicht als Hinweis auf etwas Jenseitiges und Zukünftiges, sondern als etwas Reales, etwas, das punktuell schon jetzt real sein kann, so wie Verliebte für einen Moment im siebten Himmel schweben können – und das ist, wenn auch immer nur sehr zeitbegrenzt, sehr real gegenwärtig.

In vielen Bildern beschreibt Jesus, wie das Himmelreich aussehen könnte, wie es da zugehen könnte, welche Spielregeln dort gelten könnten. Er erzählt uns davon, um uns mit Zuversicht und Hoffnung zu erfüllen und um unserem Reden und Tun, unserem Leben ein Leitbild zu geben, eine Orientierung, ein Ziel, auf das hin wir unser Leben ausrichten können.

Das Gleichnis von den Arbeitern im Weinberg ist eine solche Beschreibung. Arbeitswillige Menschen warten darauf, dass ihnen jemand Arbeit gibt. Ein Weinbergbesitzer hat Arbeit für sie. Im Laufe des Tages stellt er immer wieder zusätzliche Arbeitskräfte ein – jeweils zum Lohn von einem Silbergroschen. Abends erhalten alle Arbeiter eben diesen einen Silbergroschen, unabhängig davon, wann sie im Laufe des Tages eingestellt worden waren. Gleicher Lohn für unterschiedlich lange Arbeit – ist das gerecht? Die spontane Antwort auf diese Frage lautet in der Regel: „Nein".

Und doch praktiziert der Weinbergbesitzer eine Art von Gerechtigkeit, die sich allerdings nicht an der Regel „Gleicher Lohn für gleiche Arbeit" orientiert. Der Weinbergbesitzer hält

158

sich eher an die Regel „Gleicher Lohn für gleiche Bereitschaft" oder „Gleiche Hilfe für gleiche Not".

Gleiche Bereitschaft: Sie waren alle bereit zu arbeiten. Aber ob sie jemand einstellen würde und wann und für wie lange und zu welchen Bedingungen, das hatten sie nicht in der Hand. Das zählte zu den Unverfügbarkeiten.

Arbeit zu haben und mit Arbeit Geld verdienen zu können, ist nur in begrenztem Maße verfügbar. Das hängt nur zu einem Teil von unserem eigenen Willen, von unseren eigenen Fähigkeiten und unserer Bereitschaft ab. Manche sagen über die Arbeitslosen: „Die wollen ja nicht arbeiten." Das ist gemein. Das kann zwar im Einzelfall stimmen. Aber aufs Ganze gesehen gibt es einfach zu wenig Arbeit – oder besser gesagt: zu wenig Geld, um die viele erforderliche Arbeit zu bezahlen.

Der einzelne Arbeitswillige hat es nur bedingt in der eigenen Hand, bezahlte Arbeit zu finden. Auch wer so mutig ist, sich als Selbstständiger um Arbeit zu bemühen, merkt, dass sich Aufträge weder herzaubern noch herzwingen lassen, oftmals auch durch größten Einsatz nicht. Ebenso wenig lässt sich die entsprechende Bezahlung erzwingen. Da ist sehr viel Unverfügbares mit dabei. Wer bezahlte Arbeit hat, kann dafür zunächst einmal nur sehr dankbar sein, dass er damit auch die Möglichkeit hat, seinen Lebensunterhalt selbst zu finanzieren.

Damit sind wir nämlich bei dem zweiten: Wer kein Geld verdient, leidet Not. Was soll denn derjenige auf den Tisch bringen, der kein Geld verdient? Wovon soll er seine Familie ernähren? Das Problem haben viele Menschen: dass sie gern arbeiten würden, aber trotz besten Willens keine Arbeit finden und somit kein eigenes Geld verdienen, um sich und die eigene Familie selbst ernähren zu können. Vor diesem Problem stehen Millionen von Menschen in Deutschland. Sollen denn diese Menschen verhungern? Natürlich nicht! Bei uns brauchen sie auch nicht zu verhungern. Bei uns gibt es nämlich – das mag Ihnen jetzt pathetisch klingen – bei uns gibt es ein bisschen von dem Himmelreich, von dem in unserem Gleichnis so bildhaft

159

die Rede ist. Aber weltweit verhungern Millionen und Abermillionen von Menschen, weil sie nicht haben, wovon sie essen könnten, weil sie nicht haben, womit sie etwas zu essen kaufen könnten, weil sie keine Arbeit haben, weil keiner sie zur Arbeit eingestellt hat. Für Millionen von Menschen ist das die Hölle.

Das ist ja auch Teil des Skandals dieses geplanten Krieges gegen den Irak, dass Unsummen Geldes zum Zwecke der Zerstörung bereitgestellt werden, die für den Aufbau einer menschenwürdigeren Lebensordnung auf unserem Erdball so dringend benötigt würden.

Um auf das Gleichnis von den Arbeitern im Weinberg zurückzukommen: Gerechtigkeit ist nicht nur „Gleicher Lohn für gleiche Arbeit". Gerechtigkeit bedeutet auch – und um die geht es hier – „Gleiche Lebensmöglichkeit für alle". Es geht hier nicht um Gleichmacherei, auch nicht um soziale Gleichmacherei. Es geht darum, dass für alle Menschen in unserer Gesellschaft und weltweit die Grundvoraussetzungen zum Leben vorhanden sind. Das bedeutet, dass ein Ausgleich geschaffen wird zwischen denen, bei denen das Unverfügbare zum Guten ausgegangen ist, und denen, bei denen das Unverfügbare ungünstig ausgegangen ist. Dass also diejenigen, die mit guten Gaben reich gesegnet sind, mit ihren überschüssigen Gaben und Kräften denen zu Lebensmöglichkeiten verhelfen, die sich nicht aus eigener Kraft helfen können. Innerhalb unserer Gesellschaft ist das auch ganz gut geregelt. Über Einzelheiten lässt sich immer streiten. Das soll jetzt nicht das Thema sein.

Aber jenseits der Grenzen unserer eigenen Gesellschaft sieht es vielfach ganz anders aus. Und da ist großer Nachholbedarf an Verantwortungsbewusstsein, an gutem Willen, an Phantasie, da ist Handlungsbedarf. Solange große Teile der Weltbevölkerung praktisch im Stich gelassen werden oder gar noch ausgebeutet werden, wird es auf unserem Erdball keinen Frieden geben. Der Kampf gegen den Terrorismus wird nicht mit militärischen Mitteln zu gewinnen sein, und keine Maßnahme des Zivilschutzes wird wirklichen Schutz bieten können.

160

Zukunftsfähig wäre schon eher die Bereitschaft aller Nationen, weltweit einander in den Grundnöten des Lebens beizustehen, eine Bereitschaft, die vor allem von den starken Nationen, den wohlhabenden und mächtigen Nationen aufzubringen wäre. Die Bereitschaft, zu einer Weltordnung beizutragen, die allen Menschen die Möglichkeit zum Leben, zum Überleben zunächst einmal, eröffnet.

Das ist ein großes Ziel, und es ist auch bei bestem Willen schwer, die richtigen und wirkungsvollen Maßnahmen zu ergreifen. Aber zunächst einmal müssen wir dieses Problem im Kopf haben und in unserem Herzen bewegen. Es muss zunächst wieder verstärkt das Problembewusstsein entstehen und die grundsätzliche Bereitschaft wachsen, sich eine gerechtere Weltwirtschaftsordnung zum Anliegen zu machen.

Es fängt auch da wieder bei uns selbst an, im ganz Kleinen. Wir sollten nicht denken, was wir sagen und tun, sei nur wie der Tropfen auf den heißen Stein. Wir wissen alle, dass sich z. B. Gerüchte in Windeseile verbreiten. Einer sagt etwas Unfeines, und schon ist es in aller Munde. Warum sollen sich nicht auch gute Worte und gute Gedanken in Windeseile verbreiten und in gute Taten vieler Menschen verwandeln können?!

Das Gleichnis vom Weinberg ist das Gleichnis für eine höhere Gerechtigkeit, eine „himmlische" Gerechtigkeit, für eine Gerechtigkeit, die dem Menschen in der Situation seiner Abhängigkeit von Unverfügbarkeiten gerecht wird. Es ist eine Gerechtigkeit der gleichen Chancen für alle – die wir ja mit ungleichen Ausgangsvoraussetzungen zu tun haben.

Es ist dann durchaus in Ordnung, dass der eine mehr aus seinen Chancen macht als der andere. Der eine darf dann ja gern eine große Karosse fahren und der andere zu Fuß gehen. Aber die Grundvoraussetzungen zum Leben müssen für alle da sein – und zwar weltweit. Das müssen wir besonders in diesen Tagen betonen. Zu dieser höheren „himmlischen" Gerechtigkeit beizutragen, kann uns das Gleichnis von den Arbeitern im Weinberg eine Ermahnung sein.

Das wäre ein Stück Himmel auf Erden, wenn alle Menschen

ihr Grundauskommen hätten, wenn unsere Weltordnung so organisiert wäre, dass jeder die Chance zum Überleben hätte. Der Weg zum Frieden auf unserem Erdball führt über diesen Weg. Krieg zerstört. Und eine pax americana wäre kein wirklicher Frieden. Der Kampf für eine gerechtere Weltwirtschaftsordnung könnte Lebensmöglichkeiten für alle eröffnen und damit auch zu einem sichereren Leben für diejenigen führen, die schon im Wohlstand leben.

Also lassen Sie uns das Unsre tun, damit ein Stück Himmel auf Erden erfahrbar wird. „Das Himmelreich ist nahe herbeigekommen." In der Person Jesu ist es erfahrbar geworden. In vielen sozialen Maßnahmen und Einrichtungen der Barmherzigkeit hat es Gestalt angenommen. Es ist aber noch viel zu tun. Lassen Sie uns das Unsre als Einzelne, als Gemeinde, als Kirche und Gesellschaft beitragen.

Gute und ungute Saat

23. Februar 2003
Sexagesimae / 2. Sonntag vor der Passionszeit
Lukas 8,4-15

Der Bauer streut die Saat aus; ein Teil der Saat geht gar nicht auf, ein anderer Teil geht auf und geht wieder ein, ein weiterer Teil geht auf und bringt Frucht. Dies ist ein Gleichnis. Wir sollen die Bilder übertragen in unser Leben. Die Saat – das ist das Wort Gottes, der Boden – das sind wir. Die Frage also ist: Geht das Wort Gottes in uns auf und bringt es Frucht?

Interessant ist zunächst einmal, dass die Saat für sich genommen noch nichts bewirkt. Sie bedarf eines weiteren Mediums, um das entfalten zu können, was in ihr steckt. Ein Samenkorn ist für sich genommen ein recht unscheinbares Gebilde. Aber da steckt eine Menge drin. Die Anlage für einen riesigen Baum könnte darin enthalten sein. Im Falle des Bauern steckt in dem Samenkorn die Anlage für einen Getreidehalm. Entfalten kann sich die Anlage aber nur, wenn sie dazu Gelegenheit bekommt. Und dazu bedarf es zunächst einmal des geeigneten Bodens.

Das ist so, wie wenn ein Buch im Regal steht mit der Bauanleitung für ein Flugzeug, sagen wir ein Modellflugzeug. Allein dadurch, dass das Buch da steht, gibt es noch kein Flugzeug. Erst wenn einer das Buch greift, liest und sich daranmacht, die Bauanleitung umzusetzen, erst dann entsteht Schritt für Schritt das Flugzeug. Falls der Betreffende nach einer gewissen Zeit die Lust am Weiterbau verlieren sollte oder keine Zeit mehr haben sollte, dann würde das Flugzeug eben nicht fertig und es würde vielleicht über kurz oder lang als unfertiges Modell im Mülleimer landen. Aber wenn es bis zum Ende gebaut wird, dann hätte die Bauanleitung ihren Zweck erfüllt, das Flugzeug wäre fertig. Der Modellbauer könnte sich daran erfreuen und andere ebenso.

Dass einer wirklich zur Bauanleitung greift und sich an die Arbeit macht – wovon hängt das ab? Angenommen, es handelt

163

sich um einen Jugendlichen. Er müsste zunächst einmal Interesse am Modellbau haben und jemand müsste ihn vielleicht auch dazu ermuntern, seine Eltern vielleicht, sich dem Modellbau zu widmen und dafür ein bisschen Geld zu investieren. Dann müsste er in der Stimmung sein, so etwas zu bauen, und die entsprechende Geduld dafür aufbringen. Das würde vielleicht u. a. voraussetzen, dass ihm zwischendurch immer mal wieder Mut gemacht wird im Sinne von: „Mach doch weiter, nicht aufgeben, du schaffst das noch!" Zur Motivation müssten andere vielleicht ein wenig beitragen. Wenn einer zu ihm sagen würde: „Lass das, das schaffst du eh nicht!" z. B., dann könnte die Motivation schon einen kleinen Rückschlag erleiden.

Andere könnten also durchaus dazu beitragen – um jetzt mal wieder die Sprache der Landwirtschaft aufzugreifen –, den Boden zu bereiten, auf dem dann etwas wachsen könnte, auf dem das Interesse am Modellbau sich entfalten könnte und die Bauanleitung schließlich in ein fertiges Ergebnis umgesetzt werden könnte.

Man kann also den Boden, das vorhandene Interesse, brauchbar oder unbrauchbar machen – durch Motivation oder Entmutigung, durch Erziehung usw.

Der Bauer kann seinen Boden zubereiten, indem er z. B. Steine wegräumt, Gestrüpp beseitigt und Unkraut, er kann ggf. düngen. Er kann das auch alles lassen. Das wird seine Auswirkungen haben. Ob am Ende ein gutes Ergebnis dabei herauskommt, bleibt allerdings trotzdem nicht gänzlich verfügbar. Ein Sturm kann alles zunichte machen – oder eine Überschwemmung, eine Dürre oder unvorhergesehene Schädlinge. Da bleibt eine Menge an Unverfügbarem.

Was der Bauer in jedem Fall tun kann, ist dies: sich gute Saat besorgen und den Boden bereiten, so gut er eben kann. Und dann braucht es Geduld zum Warten auf das Wachsen und Gedeihen.

Die gute Saat haben wir – im Buch der Bibel, im Wort Gottes. Die Saat ist ausgestreut. Auf welchen Boden fällt sie? Ist der Boden bereitet?

164

Sind wir bereit, die Saat aufzunehmen, ihr eine Chance zur Entfaltung zu geben? Und haben wir in anderen Menschen, in unseren Kindern z. B., dazu beigetragen, dass sie bereit sind, die gute Saat in sich aufzunehmen? Tragen unsere Schulen, die Medien in unserer Gesellschaft dazu bei, dass der Boden in Menschen bereitet wird, dass die Saat Wurzel fassen, sich entwickeln und schließlich Früchte bringen kann?

Und haben wir überhaupt, so müssen wir auch fragen, genügend Bauern unter uns, die sich um die Saat kümmern, die die Saat besorgen, sie bereithalten, sie anbieten in handhabbarer Form? Mit anderen Worten: Wer kümmert sich um das Wort Gottes, um Bibeln, um die Bibelverbreitung, die Bibelauslegung, das Angebot der biblischen Botschaft – damit überhaupt die gute Saat vorhanden ist, die dann auf den eventuell gut vorbereiteten Boden fallen kann?

Im Jahr der Bibel 2003 sind wir besonders gehalten, uns noch einmal grundsätzlich Gedanken zu machen über die gute Saat, das Wort Gottes, und den Boden, auf den die Saat fällt – Gedanken also auch über uns, die wir das Wort aufnehmen und in neues gelebtes Leben verwandeln sollen.

Es geht hier nicht um die Aufforderung zu einer bloßen Gedankenspielerei, wenn wir uns über die Saat und den Boden Gedanken machen sollen. Denn es kann auch eine ungute Saat geben, und sie kann auf einen unguten Boden fallen.

Wer z. B. Hass sät, wird Hass ernten. Wer Gewalt sät, wird Gewalt ernten, allerdings auch nur dann, wenn diese ungute Saat auf einen Boden fällt, auf dem Hass und Gewalt gedeihen, und wenn dieser Boden ggf. entsprechend bereitet ist.

Derzeit stehen z. B. für amerikanische Jugendliche Computerspiele bereit, in denen sie selbst die Erstürmung von Bagdad in ihrem Kinderzimmer bereits vorwegnehmen können. Hier wird der Boden bereitet für eine ungute Saat. Die amerikanische Regierung bemüht sich derzeit auf vielen Wegen, den Boden dafür zu bereiten, dass Menschen die Gewalt bejahen, die sie in großem Stile vorbereitet und für die sie gern mehr Zustimmung in der Welt finden würde.

Es gibt nicht nur die Saat der Freundschaft, der Liebe, der Verständigung, der Vergebung, des Respektes, des Rechts. Es gibt auch die Saat des Hasses, der Gewalt, der Ungerechtigkeit, des Unrechts. Wer ein eigennütziges Interesse daran hat, diese Saat auszustreuen und sie aufgehen zu lassen, der wird auch einiges tun, dass der Boden entsprechend vorbereitet wird.

Teilweise fällt diese Saat auf fruchtbaren Boden. Sie wird aufgehen und Frucht bringen, ungute Frucht, in Taten der Gewalt, in terroristischen Akten. Die Vereinigten Staaten von Amerika und auch Großbritannien bereiten sich darauf vor – durch Maßnahmen des Zivilschutzes zum Beispiel.

Zum Teil fällt diese ungute Saat aber nicht auf den Boden, den sie bräuchte, um sich zu entfalten, zu gedeihen und Frucht zu bringen.

Zum Teil geschieht mit dieser unguten Saat etwas – ich weiß nicht, ob es das auch in der Landwirtschaft gibt – in der Medizin gibt es das: dass Krankheitserreger nicht wirklich krank machen, sondern im Gegenteil die Widerstandskräfte des Körpers stärken. Das Vorgehen der amerikanischen Regierung wäre geeignet die ganze Weltbevölkerung krank zu machen. Aber sie hat stattdessen bei Millionen von Menschen die Widerstandskräfte gestärkt. Ob diese Widerstandskräfte noch so stark werden, dass sie die aufziehende Krankheit noch im Keim ersticken können, mag man im Augenblick kaum noch zu hoffen wagen. Sollte es doch dazu kommen, dass die Krankheit nicht voll ausbricht, dann wäre die Weltgemeinschaft gestärkt durch die Erfahrung, dass der gemeinsame Einsatz für den Frieden erfolgreich sein kann.

Wir wissen nicht, wie das ausgeht, was jetzt im Gange ist. Wir wissen nicht, ob sich der Wille zum Krieg durchsetzt oder der Wunsch, den Frieden zu bewahren. Die letztliche Unverfügbarkeit des Geschehens ist zum einen schmerzlich. Sie hat aber auch etwas Trostreiches. Es hängt nicht alles von uns ab. Es kann alles anders kommen als gedacht, auch anders als befürchtet. Auch aus Ungutem kann noch wieder Gutes wachsen.

Ist darum alles egal? Das natürlich nicht. Um zum Bild aus

166

der Landwirtschaft zurückzukehren: Der Bauer wird nicht deshalb seinen Beruf aufgeben, weil er die Erfahrung gemacht hat, dass seine Bemühungen durch Unwetter, Schädlinge oder sonstige Katastrophen wieder zunichtegemacht werden können. Er hat seinen Beruf, und wenn er den ernst nimmt, dann wird er seine Aufgaben so gut wahrnehmen wie eben möglich, den Rest wird er in die Hand dessen legen, der dieses ganze Dasein mit all den Unverfügbarkeiten eingerichtet hat.

Unser Beruf, unsere Berufung als Weltgemeinschaft und als Christen insbesondere, ist es, der guten Saat eine Chance zu geben, sich zu entfalten und für sie den Boden zu bereiten. Die gute Saat, das sind in dieser Situation die guten Worte der Menschlichkeit, des Respekts vor dem Leben, das sind die Mahnungen zur Ehrlichkeit und Wahrheit und Wahrhaftigkeit, die Mahnungen zur Wahrung des Rechts, zur Wahrung des Friedens.

Für diese Werte lässt sich der Boden nicht bereiten mit Panzern und Bomben, auch nicht mit Kriegsspielen am Bildschirm.

Diktatoren gehören in die Schranken gewiesen. Das ist wohl wahr, das war auch schon vor zehn Jahren wahr, als die Regierung der USA den Diktator mit Waffen hochrüstete und schließlich gemeinsam mit dem Diktator aktiv durch eigene Militäreinsätze den gemeinsamen Feind bekämpfte.

Das derzeitige Anliegen der Regierung der Vereinigten Staaten von Amerika ist nicht glaubwürdig. Die Saat, die die Regierung der USA ausstreut, ist ungut. Die Art und Weise, wie sie den Boden für ihre Saat zu bereiten versucht, ist ebenso ungut.

Für uns sollte die derzeitige Situation eine Herausforderung dafür sein, dass wir uns umso intensiver auf die gute Saat der christlichen Botschaft besinnen und uns fragen: Ist für diese Saat der Boden gut bereitet?

Sind wir der gute Boden, in dem die guten Worte Gottes Wurzel fassen und aus dem heraus sie gute Frucht hervorbringen können? Und was können wir tun, den Boden für die guten Worte Gottes allenthalben zu bereiten?

167

Machen wir uns gegenseitig Mut und lassen wir uns Mut machen! Lassen wir uns nicht irremachen und nicht irreführen! Halten wir fest an der Geduld und an der Hoffnung und bleiben wir auch dann noch friedfertig und versöhnungsbereit und auf der ständigen Suche nach gewaltfreien Lösungen, wenn es zu Taten der Gewalt und des Krieges kommt!

Lassen Sie uns mutig bekennen, treu beten, fröhlich glauben und brennend lieben!

Überwinde das Böse mit Gutem

Februar – März 2003
Gemeindebriefandacht
Römer 12,21

„Überwinde das Böse mit Gutem" ist eine der biblischen Empfehlungen, die Spirale der Gewalt zu durchbrechen. Sie könnte und sollte auch Leitfaden für das Miteinander der Völker auf unserem immer kleiner werdenden Globus sein – das ist jedenfalls der Wunsch vieler Menschen in St. Markus.

Friedenswerkstatt

Samstag, 25. Januar
ab ca. 10 Uhr

Wir erstellen Spruchbänder
gegen einen Krieg

Wer mitmachen möchte, bitte einfach kommen

Wer weiß noch einen griffigen Slogan?
Bitte im Kirchenbüro oder bei Pastor Nein melden

Aushang der Spruchbänder
auf dem Kirchplatz
Sonntag, 26. Januar
ab ca. 12.00 Uhr

„Kein Krieg gegen den Irak!", das war das einhellige Votum aller, die ich befragte, einschließlich des Kirchenvorstands. Und ebenso deutlich war der Wunsch, diese Position öffentlich zu dokumentieren.

Nachdem biblische Worte zugunsten einer friedlichen Lösung von Konflikten auf Spruchbänder gemalt und gedruckt und auf dem Kirchplatz aufgehängt waren, bedurfte es auch keiner Überredungskunst, die Bereitschaft zu regelmäßigen Friedensandachten in der Kirche zu wecken. Einmal wöchentlich an unterschiedlichen Wochentagen und zu unterschiedlichen Uhrzeiten lädt nun jeweils eine andere Gemeindegruppe zur Besinnung auf unseren Friedensauftrag in die Kirche ein – vom Seniorenkreis über die Männergruppe, die Bibelgesprächskreise bis zu den Kinderspielkreisen und den Kinderchören. Mit Liedern, Gebeten, guten Worten aus der Bibel und mit anderen hilfreichen Texten wollen wir gemeinsam die Gefühle der Ohnmacht vertreiben, die Hoffnung stärken und für den Fall eines Krieges den Ruf nach Umkehr zu einem friedlichen und versöhnlichen Miteinander immer wieder hörbar machen.

169

FRIEDENSANDACHTEN

EINMAL WÖCHENTLICH
AN JEWEILS EINEM ANDEREN WOCHENTAG
UND ZU EINER ANDEREN UHRZEIT
GESTALTEN VERSCHIEDENE GRUPPEN DER GEMEINDE
EINE ETWA HALBSTÜNDIGE FRIEDENSANDACHT.

SIE SIND ALLE HERZLICH ZU JEDER
FRIEDENSANDACHT EINGELADEN.

TERMINE UND TRÄGERGRUPPEN
DER BISHER GEPLANTEN ANDACHTEN:

DIENSTAG	08.04.	20.00	BIBELGESPRÄCHSKREIS
MITTWOCH	23.04.	16.00	HAUPTKONFIRMANDEN
MONTAG	28.04.	16.00	VORKONFIRMANDEN
MITTWOCH	07.05.	19.30	PFADFINDER
MITTWOCH	14.05.	09.00	DIAKON FRANK HARTMANN, KINDERTAGESHEIM
MONTAG	19.05.	20.00	MÜTTERKREIS
DIENSTAG	03.06.	19.00	PASTOR FRANK PUCKELWALD, RAUHES HAUS

Was können wir tun angesichts der wie unaufhaltsam vorangetriebenen Kriegsmaschinerie der mächtigsten Nation unseres Erdballs? Wir können nur das uns Mögliche im Sinne unseres christlichen und menschlichen Friedensauftrags tun. Den für uns unverfügbaren Rest können wir nur bittend, hoffend und vertrauend in die Hand Gottes legen.

Am Ende des zweiten Weltkriegs, im Oktober 1945, formulierten die leitenden Vertreter der Evangelischen Kirche in Deutschland in Stuttgart ein Schuldbekenntnis, das für uns Mahnung und Auftrag ist: „Wir klagen uns an, dass wir nicht mutiger bekannt, nicht treuer gebetet, nicht fröhlicher geglaubt und nicht brennender geliebt haben."

170

Drei Konzepte fürs Leben
9. Februar 2003
Letzter Sonntag nach Epiphanias
Matthäus 17,1-9

Mose, Elia und Jesus – drei Männer, drei Epochen, drei Konzepte. Wie im Zeitraffer, als Lichtgestalten, begegnen sie einander auf einem Berg. Sie sprechen miteinander.

Petrus, Jakobus und Johannes, drei der Jünger Jesu, hätten wohl gern gewusst, worüber sich die drei unterhielten. „Lass uns doch hier drei Hütten bauen", sagt Petrus, „für dich, Jesus, für Mose und für Elia." Er hätte das erlesene Trio wohl gern für etwas länger festgehalten.

Mose, Elia und Jesus – sie verkörpern drei Konzepte, drei Konzepte für den Umgang mit dem Menschen, für den Umgang mit den Problemseiten des Menschen insbesondere.

Mose bringt das Gesetz, die Gebote: Das darfst du, das darfst du nicht. Nun weißt du, Mensch, wie du dich zu verhalten hast.

Elia, der Prophet, mahnt. Er droht Unheil an bei Fehlverhalten und stellt Heil in Aussicht bei Wohlverhalten.

Jesus bringt Liebe und Vergebung als Geschenk und Auftrag.

Die drei Männer handeln im Auftrag Gottes, ja, Gott selbst spricht und handelt durch sie, so schildern es uns die biblischen Texte. Und wenn sie es so schildern, dann wollen sie uns damit sagen: Die Botschaft, die durch diese drei an uns ergeht, ist von sehr grundsätzlicher Art. Diese Botschaft ist von existentieller Bedeutung. Sie beansprucht höchste Aufmerksamkeit, größten Respekt, hat den höchsten Grad der Verbindlichkeit.

Drei Männer, drei Konzepte; es sind nicht alternative Konzepte im Sinne von „entweder – oder". Vielmehr ergänzen sie einander. Sie sind eine Fortentwicklung.

„Kein Tüttelchen vom Gesetz soll verloren gehen", sagte Jesus einmal. Aber das Gesetz ist nicht alles. Es reicht einfach nicht als Antwort auf das fortgesetzte Fehlverhalten des Menschen.

Wenn wir ein Kind zu erziehen haben und das Kind lügt, werden wir sagen: „Du sollst nicht lügen." Das entspricht dem 8. Gebot des Mose. Für das Kind ist es wichtig zu wissen: Ich darf nicht lügen. Es wird allerdings trotz dieses Wissens möglicherweise doch noch einmal lügen. Dann mag es für das Kind eine weitere Hilfe sein, wenn wir es ermahnen und es auf die problematischen Folgen des Lügens hinweisen: „Wenn du lügst, verlierst du das Vertrauen des Menschen, den du anlügst. Der glaubt dir künftig auch dann nicht mehr, wenn du die Wahrheit sagst. Also lass das Lügen, dann bewahrst du dir das Vertrauen deiner Mitmenschen."

Ein solcher mahnender Hinweis ist für das Kind gewiss eine zusätzliche Hilfe – über die bloße Kenntnis des Gebotes hinaus.

Aber trotz der Kenntnis des Gebotes und trotz des mahnenden Hinweises auf die Folgen des Lügens, wird das Kind möglicherweise doch noch einmal lügen. Was dann?

Was tun, wenn weder die Kenntnis von Gut und Böse noch die Folgen des Verhaltens – im Guten wie im Bösen – zu einem generellen Wohlverhalten führen? Wenn sich also herausstellt, dass das Kind in seinem Wesen letztlich unbelehrbar und unverbesserlich ist?

Dann werden wir vielleicht zu der Einsicht gelangen, dass wir die Beziehung zu unserem Kind nur fortsetzen können, wenn wir uns zweierlei sagen:

1. Es gibt für uns noch etwas Wichtigeres als das Wohlverhalten unseres Kindes. Wichtiger ist uns nämlich, dass es unser geliebtes Kind ist, unser liebes Kind – nicht ein liebes Kind, das ist es ja oftmals eben nicht, aber unser liebes Kind, unser, von uns geliebtes Kind. Das ist uns wichtig, erstens.

Und 2. Da wir erkannt haben, dass konsequentes Wohlverhalten nicht zu erwarten ist, machen wir immer wieder einen Schnitt im Verlaufe der Beziehung zum Kind und sagen: „So, das war nicht gut. Aber morgen fangen wir noch einmal neu an." Und wir gehen davon aus, dass wir übermorgen auch wieder neu anfangen und überübermorgen auch, dass dies also eine

172

fortwährende Sache sein wird.

In unserem Verhältnis zu unserem Kind werden wir also erstens immer wieder die Gebote des Mose zur Geltung bringen. Wir werden zweitens immer wieder im Sinne des Elia mahnen und auf die Folgen des Tuns hinweisen und werden ggf. auch Strafen auferlegen. Aber wir werden drittens im Sinne Jesu nicht nachlassen, unserem Kind immer wieder unsere Liebe zu bezeigen und ihm die Chance zur Besserung zu eröffnen.

Mose, Elia, Jesus – drei Männer, drei Konzepte, die gleichzeitig ihre Gültigkeit haben. In Bezug auf den Umgang mit den eigenen Kindern und den uns ganz nahestehenden Menschen ist uns dieses dreifache Konzept geradezu eine Selbstverständlichkeit. Im Umgang mit uns fernerstehenden Menschen allerdings wird die Realisierung dieses Konzeptes zu einer enormen Herausforderung. An eben diesem Punkt erlangt das in Jesus Christus verkörperte Konzept seine große Bedeutung, seine Größe, seine Brisanz.

Der liebevolle, vergebende Umgang mit dem Fremden, mit dem Menschen schlechthin, ist das, was Jesus zum Christus macht. Denn in seinem Konzept steckt etwas Befreiendes, etwas Erlösendes. Es sprengt Fesseln und löst einen Knoten, an dem es bis dahin so schlecht weiterging. Denn Jesus, der Christus, macht mit seiner Art aus Fremden Freunde, macht aus Fremden Brüder und Schwestern. Er macht aus Fremden unsere Nächsten.

Ja, zunächst einmal – und das ist für uns das Schöne – zunächst einmal dürfen wir selbst uns seiner Freundschaft, seiner Liebe gewiss sein, dürfen wir selbst uns als seine Brüder und Schwestern verstehen, als seine Nächsten. Das ist sein Zuspruch an uns. Das ist entlastend für uns. Das befreit uns von der Fremdheit gegenüber dem Rest der Welt, die die Schöpfung des einen Gottes ist, des Vaters Jesu Christi, des Vaters aller Menschen.

Wir dürfen uns also zunächst selbst seiner Freundschaft und Liebe gewiss sein. Daraus erwächst dann auch ein Auftrag an uns, den Fremden als unseren Nächsten anzunehmen, dem

Fremden so liebevoll zu begegnen, als wäre er einer unserer Lieben. Das ist natürlich ein ganz großer Auftrag. Dem können wir niemals gerecht werden. Das soll uns aber nicht erschrecken und kleinmütig machen. Mit diesem großen Auftrag ist uns die Richtung gewiesen auf ein Ziel hin, das zu erreichen nicht in unserer Hand liegt. Es geht um die Richtung, um den Weg.

Wir dürfen die liebevolle Art Jesu – und in ihr erkennen wir die Liebe Gottes zu uns – wir dürfen die liebevolle Art Jesu für uns selbst annehmen. Aber wir sollen sie nicht wie einen Raub festhalten. Wir sollen sie weitergeben. Wir sollen auch selbst Liebe üben. Das ist unser Auftrag für den Umgang mit den Menschen in unserem unmittelbaren Umfeld. Das ist unser gesellschaftlicher Auftrag. Das ist auch unser weltweiter Auftrag.

Auch auf die weltweite Dimension dieses Auftrags muss ich jetzt zu sprechen kommen. Das ist in diesen Wochen einfach immer wieder nötig.

Denn wir fragen uns ja: „Was sollen wir halten von dem, was da vor sich geht, wie sollen wir uns verhalten?" Wir suchen nach Maßstäben, nach Orientierung. Das dreifache Konzept der drei Lichtgestalten Mose, Elia, Jesus Christus kann für uns eine Hilfe sein.

Das achte Gebot des Mose gilt unveränderlich: „Du sollst nicht lügen." Du sollst die Wahrheit sagen. Und das bedeutet ebenso: Wir sollen uns weder selbst etwas Unwahres vormachen, noch uns von anderen etwas Unwahres vormachen lassen. Wir müssen auf Ehrlichkeit und Wahrhaftigkeit dringen, auch und gerade in der Überlebensfrage von Krieg und Frieden. Ein Angriffskrieg ist ein Angriffskrieg. Ein Rechtsbruch ist ein Rechtsbruch. Das Gebot des Mose gilt. Und ebenso gelten die Gebote und Gesetze, auf die sich die Völkergemeinschaft aus jahrhundertelangen bitteren Erfahrungen heraus über viele Jahrzehnte hinweg in zähem Ringen verbindlich geeinigt hat. Das Recht des Stärkeren auf willkürliche Durchsetzung seiner eigenen Interessen ist durch die Satzung der Vereinten Nationen abgeschafft worden. Dazu haben sich auch die Vereinigten Staaten bekannt. Die derzeitige amerikanische Regierung

174

nimmt aber das Recht des Stärkeren für sich in Anspruch. Da sollten wir uns nicht täuschen lassen. Das achte Gebot gilt.

Wir sollten uns auch nicht einreden lassen, dass es bei dem in die Wege geleiteten Krieg gegen den Irak um den Kampf gegen den Terrorismus ginge. Es geht um wirtschaftliche und militärische Interessen der Vereinigten Staaten. Das sollten wir deutlich sagen. Das achte Gebot gilt. Der Terrorismus erhält durch das Vorgehen der amerikanischen Regierung unendlich viel neue Nahrung.

Wir sollten auch Elia hören, der damals den König Ahab vor den Folgen seines Handelns warnte. Es weiß niemand, welche Folgen ein Krieg gegen den Irak haben wird. Die Warnung, dass es nicht nur dem irakischen Volk weiteres großes Leid zufügen wird, sondern auch andere Nationen und viele Menschen in aller Welt in Mitleidenschaft ziehen wird, dürfen wir nicht in den Wind schlagen.

Wir stehen vor dem Tatbestand, dass es ein Unrechtsregime in Bagdad gibt, dass es den Terrorismus gibt, dass es eine auf Krieg drängende Weltmacht gibt – und dass es weitere Atommächte gibt, dass es den Hunger in der Welt gibt, dass es allenthalben Not und Elend und Ungerechtigkeit gibt.

Da dürfen wir uns in unserer Erschrockenheit hinflüchten zu dem, der das ganze Elend dieser Welt zwar nicht beseitigt hat, der in seiner eigenen Person aber eine Gegenposition verkörpert hat. Seine Botschaft an uns ist: Die Gebote Gottes gelten und die prophetischen Warnungen gelten. Aber darüber hinaus gilt die Liebe Gottes zum Menschen, die uns alle zu einer weltweiten Familie vereint.

Unsere Freunde sind nicht nur die jenseits des Nordatlantiks. Unsere Freunde sind auch die Menschen im Irak, die seit vielen Jahren unter dem Embargo leiden. Unsere Freunde sind auch die Menschen, die zu Millionen und Abermillionen Hunger leiden. Unsere Freunde sind die Menschen in allen Teilen der Welt, die Armen und die Reichen, die Gerechten und die Ungerechten, alle, über die die Sonne Gottes täglich aufgeht.

Als die drei Jünger mit den drei Lichtgestalten noch auf dem

Berg standen, verhüllte eine Wolke die Szene und eine Stimme aus der Wolke sprach: „Dies ist mein lieber Sohn, an dem ich Wohlgefallen habe; den sollt ihr hören." Den sollt ihr hören!

Den sollen wir hören, Jesus Christus, Gottes Sohn, in dem die Liebe Gottes zu allen Menschen verkörpert ist.

Irakkrieg
April-Mai 2003
Gemeindebriefandacht
Römer 12,2

Der Krieg gegen den Irak hat sich nun doch nicht verhindern lassen. Hat es so kommen müssen? Muss es denn immer wieder so kommen, dass Nationen Krieg gegeneinander führen? Dass Konflikte gewaltsam ausgetragen werden? Der Blick zurück in die Geschichte scheint nur eine Antwort zuzulassen: Es muss wohl so sein. Zwanghaft – als gäbe es unabwehrbare Zwänge – läuft es am Ende immer wieder auf das eine hinaus: Krieg! Gegen alle Vernunft, gegen alle Moral und gegen allen guten Willen.

Es ist zum Verzweifeln. Aber verzweifeln dürfen wir nicht. Die Hoffnung darf nicht sterben. Die Tausenden, die Millionen von Toten und die zerstörten Städte und Landschaften dürfen nicht die letzten Bilder der Menschheitsgeschichte sein. Gegen alle niederdrückenden Ereignisse dieser Tage und gegen den deprimierenden Rückblick in die Geschichte müssen wir nach Worten und Bildern der Hoffnung suchen. Die Christen haben ein starkes Symbol für den Wandel vom Tod zum Leben, für den Wandel von der Macht der zerstörerischen, todbringenden Kräfte hin zur Macht des Lebens, hin zum Triumpf des Lebens über alle Mächte der Zerstörung: das Kreuz. Am Kreuz wurde die Liebe zu Tode gebracht. Aber die Liebe hat sich als stärker erwiesen als der Tod.

Die derzeitige amerikanische Regierung führt einen Angriffskrieg durch. Sie hat das Völkerrecht gebrochen und die Wahrheit verdreht. Sie bekämpft das Böse mit Bösem, das Unrecht mit Unrecht, die Lüge mit Lüge, Gewalt mit Gewalt. Sie hat die jahrhundertelangen Bemühungen der Weltgemeinschaft, das Recht des Stärkeren durch eine internationale Ordnung des Rechts zu ersetzen, verhöhnt und verspottet. Sie hat mit ihrem Vorgehen die Saat des Hasses ausgestreut.

Diese Saat wird zum Teil aufgehen. Das Vorgehen der amerikanischen Regierung hat aber ungewollt auch die Kräfte des Rechts, des Friedens, des guten Willens gestärkt. Sie hat eine weltweite Friedensbewegung und eine neue Nachdenklichkeit ausgelöst.

Das dürfen wir hoffen: dass die Verletzung des Rechts am Ende das Recht stärkt, dass die Verdrehung der Wahrheit am Ende die Wahrheit stärkt, dass die Zerstörung des Lebens am Ende den Respekt vor dem Leben stärkt, dass auf den Karfreitag der Weltgemeinschaft ein Ostern folgt.

Das Heil kommt nicht aus der Gewalt
13. April 2003
Palmsonntag / 6. Sonntag der Passionszeit
Johannes 12,12-19

Jesus zieht in Jerusalem ein – und die Menge der Menschen zieht ihm entgegen, unter Jubelrufen Palmenzweige wedelnd: „Hosianna, gelobt sei, der da kommt im Namen des Herrn!" So ähnlich hatten sich das auch diejenigen vorgestellt, die in diesen Tagen in Bagdad eingezogen sind. Es war aber ein wenig anders.

Überhaupt macht der Vergleich deutlich, dass die Szene vor 2000 Jahren ihre ganz entscheidenden Besonderheiten hatte. Die da in diesen Tagen nach Bagdad kamen, sollten sich – auftragsgemäß – zwar durchaus auch als Heilsbringer mit einer göttlichen Mission verstehen. Sie waren ausgesandt, das Böse zu bekämpfen. Ihr oberster Auftraggeber hatte immer wieder den göttlichen Beistand erbeten und hatte ihnen versichert, dass sie eine Mission des Allerhöchsten erfüllten und dass der Segen Gottes mit ihnen sei.

Aber es war eben doch alles ganz anders als damals vor 2000 Jahren. Derjenige, der heute dem Volk im Irak das Heil bringen wollte, kam nicht selbst nach Bagdad und schon gar nicht auf einem Esel reitend und überhaupt nicht in der Bereitschaft, sein eigenes Leben um der Menschen willen hinzugeben.

Das macht schon einen ganz wesentlichen Unterschied: Ob einer bereit ist, selbst Leid auf sich zu nehmen, um anderen zu helfen, oder ob er andere ins Leid schickt, in den Tod schickt. Das macht schon einen großen Unterschied, ob einer bereit ist, selbst sein Leben zu riskieren oder ob er andere den lebensbedrohenden Gefahren aussetzt und ihnen zumutet, dass ihre Städte zerstört, ihre Familien zerstört, dass Kinder und Frauen und Männer zu Tausenden getötet und zu Abertausenden verletzt werden.

Damals wie heute ging es und geht es um das, wonach sich alle Welt sehnt: um Frieden. „Du, Tochter Zion, freue dich sehr, und du, Tochter, Jerusalem, jauchze! Siehe, dein König kommt zu dir, ein Gerechter und ein Helfer, arm und reitet auf einem Esel, auf einem Füllen der Eselin. Denn ich will die Wagen wegtun aus Ephraim und die Rosse aus Jerusalem, und der Kriegsbogen soll zerbrochen werden. Denn er wird Frieden gebieten den Völkern, und seine Herrschaft wird sein von einem Meer zum andern und vom Strom bis an die Enden der Erde."

Mit diesen Worten kündigt der alttestamentliche Prophet Sacharja den Friedensbringer an, zu einer Zeit übrigens, vor mehr als zweieinhalbtausend Jahren, als auch politische Unterdrückung das Leben der Menschen beeinträchtigte – in eben derselben Weltgegend, um die es auch heute geht, und in der eine Großmacht nach der anderen schon seit Jahrhunderten das Schicksal der Menschen bestimmt hatte. Es war die Zeit der persischen Herrschaft über den palästinensischen Raum. Sie hatte die babylonische Herrschaft abgelöst, unter der viele Menschen aus Israel in die Gegend verschleppt worden waren, in der heute eine neue Weltordnung eingerichtet werden soll.

„Er wird Frieden gebieten den Völkern, und seine Herrschaft wird sein von einem Meer zum andern und vom Strom bis an die Enden der Erde." Der Strom Euphrat und der Strom Tigris, das Zweistromland im Irak war damals gemeint, und so sollen wir es uns ja auch heute vorstellen: dass von eben dort aus über alle Regionen der Welt das Heil der transatlantischen Weltordnung verbreitet werden soll.

Die alttestamentliche Szene hatte ihre weltpolitischen Hintergründe. Und das Erhebende ist, dass schon der alttestamentliche Prophet Sacharja in seiner Vision die Befreiung aus den jahrhundertelangen immer neuen politischen Unterdrückungen durch ein Großmachtheer nach dem anderen nicht mehr von einer weiteren militärischen Streitmacht erwartete.

In seiner Vision sieht Sacharja eine Gestalt kommen, die er zwar als König bezeichnet, aber als einen König in anderer Gestalt als bisher bekannt: ein König in Armut, auf einem Esel reitend, arm und gerecht, ein Gerechter und ein Helfer, ein

180

Herrscher in ganz anderer Gestalt, dem, das müssen wir gestehen, der übliche Menschenverstand allerdings nicht viel Großartiges zugetraut hat, wie der Rückblick in den weiteren Verlauf der Geschichte zeigt. Die Reihe der Großmächte und ihrer kriegerischen Unterdrückung hat sich fortgesetzt. Zur Zeit Jesu war es das römische Reich. Die Reihe hat sich fortgesetzt bis in den heutigen Tag hinein.

Einem König, auf einem Esel reitend, haftet etwas sehr Unrealistisches an. Gleichwohl haben die neutestamentlichen Autoren dieses Bild aufgegriffen, wie wir heute vom Evangelisten Johannes gehört haben. Jesus lässt sich einen Esel besorgen – in Anlehnung an die alttestamentliche Szene – und reitet auf dem Esel in Jerusalem ein als derjenige, der den Frieden auf eine andere als die bisher bekannte Art zu bringen bereit ist – ungepanzert, unbewaffnet, ohne Insignien der Macht, allerdings ausgestattet mit einer inneren Kraft, einer menschlichen Kraft, die von Gott herkommt, einer Kraft des Herzens, die darauf ausgerichtet ist und dazu geeignet ist, die Macht über die Herzen von Menschen zu gewinnen.

Man mag das bespötteln. Und das ist ja auch schief gegangen – jedenfalls im ersten Akt. Aber wenn wir das noch einmal in Ruhe bedenken – die Alternative: ein Heilsbringer mit Panzern, Bomben und Raketen oder einer unbewaffnet, mit leeren Händen aber einem vollen Herzen, einem Herzen voller Liebe zu allen Menschen dieser Erde – wen hätten wir denn gern, wen hätten wir lieber?

Den mit dem guten Herzen hätten wir wohl alle gern – aber, ich höre das „Aber": „Der ist zu gut für diese Welt, der schafft das nicht, mit dem lassen sich die realen Probleme in dieser harten Welt nicht lösen."

Ja, das ist es, woran es immer wieder mangelt: am Glauben an die Kraft der Liebe. Die Liebe wird immer wieder zertreten – das ist unsere Erfahrung. Und darum, so sehr wir uns auch nach ihr sehnen, so sehr wir sie auch als das Höchste ansehen, was es in diesem Leben überhaupt gibt: Wir bewahren sie in unserem Herzen und wir reservieren sie für einige glückliche

Momente unseres Lebens, aber wir trauen uns nicht – im Zweifelsfall trauen wir uns nicht, sie zum Leitmotiv unseres Handelns zu machen, unseres realen Handelns, unseres tagtäglichen Umgangs miteinander. Und schon gar nicht trauen wir uns, sie zum Leitmotiv unseres politischen Handelns zu machen.

Wir trauen uns nicht, und dabei würden wir uns doch so gern trauen! Es ist darum gut, sich daran zu erinnern, dass manche den Mut gehabt haben, in die Fußtapfen Jesu Christi zu treten und der Liebe zum Menschen – auch in der Umsetzung politischer Ziele – eine Chance zu geben, und dass sie diesen Mut mit der Bereitschaft verbunden haben, selbst Benachteiligungen und Gefährdungen an Leib und Leben auf sich zu nehmen. Denken wir an Martin Luther King, der für die Rechte der Schwarzen in den Vereinigten Staaten eintrat und am Ende sein Leben dafür hergeben musste. Und denken wir an Nelson Mandela, der wegen seines Einsatzes für die Gleichberechtigung von Schwarzen und Weißen in Südafrika jahrzehntelang im Gefängnis saß und sich schon in dieser Zeit und dann anschließend – nach seiner Freilassung – voller Versöhnungsbereitschaft für die Verwirklichung dieses Zieles engagierte, um nur einige Beispiele aus unserer Lebenszeit zu nennen.

Und damals, vor 2000 Jahren, hatte sich einer getraut, die Liebe zum Menschen bis zur letzten Konsequenz zu leben. Er hatte es als seine göttliche Berufung verstanden – und hatte damit eine neue, lang anhaltende Hoffnung und große Kraft in die Herzen der Menschen gepflanzt. Eine Hoffnung immerhin, auch wenn sie immer wieder an den Realitäten gescheitert ist und in unserer Ängstlichkeit immer wieder untergegangen ist.

Lassen Sie uns an dieser Hoffnung festhalten! Und lassen wir uns nicht einreden, diese Hoffnung hätte weniger Realitätsgehalt als das, was in diesen Wochen als reales Geschehen auf brutalste Weise inszeniert worden ist.

Es ist wohl wahr, dass nun Menschen aus den Folterkammern des Irak freigekommen sind. Aber wie viele Leiber unschuldiger Menschen sind nun durch Bomben zerschunden worden, durch Bomben noch dazu, die wegen ihrer besonders

182

grausamen Wirkung schon lange von der Weltgemeinschaft geächtet worden sind! Es ist wohl wahr, dass ein verbrecherisches Regime gestürzt worden ist. Aber das Unrecht ist durch Unrecht beseitigt worden. Recht ist durch die Willkür des Stärkeren ersetzt worden. Jeder Diktator heute und jeder zukünftige Diktator wird von nun an zu seiner Rechtfertigung auf dieses unrechtmäßige Vorgehen der Siegerkoalition verweisen können.

Ein Elefant hat eine Mücke zertreten. Der Beweis für die bisher behauptete internationale Gefährlichkeit des irakischen Regimes muss nun nachgereicht werden. Wir müssen davon ausgehen, dass Unwahrheit mit Unwahrheit bekämpft worden ist, dass die eigentlichen Kriegsgründe andere sind als die vorgegebenen.

Ist denn das eine Realpolitik, die unserem Miteinander auf diesem Globus wirklich dienlich ist – dienlich auch unter dem Gesichtspunkt der „Real"politik?! Ist es nicht vielmehr so, dass auch unter diesem Gesichtspunkt der Politik, die dem ganz praktischen Überleben der Nationen und dem materiellen Wohlergehen der Menschen auf der Erde dienlich sein soll, das Geschehene ein schlimmer Irrweg war, weil es die Grundlagen eines verlässlichen, berechenbaren, vertrauenswürdigen Miteinanders zerstört hat?!

Das Reden von der Wertegemeinschaft, das anfangs noch dazu diente, die Welt in die Guten und die Bösen einzuteilen, ist gänzlich ad absurdum geführt worden.

Wir stehen vor der Aufgabe, die Wertegrundlage noch einmal ganz bewusst neu zu definieren – nicht vor allem und schon gar nicht unter dem Gesichtspunkt der transatlantischen Gemeinschaft, sondern unter dem Gesichtspunkt der Weltgemeinschaft, einer Gemeinschaft von Völkern mit sehr unterschiedlichen Kulturen, mit verschiedenen Religionen und mit sehr unterschiedlichen materiellen Möglichkeiten. Insbesondere ist bei der Definierung der Wertegemeinschaft die Frage zu diskutieren, wie das Verhältnis kleiner und großer, schwacher und mächtiger Nationen zueinander zu bestimmen ist. Was wir erlebt haben, war das Recht des Stärkeren. Das darf nicht die

Grundlage unseres Miteinanders sein. Und der Sieg der Koalitionäre gegen ein Unrechtsregime darf uns nicht blind machen für das Unrecht, das diesen Sieg möglich gemacht hat.

In Jesus Christus ist der Welt der Frieden verheißen. Jesus Christus hat sich für den Frieden eingesetzt, indem er selbst sich ganz persönlich, leibhaftig, den Menschen in Liebe zuwandte, sich der Leidenden helfend erbarmte, den Schuldigen vergab und für die Schwachen eintrat. Seinen Feinden gab er sich ohne Einsatz von Gewalt in die Hand. Seine Liebe brachte ihn ans Kreuz. War seine Mission damit gescheitert? Nein! Sein „Scheitern" hat sich als der bessere Sieg erwiesen.

Kirche und Krieg

27. Juli 2003
6. Sonntag nach Trinitatis
Aktion Gomorrha
Matthäus 28,20a

Diese Kirche in ihrer jetzigen Gestalt ist eine bleibende mahnende Erinnerung an den 25. Juli 1943. Denn sie ist der Wiederaufbau in veränderter Gestalt, der Wiederaufbau der Kirche, die am Sonntag, dem 25. Juli 1943, kurz nach Mitternacht zerbombt wurde und in Schutt und Asche versank.

Am Tag zuvor, am Samstag – es war ein Tag mit strahlendem Sonnenschein – standen hier vor dem Altar der alten Kirche Helmut Beeck und Elisabeth, geb. Gunkel, und ließen sich trauen. Die zwanzigjährige Lore Nicolaisen, heute Lore Kronies, saß in einer der Bankreihen und schaute bei der Trauung zu. Am Abend unternahm sie mit ihrem Verlobten noch was Schönes an jenem schönen Tag. Als nach Mitternacht die ersten Bomben fielen, machte sie sich noch einmal auf den Weg von ihrer elterlichen Wohnung in der Husumer Straße zu ihrem Verlobten im Eppendorfer Weg und kam hier an der Kirche vorbei, an der brennenden Kirche. „Sogar die Kirche brennt", dieser Gedanke hatte etwas besonders Niederdrückendes, als gäbe es nun nichts mehr, was noch Bestand hätte und Halt geben könnte.

Für eine Zeit läuteten die Glocken, vielleicht ausgelöst durch die große Hitze, wie Gabriele Goetzloff, geb. Roßberg, meint, die in jener Nacht auf dem Dach des Hauses im Abendrothsweg 59 beim Löschen half. Vielleicht hatte aber der Küster das Glockengeläut eingeschaltet.

Was nämlich niemand hatte sehen können, war, dass einer noch versuchte, von der Kirche zu retten, was zu retten war, Paul Schultke, damals Küster der Markuskirche. In einem Schreiben des Kirchenvorstands an das Landeskirchenamt lesen wir darüber einen Bericht:

„Als in der bezeichneten Nacht die Alarmsirenen ertönten,

185

hat Schultke sich sofort als Betriebsluftschutzleiter der Markuskirche auf seinen Posten begeben. Beim ersten Abwurf der Phosphorkanister fingen die Kirchenbänke auf der linken Seitenempore Feuer. Schultke hat sich sofort, der großen Gefahr für seine Person nicht achtend, auf die Empore begeben und mit dem Wasser des dort aufgestellten großen Eisenfasses das Feuer gelöscht. Kaum war diese Gefahr beseitigt, als auf der rechten Seitenempore durch niederfallende Phosphorkanister neues Feuer entstand. Sofort eilte er hinzu, um auch dieses Feuer zu löschen. In diesem Augenblick hatte Schultke das Gefühl, als ob das ganze Kirchengebäude wankte. Es waren Sprengbomben gefallen. Schultke wurde durch den Luftdruck über die Brüstung der Empore in das Innere der Kirche geschleudert und konnte sich noch eben über Schutt und Steinmassen durch das Turmportal ins Freie retten. Dabei wurde er verwundet und an den Augen beschädigt, sodass er ärztliche Hilfe in Anspruch nehmen musste. Er kehrte darauf zur Kirche zurück, konnte aber dort nichts mehr retten.

Inzwischen war auch das Pastorat Voß, Neumünstersche Str. 12, durch die in die Nachbarhäuser gefallenen Spreng- und Brandbomben schwer beschädigt. Schultke machte sich sofort an die Rettungsarbeit im Pastorat, wo er ebenfalls mutig und unerschrocken weiterarbeitete. Endlich hat er sich an der Rettungsarbeit in seinem Hause Neumünstersche Str. 20 auch noch hervorragend und wirksam beteiligt. Hier rettete er die Frauen des Hauses durch entschlossenes Hinausbringen in den Luftschutzbunker. Die Bewohner der Nachbarschaft der beschädigten Häuser zollten Schultke höchstes Lob; man war zuerst der Ansicht, dass Schultke unter den Trümmern der Markuskirche verschüttet sei, was sich aber glücklicherweise nicht bestätigte."

Der Kirchenvorstand schrieb damals diesen Bericht, um Paul Schultke für eine Auszeichnung vorzuschlagen. Die hat er dann auch erhalten. Was war das damals für eine Zeit! Welche menschlichen Dramen spielten sich damals ab! Einige von

St. Markus, Hamburg-Hoheluft, Ansicht von Nord-Osten vor 1943
(Kirchenkreis Alt-Hamburg, Baudokumentation 1995, BA-Nr. 3274)

Ihnen werden mit jenem Tag in Hamburg schmerzliche persönliche Erinnerungen verbinden. Und an die Jahre überhaupt – des
Krieges, des Nationalsozialismus – werden sich etliche von
Ihnen erinnern. Wie konnte das alles kommen? Wie kann man
das überhaupt alles verstehen? Und haben wir daraus gelernt?

Von dieser Kanzel aus – in der alten Kirche sah sie ein wenig

187

*St. Markus, Hamburg-Hoheluft, Die Ruine von Süd-Osten nach 1943
(Kirchenkreis Alt-Hamburg, Baudokumentation 1995, BA-Nr. 3278)*

anderes aus – von dieser Kanzel aus war seit Erbauung der Markuskirche 1899 viel gepredigt worden. Woche für Woche. Von Anbeginn des Jahrhunderts an haben die Prediger die Geschehnisse im Land begleitet, theologisch verarbeitet, mit dem Wort Gottes, den Geschichten der Bibel und dem Auftrag der Kirche verbunden.

Was haben sie der Gemeinde gesagt? Einiges können wir nachlesen. Und was haben sie der Gemeinde zu lesen gegeben? Es wurde der Markusbote verteilt. Und welche Themen haben sie in Gemeindeveranstaltungen behandelt, welche Positionen haben sie vertreten? Es müsste einmal alles genauer betrachtet werden. Aber auch nach oberflächlicher Betrachtung müssen wir im Nachhinein die Frage stellen, ob das Gedankengut, das schließlich zur Katastrophe des Dritten Reiches geführt hat, ob jenes Gedankengut nicht auch hier in St. Markus, wie übrigens in vielen anderen Gemeinden, zum Teil oder auch erheblich theologisch untermauert und unterstützt und gefördert worden

188

*Beseitigung der Trümmer der Ruine von St. Markus, Hamburg-Hoheluft
(Fotos: Archiv der Gemeinde St. Markus, Hamburg-Hoheluft)*

ist – nicht aus bösem Willen, sondern aus einem großen, tragischen Irrtum heraus.

Die überaus patriotischen Predigten, die hier in St. Markus bereits zum Ausbruch des 1. Weltkriegs gehalten wurden, sind

Die Ruine während der Vorbereitung für den Wiederaufbau 1948 oder früher. (BA-Nr. 3279, Foto: Landesbildstelle, PL. Nr. 12074)

in unserem Archiv aufbewahrt. Unmittelbar nach Ausbruch des 1. Weltkriegs begann Pastor Voß seine Predigt am 2. August 1914 mit den Worten:

„So ist denn kein Zweifel mehr: Unser friedliebendes Volk muss in den Krieg hinein." Und er fuhr fort:

„Was sollen wir dazu sagen? Sollen wir in das Jammerlied derer einstimmen, die schon vom ewigen Frieden der Völker geträumt und nun ihren Traum in nichts zerflattert sehen? Gewiss, der Krieg ist eine furchtbare Geißel der Völker. Er schlägt Wunden, die auf Jahrzehnte hinaus nicht heilen. Er fordert Opfer, die durch nichts wieder aufgewogen werden können. Er peitscht Leidenschaften auf, derer eine gesittete Menschheit sich sonst schämen würde. Er bringt Teuerung und Not und Krankheit und Seuchen mit sich. Er lässt verbrannte Städte und verwüstete Äcker hinter sich. Und doch beweist die gegenwärtige Zeit den Friedensschwärmern aufs Neue, dass man den Frieden so lange nicht durch Schiedsgerichtsbeschlüsse schaffen und erhalten kann, als die Völker sich nicht geneigt zeigen,

190

diesen Beschlüssen nachzukommen. Solange noch die Selbstsucht im einzelnen Menschen ihr Wesen hat, solange wird sie auch das Leben der Völker vergiften und immer wieder zu kriegerischen Verwicklungen führen." Und dann sagte er: „Kriegszeiten sind ernste Zeiten, aber es sind auch große Zeiten."

Das waren Worte von der Kanzel in St. Markus zu Beginn des 1. Weltkriegs.

1933 wurde in unserer Gemeinde wöchentlich eine Schrift verteilt unter dem Titel „Der Nachbar – Sonntagsgruß des Markusboten". In der Ausgabe vom 14. Mai 1933 lesen wir zum Abschluss einer Serie über „Adolf Hitler als Mensch":

„Ein Mann steht vor uns, dem sein Werk alles in allem ist. Danken wir der göttlichen Fügung, die so sichtbar über unserem Volk waltet, dass sie uns zum Führer in dem Sturm und Drang der gegenwärtigen Geschichtsperiode einen Menschen von glühender Vaterlandsliebe, von durchdringender Erkenntnisfähigkeit und von aufrichtigem Charakter gegeben hat, einen Menschen, der durch schwerste Schicksale und härteste Entbehrungen gegangen und geläutert worden ist, einen Menschen endlich, zu dessen reinem Wollen und warmem Herzen wir unbedingtes Vertrauen haben dürfen."

Und weiter:

„Dass Adolf Hitler sich bei seinem großen Werke nicht auf die eigene Kraft verlässt, sondern sich als Bevollmächtigten eines Höheren fühlt, zeigt deutlich der demütig-schöne Schluss der ersten Kundgebung seines Kabinetts vom 2. Februar 1933: „Möge der allmächtige Gott unsere Arbeit in seine Gnade nehmen, unseren Willen recht gestalten, unsere Einsicht segnen und uns mit dem Vertrauen unseres Volkes beglücken!"

Der Artikel über den Führer schließt mit den Worten:

„Wir haben keine Veranlassung, an der Echtheit der hier zum Ausdruck kommenden Gesinnung zu zweifeln. Als Christen wollen wir die Seele des großen Kämpfers durch unsere Gebete stärken, dass er die ihm von Gott aufgetragene Sendung glücklich vollenden kann."

Ich zitiere diese Dinge nicht, um jemandem Vorhaltungen

zu machen. Vielmehr möchte ich der Frage Nachdruck verleihen: „Ruft uns die biblische Botschaft nicht zum friedlichen Miteinander der Völker auf? Und müssen wir nicht jeder Argumentation für einen Krieg – welcher Art auch immer – energisch entgegentreten, wie überzeugend die Argumentation auch immer erscheinen mag?!"

Gewalt erzeugt Gegengewalt. Wer Krieg führt, liefert dem Gegner die Rechtfertigung, ebenfalls Krieg zu führen. Wer den Teufel mit dem Teufel auszutreiben versucht, verrichtet das Werk des Teufels. Das Flächenbombardement über Hamburg im Sommer 1943 sollte dem nationalsozialistischen Schrecken ein schnelles Ende bereiten, um ein Schrecken ohne Ende zu verhindern. Es sollte jedoch noch längst nicht das Ende des Schreckens werden. Die Menschen weiterer Städte erlitten das gleiche Schicksal, Berlin, Dresden. Er folgten schließlich die Atombombenabwürfe auf Hiroshima am 6. August 1945 und drei Tage später auf Nagasaki.

Wenn wir in der Schöpfungsgeschichte vom Auftrag Gottes an den Menschen lesen: „Seid fruchtbar und mehret euch und füllt die Erde und macht sie euch untertan" – und der Schöpfer seinem Geschöpf Mensch damit eine Eigenverantwortung für die weitere Ausgestaltung der Schöpfung zusprach, hatte er damit auch dies gemeint: dass Menschen Krieg gegeneinander führen sollten?

Und als Jesus sich zu Himmelfahrt von seinen Jüngern verabschiedete und er ihnen einen Auftrag hinterließ mit den Worten: „Geht hin in alle Welt, tauft alle Völker und lehrt sie halten alles, was ich euch geboten habe", hatte er seinen Jüngern damit nicht einen Auftrag zum Frieden für die Welt gegeben, zu einem Frieden, wie er ihn in seiner Bergpredigt und in seinem ganzen Reden und Handeln gemeint hatte: dass wir den anderen so behandeln, wie wir selbst gern behandelt werden wollen, dass wir auch den Feind respektieren und nicht Gleiches mit Gleichem oder gar mit Schlimmerem vergelten, sondern dass wir das Böse mit Gutem zu überwinden trachten?!

Diese Kirche in ihrer jetzigen Gestalt erinnert uns zum einen

192

Plakette im Vorraum der Kirche St. Markus in Hamburg-Hoheluft

an die Schrecken des Krieges, an menschliche Schuld, an Größenwahn und Ohnmacht. Diese Kirche erinnert uns zum anderen aber auch an den Willen zum Neubeginn, an die Kraft der Hoffnung und an die Wirklichkeit der Versöhnung.

Amerikaner, die im Sommer 1943 an der Zerbombung Hamburgs beteiligt gewesen waren, sammelten später über den Lutherischen Weltbund Geld, damit diese Kirche wieder aufgebaut werden könnte. An diese Geste der Menschlichkeit und an den großen tatkräftigen Einsatz vieler Gemeindeglieder unter Anleitung vor allem von Pastor Hecker erinnern wir uns mit Dankbarkeit.

Haben wir – und hat die Weltgemeinschaft – aus den von Menschen verursachten Katastrophen des letzten Jahrhunderts gelernt? Wir können diese Frage leider nicht einfach bejahen. Wir müssen den Lernprozess weiter in Gang halten und immer wieder neu in Gang setzen, indem wir uns auf unseren Auftrag zum Frieden im Geiste Jesu Christi besinnen und uns in seinem Geist engagieren.

St. Markus, Hamburg-Hoheluft mit verkürztem Turm

St. Markus in Hamburg-Hoheluft wurde nach der Zerstörung 1943 als sog. Notkirche nach Plänen des Architekten Otto Bartning in den ursprünglichen Umfassungsmauern neu errichtet. Der Welt-Luther-Bund stellte hierfür erhebliche Geldmittel zur Verfügung.

Am Ende Freude und Frieden
31. Dezember 2003
Altjahrsabend
Internationales Taizé-Treffen in Hamburg
Lukas 2,14

Dieses Jahr geht in Hamburg und in unserer Gemeinde mit einem Zeichen der Hoffnung zu Ende.

60.000 Jugendliche aus allen Teilen Europas sind unter uns, um gemeinschaftlich und gemeinsam mit uns ein freundliches und friedliches Miteinander zu praktizieren. Natürlich sind auch diese jungen Menschen in Anführungszeichen „nur" Menschen mit Schwächen und Fehlern. Aber sie setzen ein Zeichen. Sie tun das, was wir uns für Heiligabend im kleinen Kreis der Familie, der Freunde, der gemeinsam Feiernden stets vornehmen, nämlich mal für einen Abend ganz freundlich und ohne Streit miteinander umzugehen. Die Jugendlichen probieren das nicht nur für einen Abend aus, sondern für ein paar Tage, und

Internationales Taizétreffen in Hamburg
Jugendliche aus verschiedenen Ländern
in St. Markus, Hamburg-Hoheluft
Foto: Julia Nein

195

nicht im kleinen Kreis ihrer Lieben, sondern im Kreis von zigtausenden aus vielen Ländern in Gemeinschaft mit den ihnen fremden Menschen des Gastgeberlandes.

Es ist ein Zeichen, ein großes Zeichen. Die weihnachtliche Friedensbotschaft der Engel über dem Feld von Bethlehem nimmt noch einmal Gestalt an – zu Heiligabend in dem Jesuskind, und nun in den vielen jungen Menschen, die sich vom Christkind haben inspirieren lassen, die seinen Geist in ihrem Herzen tragen und in seinem Geist singen und beten und etwas ganz Praktisches tun. Sie setzen ein Zeichen von Freundlichkeit und Frieden.

Wenn wir bedenken, was wir in diesem nun zu Ende gehenden Jahr an Gewalt auf unserem Erdball erlebt haben, dann ist dieses Treffen hier in Hamburg wie Balsam für unsere Seelen.

Wenn wir noch an den Anfang dieses Jahres zurückdenken, als wir in Sorge waren, dass ein Krieg gegen den Irak der Austreibung des Teufels mit dem Teufel gleichkommen würde und Menschen weltweit zu Millionen für den Frieden beteten und auf die Straßen gingen – und wenn wir daran zurückdenken, dass der Krieg dann unter scheinheiligen Argumenten, unter Verdrehung der Wahrheit und Missachtung des Rechts geführt wurde und nach dem Sieg der Übermächtigen mitnichten Frieden eingekehrt ist, sondern im Gegenteil die Anwendung von Gewalt zur Lösung von Problemen und das Recht des Stärkeren insbesondere in den interessierten Kreisen wieder salonfähig geworden sind – wenn wir all dies bedenken, dann ist es doch geradezu ein Geschenk an uns Hamburger, dass wir diese so dringend von uns allen ersehnte Alternative zur Gewalt so hautnah erleben dürfen, bevor dieses Jahr zu Ende geht.

Es ist schon ein gewisser Kraftakt, ein solch großes Treffen zu organisieren oder auch nur daran teilzunehmen. Aber dies ist ein Kräfteeinsatz für eine wahrhaft gute Sache, für ein wirklich lohnendes Ziel. Es ist ein Kräfteeinsatz, der Hoffnung in sich trägt. Auch die Vorbereitung und Durchführung eines Krieges und terroristischer Aktionen kostet enorme Kräfte und erfordert große Opfer auf vielen Seiten. Aber ein solcher Kraftakt dient

196

der Zerstörung.

Der Kräfteeinsatz, der für dieses Treffen in Hamburg erforderlich war und noch erforderlich ist, dient dem Aufbau, dem Schutz und der Entfaltung des Lebens. Er dient dem freundlichen und friedlichen Miteinander aller Menschen.

Am Ende eines Jahres sollte dies Teil unserer Bilanz sein – die Frage: Wofür setze ich meine Kräfte ein? Möchte ich mit meinen Kräften den Untergang fördern oder auch nur den Untergang verwalten? Oder möchte ich mit meinen Kräften dem Aufbau dienen, dem, was Leben schafft und bewahrt und was Hoffnung macht?

Wie gesagt: Das eine wie das andere kostet Kraft und ist mit Opfern verbunden – auch der Einsatz für eine gute Sache. Jesus Christus, zu Bethlehem geboren, ist wahrhaftig für eine gute Sache in die Welt gekommen, für die überhaupt beste Sache, nämlich um die Liebe zu leben. Und sein Weg war ein dorniger Weg. Am Ende wurde er ans Kreuz genagelt. Aber das Kreuz war eben doch nicht das Letzte. Die Überschrift über sein Erdendasein lautet: „Sieg des Lebens". Denn in allem, was er sagte und tat, hat er dem Leben gedient.

Es gibt andere, über deren Erdendasein müsste man eine ganz andere Überschrift setzen.

Am Ende des Jahres ziehen wir Bilanz. Für uns ist es eine Zwischenbilanz. Wir können noch Veränderungen in unserem Leben vornehmen. Wir können noch Korrekturen vornehmen. Wir können uns besinnen und Buße tun, uns auf den Pfad der Besserung begeben, wenn wir erkannt haben, dass wir hier und dort einen Irrweg beschritten haben.

Das gilt im großen Gesellschaftlichen, das gilt ebenso im Kleinen, in unserem ganz persönlichen Leben. Zum Jahreswechsel gibt es ja die Tradition der guten Vorsätze. Über die guten Vorsätze ist in diesen Tagen in den Zeitungen manches Humorige zu lesen gewesen. So recht ernst möchte keiner die guten Vorsätze nehmen. „Sie sind wie ein Scheck ausgestellt auf eine Bank, die es gar nicht gibt", schrieb einer.

Es ist ja alles ein wenig richtig, was da gesagt wird. Falsch

197

wäre aber die Schlussfolgerung, dass gute Vorsätze keinen Sinn hätten. Doch, sie haben ihren Sinn. Und zwar einen ganz bedeutsamen Sinn. Zum einen bringen sie immerhin das Bewusstsein von einem Mangel zum Ausdruck und das Bewusstsein, dass da irgendwo Handlungsbedarf ist in Richtung auf Besserung. „Einsicht ist der erste Schritt zur Besserung", sagt der Volksmund. Am zweiten Schritt hapert es dann schon oftmals. Das spricht aber nicht gegen den ersten Schritt. Denn ehrliche, kritische Selbsterkenntnis ist immer noch besser als Ignoranz und Selbstgerechtigkeit. Es ist immer noch besser, wenn einer sagt: „Ich möchte ja lieb sein, aber ich kann nicht", als wenn einer sagt: „Ich habe mir nie etwas zu Schulden kommen lassen."

Den zweiten Schritt sollten wir dann aber zumindest doch auch versuchen. Auch wenn der Versuch dann scheitert, ist der Versuch immer noch besser als kein Versuch. Denn der Versuch ist immerhin ein reales Zeichen des guten Willens. Der Versuch ist immerhin ein Zeichen dafür, dass wir uns noch nicht abgefunden haben mit unserem unvollkommenen Sosein, dass wir noch nicht resigniert haben, dass wir noch ein Stück Hoffnung auf reale Besserung in uns tragen.

Gott, der Schöpfer einer wahrhaft unvollkommenen Kreatur, hat uns auch noch nicht aufgegeben. Das Christkind ist ein Kind seiner Hoffnung. Er hat es – im wahrsten Sinne des Wortes – als „lebendiges" Zeichen der Hoffnung in diese Welt gegeben.

Er hätte sich auch sagen können: „Es bringt nichts. Sie werden ihn umbringen. Die Gewalt wird triumphieren. Lassen wir das Ganze!" Das hat er aber nicht gesagt. Er hat ein Zeichen der Hoffnung gesetzt. Als Zeichen seiner Hoffnung, dass wir die uns geschenkte Freiheit doch immer mal wieder auch zum Guten nutzen. Und als Zeichen der Hoffnung für uns, dass wir uns gestärkt und ermutigt fühlen, uns vom göttlichen Kind der Hoffnung zu Menschenfreundlichkeit und Frieden inspirieren zu lassen.

Wie gesagt, hier in Hamburg, in diesen Tagen erleben wir gerade ein großes, schönes Zeichen der Hoffnung auf ein

198

freundliches und friedliches Leben der Menschen miteinander über alle kulturellen Grenzen hinweg.

Nehmen wir dieses schöne Treffen von Taizé mit Dankbarkeit entgegen und lassen wir uns von diesem Zeichen des Friedens stärken und ermutigen und leiten für das kommende Jahr!

Zeichen gegen die Ohnmacht

12. September 2004
14. Sonntag nach Trinitatis
Gedenken der Menschen in Beslan
Themengottesdienst „Liturgie, Rituale, Symbole"
Klagelieder 3,22-24.26.31.32

Auf dem Altar haben wir heute noch eine Kerze aufgestellt. Sie ist ein Zeichen unseres Gedenkens der Menschen in Beslan in Russland, der Kinder und der Erwachsenen. Die Kerze ist ein stummes Zeichen unserer Anteilnahme, unseres Mitgefühls, unserer Trauer. Die Kerze ist ein Zeichen unserer Sprachlosigkeit angesichts eines Schreckens, der sich mit Worten nicht mehr angemessen beschreiben lässt. Die Kerze ist ein Zeichen unseres Wunsches, dass es mit der Gewalt einmal ein Ende habe möge und alle Menschen in Frieden miteinander leben.

Diese kleine Kerze – was ist alles in ihr enthalten?! Sie ist ein Zeichen, ein Symbol. Sie verbindet die geschundenen Menschen in Russland mit unseren Gefühlen. Sie enthält das ganze Elend dieser Welt und erwärmt zugleich unsere Herzen mit einer Hoffnung, die in jenem Menschen ihren Ursprung hat, der vor 2000 Jahren sagte: „Ich bin das Licht der Welt."

Wir haben diese kleine Kerze angezündet als zeichenhafte Handlung, als Ausdruck unserer Ohnmacht angesichts des Unfriedens, der die ganze Menschheitsgeschichte durchzieht und in einem kleinen Ort in Russland wieder Grausiges angerichtet hat. Die Kerze ist Zeichen unserer Ohnmacht und zugleich unseres Wunsches, doch etwas zu tun gegen den Unfrieden, gegen die Gewalt, gegen das Unrecht und für den Frieden, für die leidenden Menschen, für eine schöne, friedvolle Welt. Was können wir tun in unserer Ohnmacht? Wir haben zeichenhaft diese Kerze angezündet.

Wir spüren wohl, dass noch mehr erforderlich wäre. Wir spüren die Frage in unserem Herzen: Tust du genug für den Frieden? Wir spüren den stechenden Schmerz, die Frage der Schuld, der Mitschuld, unserer Schuld: Sind wir nicht Teil des

Unfriedens in dieser Welt, Teil der Ungerechtigkeit, des Elends um uns herum und in der weiten Welt? Auch diese Gefühle der Schuld geben wir in die Kerze hinein – und zugleich unseren Wunsch nach Vergebung: dass wir uns bessern dürfen.

Diese kleine Kerze haben wir am Anfang des Gottesdienstes entzündet – heute im Gedenken der Menschen in Beslan.

Wir müssten diese Kerze täglich anzünden. Denn wir haben täglich vieler Leidender zu gedenken. Die Not nimmt kein Ende, unser Klagen bleibt, unsere Sorgen und Ängste – unsere Wünsche und Hoffnungen und Sehnsüchte bleiben.

Darum feiern wir regelmäßig Gottesdienst. Der Gottesdienst ist voller Zeichen, um dem Unaussprechlichen Gestalt zu geben. Wir haben im Gottesdienst auch eine Predigt. Aber Worte allein können nicht zum Ausdruck bringen, was in dieser Welt geschieht und geschehen ist und was unsere Herzen bewegt. Die Musik kann manches ausdrücken, was nicht in Worte zu fassen ist. Darüber hinaus bleiben uns Zeichen – Symbole, Rituale.

Am Anfang unserer Gottesdienste bitten wir Gott um sein Erbarmen. Wir kommen als Bittende, als Menschen, die zunächst darauf angewiesen sind zu empfangen. Wir haben uns das Leben nicht selbst gegeben. Und wir waren zunächst einfach auf andere angewiesen, bevor wir zu einem selbstständigen Leben in der Lage waren. Und auch in unserer Selbstständigkeit haben wir unser Leben nicht wirklich selbst in unserer Hand. Wir bleiben angewiesen auf Hilfe, auf Rat und Wegweisung, auf Anerkennung, auf liebevolle Zuwendung, auf Trost, auf Nachsicht, auf Vergebung – vieles mehr wäre zu nennen.

Diese unsere erste Grundbefindlichkeit der Angewiesenheit gestalten wir in einem gottesdienstlichen Ritual, indem wir regelmäßig zu Beginn Gott, den Vater und Sohn, anrufen und um sein Erbarmen bitten: Kyrie eleison, Christe eleison, Herr, erbarme dich, Christe, erbarme dich!

Wir sind aber nicht nur darauf angewiesen zu empfangen, wir empfangen auch tatsächlich. Vieles und immer und immer wieder und haben ja schon viel empfangen. Wir haben also auch reichlich Grund zur Freude und zur Dankbarkeit. Darum loben und preisen wir Gott im Gloria – im Anschluss an das „Herr erbarme dich".

Das „Herr, erbarme dich" und der Lobpreis Gottes, das Kyrie und das Gloria sind rituelle Elemente unseres Gottesdienstes. Vielleicht sind wir gar nicht immer in der Stimmung zu dem einen oder dem anderen, vielleicht möchten wir manchmal einfach nur klagen – und ein anderes Mal ist uns das Herz so voll, dass wir nur jubeln möchten. Es ist aber gut, wenn diese Rituale immer da sind wie ein inneres Gerüst, das uns hält und an dem wir uns bei Bedarf festhalten können.

Gegen Ende des Gottesdienstes haben wir die Fürbitten. Auch sie sind fester Bestandteil des gottesdienstlichen Rituals. Mit unserer Fürbitte bringen wir zum Ausdruck, dass wir zwar vieles tun können und wir uns für vieles verantwortlich wissen, dass wir uns aber auch unserer Begrenzungen bewusst sind. Was unser Können, unsere Einflussmöglichkeiten, unser Vermögen übersteigt, legen wir in die Hand Gottes. Indem wir das tun, bringen wir nicht nur unsere Begrenzungen zum Ausdruck, sondern auch unser Vertrauen, dass unsere Wünsche und Hoffnungen und Sehnsüchte Wirklichkeit werden können, auch wenn wir selbst nicht mehr weiterwissen. Die Fürbitten sind Ausdruck unseres Gottvertrauens.

Wenn wir die Fürbitten nicht hätten, an wen sollten wir uns wenden?! Wenn wir an die Menschen in Beslan denken und an das, was sich dort Schreckliches ereignet hat – an wen sollen wir uns wenden? An die russische Regierung, an Politiker hier und dort, an die Polizeikräfte vor Ort, an die Terroristen, an die internationale Weltgemeinschaft? Ja, an sie alle könnten wir uns wenden. Das hätte auch alles seinen Sinn und sein Recht. Aber da würde immer ein ganz großer Rest an Not, an Problemen bleiben. Mit diesem großen Rest wollen wir uns nicht einfach achselzuckend abfinden. Nein, wir legen das für uns Unverfügbare in die Hand desjenigen, der die Macht hat, die Sonne scheinen zu lassen, die Blumen erblühen zu lassen und neues Leben zu schenken. Er kann auch harte Herzen erweichen,

Andacht

für die Kinder aus Beslan

Musik – Texte - Licht

Dienstag, den 14.09.2004 um 18.00 Uhr
in der St. Markus Kirche

Die Ev. - luth. Kirchengemeinde St. Markus und die Schule
Wrangelstraße laden zu einer kurzen Andacht zum Gedenken an die
Opfer von Beslan ein.

Im Anschluss an die Andacht (ca. 18.20 Uhr) besteht Gelegenheit
zum Gespräch, zum Innehalten und zum Verweilen.

Für die Kirchengemeinde   Für die Schule
St. Markus   Wrangelstraße

Marion Roß   Herbert Neumann
                                 Martin Bischoff

Der Besuch der Andacht ist freiwillig und keine schulische Veranstaltung.

Fäuste öffnen und Trauer in neue Freude verwandeln.

Am Ende des Gottesdienstes empfangen wir den Segen Gottes. Das ist ein ganz wunderbares Ritual: wohlwollende Worte und eine behütende Geste für uns alle, die wir ja alle letztlich seelisch und körperlich schwache, verletzliche, schutzbedürftige Wesen sind und ziemliche Mühe haben, den vielfältigen Anforderungen des Lebens standzuhalten.

Der Segen ist eine liebevolle Geste voller göttlicher Kraft. Darin ist ein ganzes Menschen- und Gottes- und Weltbild enthalten, unendlich viel mehr, als die begleitenden Worte es jemals ausdrücken könnten.

Das Leben ist ein großes Geheimnis, ein schönes und manchmal erschreckendes Geheimnis. Gott, der Urgrund allen Seins, ist und bleibt ein Geheimnis. Unsere Sprache vermag das Geheimnis nicht in Worte zu fassen. Wir nehmen Musik hinzu und Zeichen, Symbole, Rituale – und feiern so Gottesdienst – als Feier des Lebens, als Quelle der Kraft und Wegweisung und Hoffnung.

203

Friede auf Erden – wie schön wäre das!

5. Dezember 2004
Adventsfeier im Eppendorfer Bürgerverein
Lukas 2,14

Für unsere kleine vorweihnachtliche Besinnung habe ich Ihnen unseren Gemeindebrief mitgebracht, damit wir gemeinsam die Titelseite betrachten können. Links Maria mit dem segnenden Christkind auf ihrem Schoß, rechts auf dem Boden liegend eine arme Mutter mit ihrem nackten Kind, ein Ausschnitt aus einem Foto von jemandem, der versucht, Not und Elend unserer Welt zu dokumentieren.

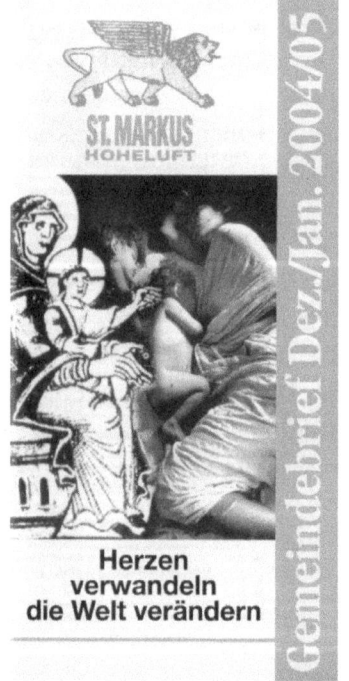

Die Bildunterschrift ist schon quasi eine weihnachtliche Kurzpredigt: „Herzen verwandeln, die Welt verändern."

Sie kennen noch eine Kurzpredigt, die direkt in der bekannten Weihnachtsgeschichte des Evangelisten Lukas enthalten ist: „Friede auf Erden allen Menschen".

Wenn wir für einen Augenblick bedenken, wie es auf unserem Erdball aussieht, dann drängt es uns doch geradezu zu sagen: „Wie schön wäre das – Frieden für alle Menschen!" Daran fehlt es allenthalben – immer noch. In zweitausend Jahren hat sich da nichts geändert, fast könnten wir sagen: im Gegenteil. Im letzten Jahrhundert, im zwanzigsten, hat es sogar zwei Weltkriege gegeben, und danach mussten wir gelegentlich – zurecht – befürchten, es könnte noch zu einem dritten kommen. Und es wird weiter geschossen und gebombt – wie eh und je.

204

Es ist zum Verzweifeln. Wir würden gern etwas tun, die Welt zu verändern, zum Besseren zu verändern. Aber wie? Das wäre eine übermenschliche Aufgabe. Wenn jemand meinte, das könnte der Mensch schaffen: dass überall auf Erden Frieden wäre, dann wäre das wohl eine Selbstüberschätzung. Wie schwierig ist es allein, im Nahen Osten Frieden zu schaffen zwischen Israelis und Palästinensern – und im Irak und an den vielen anderen Stellen des Erdballs!

Zur Zeit Jesu gab es die sog. „Pax Romana", den römischen Frieden im viele Länder umfassenden römischen Reich. Das war aber natürlich in Wirklichkeit kein Friedensreich. Wenn sich heute eine Weltmacht daranmachen wollte, den Erdball zu befrieden, dann geschieht das, was wir erlebt haben und weiter erleben. Auch der Versuch der Vereinten Nationen, die Völkergemeinschaft in ihren Friedensbemühungen zu vereinen, ist ein – zwar wirklich sehr ehrenwerter und unterstützungswürdiger – Versuch. Aber auch da dürfen wir keine Wunder erwarten.

Wenn es irgendwo Frieden gibt, dann ist das wie ein Wunder. Da kann man dann eigentlich nur die Hände falten und sagen: „Danke, lieber Gott, dass Frieden ist."

Angesichts dieser Ohnmacht, unsere Sehnsucht nach Frieden selbst erfüllen zu können, hat die Weihnachtsbotschaft etwas Erlösendes. Sie macht uns deutlich, dass wir nicht auf uns selbst zurückgeworfen sind. Es hängt nicht alles nur an uns. Da ist noch eine andere Dimension in unserem Leben, die überhaupt der Urgrund allen Lebens ist und von der her wir auch etwas erhoffen und erwarten dürfen.

Vielleicht gehen Sie manchmal hinaus in die Natur, vielleicht an einem wolkenlosen Abend, und lassen Ihre Gedanken gen Himmel schweifen in die grenzenlose Weite des Universums hinein, wo es nichts mehr gibt, was vom Menschen gemacht und erdacht ist, was schon immer da war – seit Ewigkeiten – und wohl immer sein wird – in Ewigkeit. Solche Kategorien übersteigen unser Denkvermögen – Ewigkeit, Unendlichkeit. Da ist etwas ganz Großes, Unbegreifliches, Geheimnisvolles. Das können wir in Worte und Bilder zu fassen versuchen, die aber letztlich das Geheimnis nicht lüften können. Die biblische Tradition gibt diesem geheimnisvollen Urgrund ein persönliches Antlitz. Sie spricht von Gott, dem Allmächtigen, der alles geschaffen hat. Sie spricht vom Reich des Himmlischen.

Unser Gefühl sagt uns – und unser Verstand bestätigt uns das, auch wenn wir es nicht wirklich begreifen können –: Da ist noch ganz viel in diesem Dasein, was jenseits des Menschen ist, jenseits des Menschenmöglichen, des vom Menschen Machbaren und Begreifbaren. Dieses Gefühl, diese Einsicht hat zugleich etwas Erschreckendes und Befreiendes.

Das Erschreckende ist unsere unleugbare Begrenztheit. Wir haben unser Leben letztlich nicht in der Hand, wir sind gegenüber Not und Elend, gegenüber dem Unfrieden, gegenüber jeglichen Problemen und Mängeln nur bedingt handlungsfähig und müssen bei allem eigenen Einsatz irgendwann doch eingestehen: „Weiter weiß ich nicht, weiter kann ich nicht." Das kann bitter sein.

Aber die Einsicht in unsere Begrenztheit hat auch etwas Befreiendes: Es hängt nicht alles von uns selbst ab. Es geht weiter, auch wenn wir selbst am Ende sind, es kann auch gut weitergehen. Es geschieht vieles zu unseren Gunsten, was wir nicht selbst erwirkt haben. Wir können uns an der Natur erfreuen, die wir nicht selbst geschaffen haben. Wir dürfen den Sonnenschein genießen, auch den nötigen Regen. Wir dürfen uns des Lebens freuen, das wir uns nicht selbst gegeben haben. Wir dürfen an Wunder glauben. Denn das ganze Leben, das ganze Dasein ist ein einziges großes Wunder bestehend aus unendlich vielen kleinen Wundern.

Wenn wir einmal von dieser Gefühlslage des Erschreckens und Erstaunens ausgehen, werden wir vielleicht nachvollziehen können, dass sich im alten Israel die Sehnsucht nach Frieden in eine reale Hoffnung verwandelt hat. Schon das alte Israel hatte unter jahrhundertelangem Unfrieden zu leiden gehabt, unter immer neuer Bedrohung und Unterdrückung durch Großmächte im Norden und im Süden. Das alte Israel hatte von seinen politischen Führern Befreiung von aller Not erwartet, hatte aber auch die Grenzen des menschlich Machbaren erkannt. So hatte sich im alten Israel die Hoffnung auf einen König mit übermenschlichen Fähigkeit herausgebildet, die Hoffnung auf einen gottgleichen König, die Hoffnung auf einen, wie es im Hebräischen heißt, „Messias" und im Römischen „Christus".

Als Jesus von Nazareth vor 2000 Jahren in Israel auftrat, predigte, heilte und viel Gutes tat, sagten einige: „Das ist er, auf den wir gewartet haben, der Gott-König, der Messias, der Christus, der Erlöser, der Friedensbringer, der, der aller Not ein Ende setzen wird."

Hat sich seitdem auf unserem Erdball etwas zum Besseren verändert? Äußerlich – im politischen Sinne wohl kaum. Die Juden warten darum weiter auf den Messias.

Aus denen, die sagten: „Doch, das ist er, das war er!", ist das Christentum entstanden, die christliche Kirche.

Auch die Christgläubigen sehen in jenem Jesus von Nazareth einen König, einen Gott-König, allerdings einen König der Herzen. Er regiert nicht mit weltlicher Macht. Er wendet sich vielmehr mit Liebe, mit Barmherzigkeit, Vergebung an unsere manchmal so verschlossenen und verhärteten Herzen. Jedes geöffnete und erweichte Herz ist ein Stück veränderte Welt. Und jeder Mensch mit einem verwandelten Herzen wird etwas ausstrahlen in diese Welt hinein – wie ein Licht in der Dunkelheit – und wird etwas Gutes von sich weitergeben. So kann sich über die Verwandlung der Herzen die Welt hier und dort ein wenig zum Guten verändern.

Gott, der allmächtige Schöpfer des Himmels und der Erde, hat sich in der Gestalt eines schwachen, verletzlichen Menschen in unsere problembeladene, friedlose Welt hineinbegeben, hat geliebt und mitgelitten. Er war – in seiner Person – Frieden, Liebe zum Leben, Liebe zum Menschen. Wenn wir unsere Herzen öffnen, kann er – auch durch uns – in dieser Welt segensreich weiterwirken.

Zwischenzeit zur Neuorientierung

8. Mai 2005
Exaudi / 6. Sonntag nach Ostern
60 Jahre nach dem Ende des Zweiten Weltkriegs
Johannes 7,37-39

Am heutigen Sonntag kommen einige Dinge zusammen. Es ist heute der Sonntag Exaudi – benannt nach dem Beginn des 7. Verses im 27. Psalm: „Herr, höre meine Stimme." Es ist heute der Sonntag zwischen Himmelfahrt und Pfingsten. Es ist heute Muttertag. Es ist heute der 60. Jahrestag des Kriegsendes, der deutschen Kapitulation. Und es ist heute der Geburtstag von Henri Dunant, des Begründers des Roten Kreuzes. Lässt sich das alles aufeinander beziehen?

Und dazu kommt noch der Predigttext für diesen Sonntag aus dem Johannesevangelium, Kapitel 7, Verse 37-39.

Heute ist also der Sonntag zwischen Himmelfahrt und Pfingsten; vielleicht können wir damit anfangen. Jesus war nun endgültig entschwunden, nachdem er nach seiner Grablegung den Jüngern noch mehrere Male als Auferstandener erschienen war. Nun war er ins himmlische Reich zu seinem göttlichen Vater zurückgekehrt. Die Jünger waren allein. Der, dem sie gefolgt waren, in den sie viele Hoffnungen gesetzt hatten, war nicht mehr da. Wie sollte es weitergehen? Sie waren noch orientierungslos, noch verwirrt vom Gang der Ereignisse, vom Zusammenbruch ihrer Erwartungen, sie waren noch leer und ohne Kraft – ohne jemanden, der ihnen hätte sagen können, was sie denken und tun sollten.

Die Jünger befinden sich in einer Zwischenzeit, einer zehntägigen Zwischenzeit – zwischen Himmelfahrt und Pfingsten. Pfingsten wird der Tag des Neubeginns werden. Da werden sie mit einer Kraft ausgestattet, die ihnen helfen wird, selbstständig das Werk fortzusetzen, das ihr Herr und Meister mit ihnen im Gefolge angefangen hatte. Pfingsten werden sie mündig. Von da ab werden sie selbst reden, im Auftrag Jesu, im Auftrag des

Sohnes Gottes, ausgestattet mit dem Heiligen Geist, der göttlichen Kraft, dem göttlichen Tröster und Mutmacher.

Aber der heutige Sonntag Exaudi liegt noch in der Zwischenzeit, zwischen Himmelfahrt und Pfingsten. Der Blick der Jünger geht noch immer etwas desorientiert, ratlos nach oben, dem Entschwundenen nachschauend, und sie rufen – vielleicht jeder einzelne von ihnen: „Exaudi, erhöre mich Herr! Herr, weise mir deinen Weg, leite mich auf ebener Bahn!"

Wird es im Mai 1945 manchen Menschen vielleicht so ähnlich gegangen sein? Es war auch eine Zwischenzeit. Altes war zerbrochen – Neues war noch nicht da. Bis dahin hatten sich viele an einem Mann, einem Führer orientiert. Aber da liegt ein fundamentaler Unterschied: Sie hatten sich an einem orientiert, der sie und die Welt in den Abgrund geführt hatte. Der sie in schrecklichstem Maße verführt hatte, von dem sie sich hatten verführen lassen, von dem sie sich hatten unter Druck setzen lassen, dem sie vielleicht in schrecklichem Irrtum gutgläubig gefolgt waren. Hass hatte er ausgesät, Menschenverachtung – und seine Saat war aufgegangen auf aufnahmebereitem Boden. Millionen von Menschen hatte er in den Tod geschickt, zahllose Städte waren zerstört, ganze Landstriche verwüstet.

Was immer Menschen von dem damaligen Führer erwartet hatten und was auch immer die Motivation des Einzelnen gewesen sein mag, ihm anzuhängen – am Ende war da eine weltweite Zerstörung. War da nicht auch bei vielen eine innere Zerstörung durch die Erfahrung des Schreckens? Durch den Verlust geliebter Menschen? Durch den Verlust von Hab und Gut? Durch einen vielleicht allzu lange nicht eingestandenen Irrglauben? Bestimmt gab es in vielen auch eine Scham, es nicht gewagt zu haben, gegen den Machtapparat des Unrechts aufzubegehren und die Werte der Menschlichkeit zum Schutz der Opfer offen zu bekennen. Der Augenblick der Kapitulation mag von daher für viele auch ein Moment der Verunsicherung gewesen sein, eine emotionale Gemengelage, in der Freude über die Befreiung und Erleichterung mit einer gewissen Beklemmung vermischt sein mochten, der Frage nämlich, wie die Zukunft angesichts einer finsteren und unrühmlichen Vergangenheit aussehen könnte.

Es muss bei vielen ein inneres Vakuum gegeben haben. Woher konnte neue Orientierung kommen? Woran würde man künftig glauben können? Wem würde man künftig vertrauen können? Es stand ja nicht nur ein materieller Wiederaufbau an. Es musste auch innere Aufbauarbeit geleistet werden. Es mussten neue Werte plausibel gemacht werden, und es musste auch ein neues Selbstvertrauen geschaffen werden. Es musste in breitester Weise Erziehungsarbeit geleistet werden.

Das anfängliche Vakuum ist dann auch schnell ausgefüllt worden. Nach der Diktatur wurde die deutsche Bevölkerung durch die westlichen Besatzungsmächte, die Amerikaner insbesondere, mit den Werten der Demokratie und der Rechtsstaatlichkeit vertraut gemacht. Auch das Werteangebot der Kirchen war in diesem Vakuum zunächst sehr nachgefragt.

Die äußeren Bedingungen zur Zeit der Himmelfahrt Jesu waren zwar ganz andere als die 1945. Und die Jünger konnten auf ganz andere Erfahrungen zurückblicken. Sie hatten ja gerade außergewöhnlich gute Erfahrungen gemacht. Der, dem sie gefolgt waren, hatte ihnen und ihren Mitmenschen geradezu unglaublich Schönes und Wertvolles geschenkt, Schätze des Geistes und der Menschlichkeit, allerbeste Worte und Taten. Aber die Jünger befanden sich nun ebenfalls in einem gewissen Wertevakuum – dadurch, dass derjenige, der ihnen die Richtung angegeben hatte, nicht mehr da war. Konnte denn angesichts des Kreuzes das Erlebte und Gelernte Bestand haben? Hatten die Worte Jesu noch Gültigkeit? Auch die Auferstehung hatte ihre Ratlosigkeit noch nicht auflösen können.

Es ist eben nicht so, dass wir so ohne Weiteres aus uns selbst heraus die Lebensorientierung haben. Pfingsten war da schon nötig – als input von außen, als Kraftzufuhr aus einer übergeordneten Quelle, zu Pfingsten in der Gestalt des Heiligen Geistes. In unserem Predigttext aus dem Johannesevangelium sagt Jesus: „Wen da dürstet, der komme zu mir und trinke." Und

210

damit meinte er, wie Johannes sagt, den Geist, der zu Pfingsten ausgegossen werden sollte. Auch Paulus bat für die Gemeinde in Ephesus, wie wir der heutigen Epistel entnehmen können, um innere Unterstützung von oben, „dass er, der Vater im Himmel, euch Kraft gebe, stark zu werden durch seinen Geist an dem inwendigen Menschen, dass Christus durch den Glauben in euren Herzen wohne und ihr in der Liebe eingewurzelt und gegründet seid." Die Jünger brauchten Pfingsten, die Ausgießung des Geistes in ihre Herzen. Und auch wir brauchen das immer und immer wieder.

Und wir als Deutsche brauchten bei Kriegsende neben der materiellen Unterstützung auch eine geistige Unterstützung. Denn unser Volk lag aufs Ganze gesehen physisch und geistig darnieder. Wir können dankbar dafür sein, dass die Kriegsgegner uns im Sinne Henri Dunants geschont haben. Das deutsche Volk war zutiefst verwundet. Es hatte nicht nur anderen Menschen und Völkern Leid zugefügt, sondern sich selbst ja auch. Es hatte unsägliche Schuld auf sich geladen. Bei einem Verwundeten zählt aber im Sinne von Henri Dunant nicht mehr die Schuld, sondern nur noch das Leid und die Hilfsbedürftigkeit. Der verwundete Feind ist kein Feind mehr. Ihm soll geholfen werden.

Solche Hilfe ist den Deutschen nach Kriegsende zuteil geworden. Das hat sicherlich nicht nur caritative Gründe gehabt, sondern auch politische und wirtschaftliche. Aber dem deutschen Volk ist – materiell und geistig – geholfen worden und es ist zur Selbsthilfe befähigt worden. Das sei mit Dankbarkeit vermerkt. Auch der Wiederaufbau unserer Kirche ist das Ergebnis der Unterstützung auch durch ehemalige Kriegsgegner.

Es hat lange gedauert, bis wir als Deutsche wieder mündig geworden sind, bis wir selbst wieder einen Wertebeitrag leisten konnten. Was Demokratie und Rechtsstaatlichkeit anbetrifft, haben wir als Deutsche erheblich dazugelernt. Da ist es zu einer wirklichen, nachhaltigen Neuorientierung gekommen.

Die geistliche Besinnung ist nach einer gewissen Zeit wieder auf der Strecke geblieben, zurückgedrängt vielleicht durch den

Vorrang des materiellen, des wirtschaftlichen und staatlichen Wiederaufbaus. Wir sind erst seit einigen wenigen Jahren wieder dabei, verstärkt nach den inneren Werten zu fragen, und werden uns dessen bewusst, dass wir da lange etwas vernachlässigt haben.

Seit einiger Zeit besteht wieder der Wunsch nach einer bewussteren neuen inneren Orientierung. Viele sind wieder auf der Suche nach einer geistigen Quelle, die dem Leben Kraft und Sinn gibt – auch jenseits des materiellen Erfolgs oder Misserfolgs.

„Wen da dürstet, der komme zu mir und trinke", sagt Jesus. „Wer an mich glaubt, von dessen Leib werden Ströme lebendigen Wassers fließen." Da ist die Quelle des Lebens – bei Jesus Christus. Aus ihr strömt die Liebe zu den Menschen aller Kulturen, Barmherzigkeit mit den Schwachen, Schutz des Unterdrückten, Trost für den Traurigen, Vergebung für den Schuldigen, Mut und Hoffnung für die Verzagten. Aus dieser Quelle strömt Lebenskraft, die durch uns weiterströmt und noch vielen anderen Durstigen zugute kommen kann.

Wir sind auf diese geistige, geistliche Quelle angewiesen wie das neugeborene Kind auf die Muttermilch. Das Neugeborene kann ohne diese nahrhafte Quelle nicht stark werden fürs Leben. Es braucht natürlich nicht nur die Milch selbst, sondern das, was mit der Muttermilch einhergeht: die menschliche Wärme, die liebevolle Fürsorge, die leibliche Präsenz, den Schutz, die Verlässlichkeit, die wohlwollende Leitung. Mütter geben Grundlegendes, Existentielles. Ihnen sei heute ganz besonders gedankt. Sie sind für das Kind das, was für uns als Erwachsene Gott, der Vater, wird, Gott, der Sohn, Gott, der Heilige Geist. All das Mütterliche ist auch in ihm enthalten, wird uns durch ihn zuteil.

Wir leben nicht aus uns selbst heraus. Wir brauchen die Quelle – der Muttermilch, des Lebenswassers, des Heiligen Geistes. Trinken wir und werden wir selbst zur Quelle für andere.

212

Kein Frieden ohne Unfrieden
16. Oktober 2005
21. Sonntag nach Trinitatis
Matthäus 10,34-39

Kürzlich hatte sich jemand für eine kleine Andacht diesen Bibeltext aus dem Matthäusevangelium ausgewählt.

Das ist doch ein harter, schwer verdaulicher Text. „Warum hast du dir den bloß ausgewählt", dachte ich damals mit Blick auf die Person, die den Text vorgetragen hatte. „Du hättest doch auch einen anderen Text nehmen können."

Und heute ist genau jener Abschnitt aus dem Matthäusevangelium der Predigttext für diesen 21. Sonntag nach Trinitatis. Nun müssen wir uns mit diesem Text auseinandersetzen.

„Ich bin nicht gekommen, Frieden zu bringen, sondern das Schwert", sagt Jesus. Das tut unseren Ohren weh – und unseren Herzen. Das kann doch irgendwie nicht wahr sein, dass Jesus das gesagt haben soll! Wir sind doch ganz andere Sätze von ihm gewohnt, die genau das Gegenteil aussagen – und dafür lieben wir ihn ja und hören wir auf ihn und versuchen, ihm nachzufolgen, Sätze wie: „Selig sind die Friedfertigen" und „Liebt eure Feinde". Schon die Ankündigung seiner Geburt stand doch unter der Überschrift „Friede auf Erden allen Menschen".

Leider war die kleine Andacht von damals, in der unser heutiger Text vorkam, nicht mit einer Auslegung verbunden. Ich habe jetzt aber mal nachgefragt: „Warum hattest du dir den Text für deine Andacht eigentlich ausgewählt – freiwillig; du hättest dich doch auch für einen anderen Text entscheiden können?!" – „Ich brauchte das für mich", war die Antwort, „der Text hat mir gut getan." Ich war zunächst etwas verblüfft.

Aber dann ist mir doch eines klar geworden: Unser Text hat nicht nur etwas Hartes. Er hat auch etwas Tröstliches. Tröstlich kann nämlich die Aussage sein, dass die Botschaft des Friedens nicht unbedingt den Frieden zur Folge haben muss, dass der Friedensbringer im Gegenteil vielleicht sogar Unfrieden bewirken kann und dass selbst ein Friedensbringer wie Jesus Christus die Ursache für Unfrieden sein kann.

Wenn wir den Zusammenhang von Frieden und Unfrieden einmal in Ruhe bedenken, werden wir vielleicht diese zugleich bittere wie tröstliche Wahrheit bestätigt finden: dass wohl keiner den Frieden bringen kann, ohne zugleich Unfrieden auszulösen. Denn eine Friedensbotschaft ist immer auch eine Herausforderung sich zu ändern. Die Friedensbotschaft kann von einigen oder sogar von vielen stets auch als eine Provokation empfunden werden und Abwehr und Widerstand auslösen. Jede Aufforderung zur Änderung der Einstellungen und des Verhaltens bringt Unruhe. Einen allgemeinen, allseitigen Frieden kann es wohl erst geben – verzeihen Sie –, wenn wir alle unter der Erde liegen. Auf dem Friedhof, da gibt es unter den Toten einen allgemeinen Frieden. Und der Himmel, so glauben wir, ist ein Reich des vollkommenen Friedens.

Ruhe und Frieden kann es unter den Lebenden nur sehr punktuell geben. Denn was der eine als Friedensbotschaft anbietet, wird von dem anderen als solche nicht so ohne Weiteres angenommen. Denn jeder Mensch hat seinen eigenen Kopf und sein eigenes Herz. Jeder Mensch macht sich seine eigenen Gedanken, hat seine eigene Meinung, seine eigenen Einstellungen. Jeder Mensch neigt in der Regel zu der Überzeugung, selbst das Richtige zu tun, das zu tun, was gut und nützlich ist und was dem Frieden dient. Und allseitiger Friede, allseitiges Einvernehmen, ist von daher kaum eine reale Möglichkeit und wird wohl nicht zu Unrecht im Volksmund als – verzeihen Sie nochmals – „Friede, Freude, Eierkuchen" ironisiert.

Es können zwei Menschen ernsthaft und aufrichtig nach bestem Wissen und Gewissen den Frieden wollen und im Konkreten doch genau die gegensätzlichen Maßnahmen ergreifen, um den Frieden zu schaffen und zu erhalten. So kann es dazu kommen, dass sich die beiden um des Friedens willen in die Haare kriegen und am Ende der Unfrieden vielleicht noch heftiger ist als zuvor. Dafür lassen sich Beispiele im Kleinen wie im Großen finden.

Im Kleinen finden wir Beispiele zuhauf in der Familie, in

214

der Kindererziehung z. B. Wenn Eltern da – in Anführungszeichen – „um des lieben Friedens willen" alles durchgehen lassen würden, wären das Chaos und der Unfrieden noch größer. Aber auch wenn sie eine gutgemeinte Maßnahme ergreifen, um ein gedeihliches Miteinander zu erwirken, stoßen sie vielleicht auf Widerspruch und Widerstand und lösen mit ihrer Friedensabsicht den nächsten Unmut aus.

So unruhig geht es nicht nur in der Kindererziehung zu, sondern überhaupt in unserem ganzen zwischenmenschlichen Miteinander, auch am Arbeitsplatz, auch in der Gemeinde und wo auch immer. Das ist frustrierend. Von daher kann unser Predigttext eben auch ganz tröstlich sein: Denn da hören wir, dass auch der Friedensbringer Jesus bereits im Vorwege angekündigt hat, dass sein Friedensangebot auch Unfrieden auslösen würde.

Um noch zwei historische Beispiele aus dem politischen Bereich zu nennen, eines aus dem Dritten Reich. Vielleicht ist Ihnen der Name des damaligen britischen Premierministers Chamberlain ein Begriff. Er hatte den Frieden zu erhalten versucht, nachdem Adolf Hitler 1938 das Sudentenland und den Rest von Tschechien annektiert hatte. Chamberlain hatte den Frieden – ich benutze noch einmal die Formulierung – „um des lieben Friedens willen" durch eine Beschwichtigungspolitik, also auf die weiche Tour, zu erhalten versucht. Diese sog. Appeasementpolitik, die Beschwichtigungspolitik, ist ihm später vorgehalten worden. Man hat gesagt, dass Chamberlain durch dieses weiche Vorgehen den Diktator Hitler möglicherweise eher zu weiteren Untaten ermutigt hätte. Chamberlain hätte also mit seiner Art der Friedfertigkeit dem Bösen freien Lauf gelassen und dem anschließenden Übermaß an Unfrieden – und Krieg – Vorschub geleistet.

Und das zweite Beispiel: Vielleicht erinnern Sie sich noch an den Natodoppelbeschluss von 1979. Es ging damals um die Abwehr der atomaren Bedrohung aus dem Osten. Wie könnte der Frieden gesichert werden? Die Antwort der Nato war die atomare Abschreckung durch Aufstellen von Atomraketen – auch in Deutschland. So sollte der Frieden gesichert werden. In

Deutschland löste der Natodoppelbeschluss aber eine Welle des Unfriedens aus – auch in den Kirchen und Gemeinden.

Auch hier in St. Markus befassten wir uns z. B. während des Hamburger Kirchentages 1981 mit dieser Problematik. Ich selbst habe damals zu diesem Thema über den Text der heutigen Epistellesung aus dem Epheserbrief gepredigt. Auf diesen Text werde ich gleich noch zurückkommen. Die friedenspolitischen Maßnahmen unter der damaligen Regierung Helmut Schmidt und die Friedensbemühungen der Andersdenkenden führten zu vielen und teilweise heftigen Demonstrationen, zu einem Unfrieden im ganzen Land.

Wer den Frieden bringen will, sät auch Unfrieden. Das lehrt uns die Erfahrung. Auch die christliche Friedensbotschaft hat, wenn wir z. B. auf die zweitausendjährige Kirchengeschichte zurückblicken, sehr viel Unfrieden ausgelöst.

Wir könnten vielleicht sagen: Das liegt an der Unfähigkeit des Menschen, sich auf den Frieden wirklich einzulassen. Das mag zu einem Teil richtig sein. Zu einem anderen Teil ist der Unfrieden aber auch die – auch bei allerbestem Willen – unvermeidliche Kehrseite des Friedens. So wie es keinen Sonnenschein ohne Schatten gibt, es sei denn, alles ist im wahrsten Sinne des Wortes plattgemacht, sodass da nichts mehr ist, was Schatten werfen könnte, so ist der Unfrieden die Kehrseite des Friedens, es sei denn alle liegen tot darnieder und keiner kann mehr Widerspruch leisten.

Wenn wir die christliche Friedensbotschaft im Zusammenhang mit der Mission betrachten, wenn wir z. B. an die Missionierung von Eingeborenen im Amazonasgebiet oder in Papua Neu Guinea oder irgendwo im afrikanischen Busch denken, dann bedeutet die Einführung der christlichen Botschaft immer auch Veränderung bis zur Zerstörung der einheimischen Kultur. Das mag uns in kleinen Teilen gut und richtig erscheinen. Aber ohne Auseinandersetzungen heftigster Art, ohne Unfrieden wird so etwas kaum abgehen.

Aber wir brauchen gar nicht so weit weg zu gehen. Wenn wir uns allein in unserem Land vorstellen, ein christlicher Mann

216

möchte ein muslimisches Mädchen heiraten, und beide sind vielleicht eingebunden in ihre religiösen Traditionen, dann können wir uns vielleicht ausmalen, welcher Unfrieden in den Familien beiderseits entstehen kann. Aber auch konfessionsverschiedene Ehen können schon zu heftigem Unfrieden führen.

Mit dem Frieden ist es nicht so einfach. Wenn wir nun noch einmal einfach auf das Kreuz schauen, wie es z. B. hier vorn an der Wand hängt: Der Friedensbringer Jesus selbst hat mit seiner Botschaft und seiner Art so viel und so heftigen Unfrieden ausgelöst, dass er selbst dabei am Kreuz zu Tode gekommen ist – und nach ihm auch viele seiner Anhänger.

Wenn wir das alles bedenken, dann wird uns der Satz trotzdem nicht gefallen, den wir aus unserem Predigttext hören, wo Jesus sagt: „Ich bin nicht gekommen, Frieden zu bringen, sondern das Schwert." Die Formulierung der Aussage ist einfach unglücklich. Denn Jesus ist doch gekommen, um Frieden zu bringen. Aber der Frieden ist, so paradox das klingen mag, ohne Unfrieden nicht zu haben.

Wenn hier nun vom Schwert die Rede ist, dann kann das im Sinne Jesu allerdings nur im übertragenen Sinne gemeint sein, nämlich so, wie wir das vorhin aus der Epistellesung im Epheserbrief gehört haben, wo von der Waffenrüstung Gottes die Rede ist, vom Schwert des Geistes, vom Panzer der Gerechtigkeit, vom Schild des Glaubens.

Im Sinne dieses Textes können wir den Unfrieden, den Jesus mit seiner Friedensbotschaft – unausweichlich – gebracht hat, als eine Art produktiver, konstruktiver Auseinandersetzung mit seiner Botschaft verstehen. Wir können nicht erwarten, dass jeder die christliche Friedensbotschaft einfach so annimmt. Auch wir selbst können sie nicht einfach so annehmen. Aber in der Auseinandersetzung mit der Botschaft Jesu ist es wichtig, dass wir uns in der Art der Mittel begrenzen, dass unsere Waffen immer Waffen geistiger Art bleiben, dass wir uns also mit Worten streiten und auch in unseren Worten Maß halten, dass wir immer wohlwollend bleiben und dem anderen sein Recht gewähren.

217

Hoffen und Handeln
13. November 2005
Volkstrauertag
1. Timotheus 2,1-4

Anfang der letzten Woche sah ich zwei Fotos auf meinem Schreibtisch liegen, von denen ich mir nicht erklären konnte, wie sie da hingekommen waren. Das eine ein älteres Schwarz-Weiß-Foto – aus der Kriegszeit musste es stammen. Ein junges Paar ist darauf zu sehen. Ich kenne die beiden nicht. Er, in Soldatenuniform, schaut sie an und hat seinen Arm liebevoll um ihre Schultern gelegt. Sie hält seine Hand und blickt ihn ebenso verliebt an. Mir ist es etwas peinlich, dass das Foto auf meinem Schreibtisch liegt. Ich muss es irgendwo versehentlich eingesteckt haben, vielleicht auf dem Basar am Vortag. Ich nehme mir eine Klarsichthülle, um das Foto hineinzutun und es mit ins Kirchenbüro zu nehmen. Vielleicht wird dort jemand danach fragen. Ich werfe noch einen Blick auf die Rückseite des Fotos. Da steht handschriftlich mit blauer Tinte: Margot und Philipp im Sommer 1943.

Ich lege das Foto in die Hülle und nehme noch das andere Foto in die Hand, ein Farbfoto. Es scheint dazuzugehören. Es zeigt eine ältere, weißhaarige Dame im Sommerkleid. Sie kniet vor einem Grabstein. Das Grab ist mit roten Rosen und anderen weißen Blumen geschmückt. Auch dieses Foto drehe ich um. Auf der Rückseite steht: Margot an Philipps letzter Ruhestätte auf der Krim im Jahr 2002. „Das ist ja bitter", denke ich und werfe noch einmal einen Blick auf das junge verliebte Paar auf dem Schwarz-Weiß-Foto.

Etwas peinlich berührt lege ich nun auch das Farbfoto mit der älteren Dame und dem Grab in die Klarsichthülle. Ich hoffe, dass sich jemand melden wird, dem diese Fotos gehören.

Dann räume ich weiter auf dem Schreibtisch auf und stoße auf einen Zahlschein, einen vor-ausgefüllten Überweisungsträger. Die sind häufig in der Post dabei. Es ist einer vom Volks-

bund Deutsche Kriegsgräberfürsorge. Ein Schreiben ist ange-
hängt. Ich kann nicht alles lesen, was mir ins Haus geschickt
wird. Aber da der Volkstrauertag bevorsteht und ich zu predi-
gen habe, lese ich doch. Da steht:

„Sehr geehrter Herr Nein, voller Liebe waren die Briefe, die
Margot Z. ihrem Verlobten Philipp im Kriegsjahr 1943 an die
russische Front schrieb."

„Ach, da her kommen die Fotos", denke ich erleichtert. Das
war nur Werbung.

Aber Werbung kann man das ja eigentlich nicht nennen. Ich
lese noch etwas weiter. Da steht: „‚Komm gesund zurück!‘, bit-
tet Margot in ihren Briefen immer wieder – in der Hoffnung,
dass sie später, wenn der Krieg zu Ende ist, ein ganzes Leben
miteinander verbringen können. Ein Leben mit glücklichen Tagen, wie sie es im letzten gemeinsamen Sommer noch erleben
durften."

Ich möchte jetzt doch wissen, wie es mit Margot und Philipp
weitergegangen ist, und lese noch einen Absatz: „Margots
Wunsch", steht da, „geht nicht in Erfüllung. Mit dem Vermerk
‚Gefallen für Großdeutschland‘ kommen ihre letzten Briefe an
Philipp zurück. Am 24. November 1943 ist er nach einem Ge-
fecht gestorben. Margots innige Worte haben ihn nicht mehr erreicht. Niemals mehr wird sie ihm von Angesicht zu Angesicht
sagen können, wie sehr sie ihn liebt. In ihr Tagebuch schreibt
sie: ‚Lass ihn wiederkommen, lass ihn wiederkommen!‘, so
könnte ich schreien, schreien, bis die ganze Welt erwacht.‘"

Manchmal möchten wir so schreien: „Schreien, bis die
ganze Welt erwacht", wenn wir z. B. an dieses unbeschreibliche
Kriegselend von damals denken und dann heute die täglichen
Berichte von Gewalt und Terror und Krieg in den Zeitungen
lesen und auf dem Bildschirm sehen. So viel können wir gar
nicht schreien, weil es einfach zu viel ist. Aber wenn wir doch
mal wieder ganz persönlich angerührt sind – und dieser Bericht
über Margot und Philipp hat mich angerührt, vielleicht lag es
an den Fotos –, dann möchte sich das Herz Luft machen und die
Trauer und den Frust hinauslassen.

219

Es ändert sich ja einfach nicht wirklich etwas! Das ist das, was einen in Trübsal verfallen lassen könnte. Im Seniorenkreis am Mittwoch hatten wir über die christliche Hoffnung gesprochen, über die Vorstellung, dass Jesus Christus eines Tages wiederkehren würde, um sein Werk zu vollenden. Denn bei seinem ersten Auftreten auf dieser Erde hatte er sein gutes Werk nur begonnen. Die Verhältnisse in unserer Welt haben sich seitdem – zumindest äußerlich – nicht wirklich verändert, weshalb die Juden weiter auf den Messias warten. Wir warten darauf, dass er wiederkommt. Bis dahin – in dieser Zwischenzeit – leben wir von der Hoffnung.

„Hoffentlich kommt er nicht wieder", sagte am Mittwoch eine der älteren Damen. „Hoffentlich kommt er nicht wieder. Denn dann werden sie ihn wieder umbringen. Und dann ist die Hoffnung ganz am Ende."

Das war bitter. Eine solche Aussage muss uns zu denken geben. Aus ihr spricht eine Wahrheit, die auf Erfahrung beruht, auf der Erfahrung, dass wir als Menschen – aufs Große und Ganze gesehen – eine ethische Verbesserung in den letzten zweitausend Jahren nicht zustande gebracht haben und eine Besserung auch nicht in Sicht ist.

Aber – und das möchte ich jetzt unterstreichen, weil das zum Kern unseres christlichen Glaubens gehört: Unsere Hoffnung gründet sich nicht auf die Verbesserungsfähigkeit des Menschen. Wir hoffen auf etwas, was uns nur geschenkt werden kann. Wir hoffen auf etwas, was wir nicht selbst machen können. Wir hoffen auf ein göttliches Geschenk, darauf, dass Gott selbst unsere Welt zum Besseren verwandeln wird und uns mit Frieden und Wohlergehen für alle Menschen beschenken wird.

Von einer solchen Hoffnung sind wir – als Christen – erfüllt. Sie ist die Kraft und der Leitfaden unseres Lebens. Denn in dieser Zwischenzeit des Wartens und Hoffens wissen wir uns dazu berufen, unser Bestes zu geben. Wir geben uns keiner Illusion über das menschlich Machbare hin, aber wir versinken auch nicht in Resignation. Wir leben nicht von der Vorstellung, dass wir den Weltfrieden machen könnten, wenn wir nur die richtigen Strukturen schaffen und genügend dringliche Appelle an alle richten. Aber wir nehmen den Auftrag an, unser Bestes zu geben, dass der Frieden erhalten bleibt und dass der Frieden geschaffen wird, dass sich Feinde versöhnen, dass Wunden geheilt werden, dass der Geist der Verständigung sich ausbreitet, dass gemahnt wird und Mut gemacht wird, den Weg des Friedens zu gehen und immer wieder neu zu beschreiten.

So verstehen wir unseren christlichen Auftrag. Wir können ihm nachkommen, indem wir ganz praktisch tätig werden. Der Volksbund Deutsche Kriegsgräberfürsorge z. B. hat sich die Versöhnung über den Gräbern zum Ziel gesetzt durch die Pflege von Gräbern in den verschiedenen Ländern, die zuvor befeindet waren und sich bekriegt hatten, und hat nach dem 1. Weltkrieg für die Einrichtung eines Volkstrauertages gesorgt.

Wir halten fest an der Hoffnung, ohne Illusionen – im Bewusstsein unserer eigenen Grenzen – und tun das uns Mögliche. Manchmal können wir nur die Hände falten und beten. Dazu fordert uns unser Predigttext auf: „So ermahne ich nun, dass man vor allen Dingen tue Bitte, Gebet, Fürbitte und Danksagung für alle Menschen, für die Könige und für alle Obrigkeit, damit wir ein ruhiges und stilles Leben führen können in aller Frömmigkeit und Ehrbarkeit."

Beten heißt nicht, die Hände untätig in den Schoß legen. Beten ist das Bekenntnis unserer eigenen Grenzen und ein Ausdruck der Einsicht, dass nicht alles von uns abhängt. Beten bedeutet, darauf zu vertrauen, dass uns das, was wir ersehnen und uns nicht selbst geben können, geschenkt werden kann.

Nicht nur wir als einzelne kleine Bürgerinnen und Bürger haben unsere Grenzen. Auch Könige und Präsidenten und Kanzler, auch die Regierenden und Mächtigen haben ihre Grenzen. Wenn sie das selbst einsehen, werden sie bei ihrer Vereidigung hinzufügen: „So wahr mir Gott helfe." Es macht dann Sinn, dass wir auch für sie beten: dass ihnen in ihrem Amt Weisheit geschenkt werde und sie das Rechte und Hilfreiche tun, damit allen Menschen geholfen werde.

221

Gott will, „dass allen Menschen geholfen werde" – diese Formulierung unseres Predigttextes sollten wir wirklich ganz ernst nehmen. „Allen Menschen" – nicht einigen wenigen, nicht nur der eigenen Familie, den eigenen Freunden, nicht nur einer einzelnen Gruppe, auch nicht nur einem Volk. Gottes Liebe gilt allen Menschen, so hat der Apostel Paulus Jesus Christus verstanden. In diesem Sinne hat er sich auf den Weg gemacht in die verschiedenen Länder des Römischen Reiches, in die Gegend, die heute die Türkei ist, nach Griechenland, nach Italien und hat sich an Juden und Nichtjuden gewandt und hat von dem einen Gott, dem Schöpfer und liebenden Vater aller Menschen und seiner Erscheinung in Jesus Christus erzählt.

Nicht jeder hat die Verkündigung des Apostels Paulus akzeptiert. Das ist auch in Ordnung. Denn jeder Mensch muss sich seinen Glauben selbst erarbeiten. Wir alle sind auf der Suche – auf der Suche auch nach der Wahrheit, nach dem, was es mit diesem ganzen Dasein auf sich hat und was Sinn und Ziel unseres Lebens ist und wie wir sinnvoll und verträglich miteinander leben können.

„Gott will", so heißt es in unserem Predigttext, „dass alle Menschen zur Erkenntnis der Wahrheit kommen. Um die Erkenntnis der Wahrheit können wir uns alle aber nur bemühen, jeder auf seine Art und ohne den Anspruch, dass das, was wir selbst als Wahrheit erkannt haben, auch von allen anderen angenommen werden müsste.

Der Volkstrauertag ist eine Mahnung an uns. Er mahnt uns, unsere eigenen Vorstellungen und Interessen nicht mit Gewalt durchzusetzen. Wir dürfen und sollen wohl klar und deutlich sagen, was wir denken und was wir glauben, was wir für gut und nicht gut halten. Aber in der Wahl der Mittel, mit denen wir für unser Denken und unseren Glauben eintreten, müssen wir uns Grenzen auferlegen, wenn es nicht – und nicht wieder – zu dem kommen soll, was wir heute am Volkstrauertag beklagen.

Jesus Christus hat ganz anders gedacht und geglaubt als die große Mehrheit seiner Mitmenschen. Er wollte auch, dass andere von dem erfahren und sich das zu Herzen nehmen, was er

222

zu geben hatte. Aber um der Glaubwürdigkeit seiner Botschaft von der Liebe Gottes willen hat er alle Anfeindungen geduldig ertragen. Er hat sich nicht zur Gewalt hinreißen lassen, sondern hat die Gewalt seiner Gegner an sich geschehen lassen. Es hat ihn das Leben gekostet, aber nur sein physisches Leben. Als die „Mensch gewordene Liebe Gottes" ist er lebendig geblieben bis auf den heutigen Tag.

Religion ist nicht nur Privatsache
13. August 2006
9. Sonntag nach Trinitatis
Jeremia 1,4-10

Dieser Text führt uns in eine Zeit zurück, die mehr als 2600 Jahre hinter uns liegt. Der geschichtliche Hintergrund des Textes hat allerdings eine traurige Ähnlichkeit mit den aktuellen Ereignissen im Nahen Osten.

Es ging damals wie heute um die Existenz Israels. Das kleine Land zwischen der Linie See Genezareth, Jordan, Totes Meer im Osten und dem Mittelmeer im Westen war von Anfang an in seiner Existenz immer wieder aufs Neue bedroht. Das hängt nicht zuletzt mit seiner geographischen Lage zusammen. Der schmale Streifen Land war die Durchgangsstation von Nord nach Süd und von Süd nach Nord. Großmächte wie die Ägypter, Assyrier, Babylonier, Perser, Griechen, Römer waren schon vor unserer Zeitrechnung in das Land eingefallen, durch das Land hindurchgezogen, hatten es besetzt, mit ihrer eigenen Kultur und Religion durchsetzt, hatten heilige Stätten, den Tempel in Jerusalem, zerstört, hatten Teile der Bevölkerung ins Exil verschleppt. Zu Beginn unserer Zeitrechnung hat das Römische Reich den Staat Israel vollends aufgelöst, das jüdische Volk in die Diaspora, die weite Welt, hinausgetrieben. Erst nach fast zwei Jahrtausenden, angefüllt mit zeitweise unsagbarem Leid, konnten die Zerstreuten in ihren auf altem Gebiet neu geschaffenen Staat Israel zurückkehren.

Großmächte hatten von außen die Existenz Israels bedroht. Aber auch von innen war das israelische und jüdische Volk immer wieder zermürbt worden. Das wiederum hing nicht zuletzt mit seiner Entstehungsgeschichte zusammen. Mose hatte sein Volk aus Ägypten heraus und durch die Wüste hindurch geführt bis an den Jordan. Dann führte Josua das Volk über den Jordan hinüber in das Land, das zu jener Zeit Kanaan hieß. Dort wohnten die Kanaanäer. Sie versuchten die Eindringlinge abzuwehren. Die Auseinandersetzungen zwischen den Ansässigen und den Eindringlingen dauerten über Jahrhunderte an.

Seit Neuschaffung des Staates Israel 1948 erleben wir eine ähnliche Auseinandersetzung – nämlich zwischen der angestammten palästinensischen Bevölkerung und den aus aller Welt in ihr Urland zurückgekehrten Juden.

Die Sehnsucht vieler Juden, in einem eigenen Land und eben dort, wo sie als Volk entstanden waren, zur Ruhe kommen zu können, hat sich bisher nicht wirklich erfüllt. Die Sehnsucht ist nachvollziehbar nach fast zwei Jahrtausenden in der Fremde, nach Pogromen hier und dort und nach dem Holocaust des 20. Jahrhunderts.

Der jüdische Wunsch nach Heimat und der palästinensische Wunsch nach Heimat stehen jedoch in Spannungen zueinander. Es ist bisher nicht gelungen, die Spannungen zu lösen. Sie entladen sich derzeit wieder in Gewalt und Krieg.

Die politischen und militärischen Probleme haben auch eine religiöse Seite. Denn hinter allem politischen und militärischen Handeln steht das Denken und Fühlen von Menschen, stehen geistige und geistliche und religiöse Vorstellungen, Ziele und Werte, Konzepte, Visionen. Das gilt ganz grundsätzlich immer und überall, ohne dass uns dies immer bewusst ist.

Das Ineinander von Politik und Religion erleben wir seit einigen Jahren sehr ausdrücklich besonders seitens der muslimischen Welt. Wir finden die enge Verzahnung von Politik und Religion aber auch auf vielen Seiten des Alten Testamentes, und sie liegt auch dem christlichen Abendland zugrunde. Allerdings haben wir lange gedacht, insbesondere in der Folge von Aufklärung und Emanzipation, dass Religion eine Sache für den Privatbereich, für das stille Kämmerlein sei.

Das war aber schon immer ein Irrtum. Wir müssen jetzt vielleicht neu lernen, dass unsere religiösen Einstellungen eine grundlegende Rolle in der Gestaltung unserer konkreten Lebensverhältnisse, also eben auch für unser politisches Verhalten spielen und z. B. mit darüber entscheiden, in welcher Weise Konflikte gelöst werden und ob es zu Gewalt und kriegerischer Auseinandersetzung kommt.

Wir haben als Einzelne vielleicht eine Scheu davor, unsere religiösen Empfindungen gedanklich mit unseren politischen Vorstellungen zu verbinden und uns entsprechend zu äußern. Wir fühlen uns dafür vielleicht nicht kompetent genug und auch nicht dazu berufen.

Wenn wir da eine gewisse Scheu haben, dann werden wir nachempfinden können, wie es Jeremia ergangen ist, von dem unser heutiger Predigttext handelt. Jeremia war ein Prophet des 7. Jahrhunderts vor Christus. Das Amt des Propheten bestand darin, zu politischen Vorgängen im Land Stellung zu beziehen. Das war ein religiöses Amt.

Wir lesen in unserem heutigen Text von der göttlichen Berufung Jeremias. „Ich bin zu jung für dieses Amt", sagt er. Dass er das Prophetenamt abzuwehren versucht, können wir wohl nachvollziehen. Denn es war ein Amt mit hoher Verantwortung und nicht ohne Gefahr für Leib und Leben.

Propheten gab es damals viele. Es fühlten sich viele berufen, im Namen Gottes die Situation im Land zu beurteilen, Empfehlungen zu geben und zu mahnen und zu drohen. Nicht jeder Prophet lag mit seiner Einschätzung richtig. Die Geschichte hat den einen widerlegt, den anderen bestätigt. Das spricht allerdings nicht gegen das Prophetenamt.

Die Möglichkeit, im Konkreten zu irren, spricht auch nicht dagegen, dass wir uns unsere Gedanken machen, hier und heute, z. B. bezüglich der Vorgänge im Nahen Osten.

Es geht um politische und militärische Vorgänge. Sie haben aber mit grundsätzlichen Einstellungen religiöser Art zu tun. Es geht um die Frage, wie Konflikte gelöst werden können, wie Frieden geschaffen und bewahrt werden kann. Es geht um das Lebensrecht von Menschen, um den Schutz Unschuldiger. Es geht um Recht und Unrecht. Es geht um das Miteinander von Menschen unterschiedlicher Kultur, unterschiedlicher Religion. Es geht um ein Problem, das seine Auswirkungen weit über die Region hinaus hat, in der der Konflikt gerade gewaltsam ausgetragen wird. Die Auswirkungen sind weltweit. Sie betreffen das Zusammenleben der Menschen und Völker auf diesem Erdball.

226

Von daher sind wir alle gefordert, jeder einzelne von uns, dass wir uns Gedanken machen, uns informieren und versuchen zu verstehen. Wir sind alle aufgefordert, mit nach Lösungen auszuschauen und zu fragen, was wir selbst zum Guten beitragen können.

Zur terroristischen Bedrohung Israels durch die Hisbolla und die Hamas auf der einen Seite und die kriegerischen Maßnahmen Israels auf der anderen Seite kann ich an dieser Stelle keine großen Ausführungen machen.

Es geht im Grundsatz um das Lebensrecht Israels, um das Recht der Palästinenser auf einen eigenen Staat und um das Miteinander mit den umliegenden arabischen Staaten Libanon, Syrien, Jordanien, Ägypten insbesondere.

Bezüglich konkreter Lösungsmöglichkeiten kann ich Sie auf einen Artikel in der christlichen Zeitschrift Publik-Forum verweisen, den ich für sehr hilfreich halte und der vielleicht auch Ihnen eine Hilfe beim eigenständigen Nachdenken über das Nahostproblem sein könnte. Sprechen Sie mich gern an, wenn Sie an einer Kopie interessiert sind.

Mir ist an dieser Stelle vor allem wichtig, die Anwendung terroristischer und kriegerischer Gewalt zur Lösung von Problemen abzulehnen.

„Wer zum Schwert greift, wird durchs Schwert umkommen." Das ist eine Warnung Jesu vor der Anwendung von Gewalt. „Was der Mensch sät, das wird der Mensch ernten", sagt Paulus. „Wer Gewalt sät, wird Gewalt ernten." Diese Warnungen sollten uns und jedem Menschen im Kopf und im Herzen gegenwärtig sein, wenn es um die Lösung von Konflikten geht.

Es sind nicht fromme Sprüche, von denen behauptet werden könnte, sie hätten mit der Realität nichts zu tun. Sie haben einen hohen Realitätsgehalt. Die Spirale der Gewalt ist eine sehr reale Erfahrung. Es ist nicht möglich, durch eine militärische Aktion – in Anführungszeichen – „reinen Tisch zu machen" und ein Problem ein für alle Mal zu lösen, wie es die israelische Regierung – nach amerikanischem Vorbild – gerade versucht. Gewalt erzeugt Gegengewalt, und Hass wird zu weiterem Hass führen.

Aber auch abgesehen von dieser Erfahrung sollten wir uns vor jeder Versuchung, einen Konflikt gewaltsam zu lösen, im Kopf und im Herzen daran erinnern, dass in unserem Glauben jeder Mensch ein Geschöpf Gottes ist. Wir sind dazu aufgerufen, jedem Menschen – auch wenn es uns im Einzelfall schwer fallen mag – mit Respekt und Liebe, Hilfsbereitschaft, der Bereitschaft zur Nachsicht und zur Versöhnung zu begegnen.

Wer Gewalt anwendet, wird zur Rechtfertigung in der Regel darauf verweisen, dass der andere mit der Aggression begonnen hat und es nur um Selbstverteidigung geht.

Wir sind, liebe Gemeinde, stets dazu aufgerufen, den ersten Schritt zur Versöhnung zu tun. Die Schuldfrage darf nicht als Rechtfertigung für Gewaltanwendung dienen. Wir sollen nicht Böses mit Bösem vergelten, sondern versuchen, das Böse mit Gutem zu überwinden. Es ist wenig überzeugend, mit erhobener Faust zum Frieden aufzurufen.

Im Sinne unseres heutigen Predigttextes möchte ich noch einmal unterstreichen: Wie es konkret in der Welt zugeht, mit welchen Mitteln Politik gemacht wird und wie Konflikte gelöst werden, das ist auch und nicht zuletzt eine Frage unserer religiösen Einstellung.

Die Bibel gibt uns zwar keine eindeutigen Entscheidungs- und Handlungsanweisungen. Aber sie gibt uns eine Grundlage, auf der wir unsere Werte für unser konkretes Leben im Kleinen und im Großen herausbilden können.

Krieg und Terror sollen nach Gottes Willen nicht sein. Zu dieser Schlussfolgerung sind viele Menschen auf der Grundlage der biblischen Texte gekommen. Ich möchte dies unterstreichen und dazu aufrufen, dass wir das Unsre tun, um Konflikte gewaltfrei zu lösen.

Gott gebe uns dafür Geduld und Phantasie und guten Willen.

Pflänzchen der Hoffnung hegen
19. November 2006
Volkstrauertag
Micha 4,3

Der Volkstrauertag ist kein kirchlicher Feiertag, aber sein Anliegen entspricht unserem christlichen Auftrag: nämlich im Gedenken an die Opfer von Krieg und Gewalt immer wieder zum Frieden zu ermahnen.

1918 war der 1. Weltkrieg zu Ende. 10 Millionen Tote und 21 Millionen Kriegsbeschädigte waren die schreckliche Bilanz.

Im Versailler Friedensvertrag trafen die Vertragsparteien eine Regelung über die Einrichtung und Pflege von Soldaten-

Soldatenfriedhof in Hamburg-Ohlsdorf

friedhöfen. In Deutschland wurde daraufhin im Dezember 1919 der Volksbund Deutsche Kriegsgräberfürsorge gegründet. Neben der Einrichtung und Pflege von Soldatengräbern richtete der Volksbund auch einen Gedenk- und Trauertag zur Erinnerung an die Gefallenen ein. Dieser Volkstrauertag wurde erstmals mit einer Gedenkstunde im Reichstag 1922 begangen. In seiner Rede am 5. März 1922 sagte der damalige Reichstagspräsident Paul Löbe: „Leiden zu lindern, Wunden zu heilen,

229

aber auch Tote zu ehren, Verlorene zu beklagen, bedeutet Abkehr von Hass, bedeutet Hinkehr zur Liebe, und unsere Welt hat die Liebe not."

„Unsere Welt hat die Liebe not" – unsere Welt braucht die Liebe – das ist auch eine zentrale Botschaft des christlichen Glaubens. Die Liebe ist Geschenk und Auftrag zugleich. Sie ist eine Aufgabe auch für das Miteinander der Völker.

Da ist noch endlos großer Handlungsbedarf. In was für eine Welt führen wir unsere Kinder hinein?! Der friedlose Zustand unserer Welt erfüllt uns besonders mit Schmerzen, wenn wir an die Kinder denken. Der Wunsch, die Welt zum Besseren zu verändern, ist gerade im Angesicht der Kinder besonders stark in uns. Aber ebenso gilt: Wenn wir uns das Leid der Menschen vergegenwärtigen, die durch Krieg und Gewalt zu Tode und zu Schaden gekommen sind, ist der Wunsch in uns übermächtig zu verhindern, dass Ähnliches wieder geschieht.

Es hatte allerdings – trotz bitterster Erfahrungen – nach dem 1. Weltkrieg nicht lange gedauert, nur 20 Jahre, bis der 2. Weltkrieg mit noch schrecklicheren Folgen vom Zaume gebrochen war. Am Ende waren weitere über 55 Millionen Tote und fast 35 Millionen Kriegsversehrte zu beklagen.

„Nie wieder Krieg!" war der sehnliche Wunsch der Überlebenden. In den sechs Jahrzehnten seit Ende des 2. Weltkriegs hat sich die Reihe der Kriege und Bürgerkriege jedoch fortgesetzt. Die Zahl der Kriegstoten geht schon längst wieder in die Millionen.

Wir begehen den Volkstrauertag jedes Jahr. Wir gedenken alljährlich der Opfer von Krieg und Gewalt. Wir haben schon bei früherer Gelegenheit gefragt: „Lernt der Mensch denn nicht aus der Geschichte?" Und wir mussten antworten: „Nein, er lernt wohl nicht." Denn die Blutspur der Kriege durchzieht die ganze menschliche Geschichte – bis in den heutigen Tag hinein.

Der Krieg wird bis heute als Mittel im Umgang mit Konflikten und zur Verfolgung von politischen und wirtschaftlichen und anderen Interessen eingesetzt. Leider beteiligt sich auch unser Land nach Jahrzehnten der Zurückhaltung inzwischen wieder aktiv – und mit einem fragwürdigen Eifer – an militärischen Einsätzen in verschiedenen Teilen der Welt – unter der Überschrift: „Die Umformung der Bundeswehr zu einer Armee im Einsatz."

Wer militärische Gewalt anwendet, macht sich selbst das Recht zunichte, anderen den Einsatz militärischer Gewalt auszureden. Zu gewaltfreier Konfliktlösung kann glaubwürdig nur aufrufen, wer selbst auf Gewalt verzichtet. Wer selbst zum Schwert greift, gibt damit dem anderen zugleich das Schwert in die Hand. Und wie Jesus bei seiner Gefangennahme zu einem seiner Jünger sagte: „Wer zum Schwert greift, wird durch das Schwert umkommen."

Natürlich versucht jede Seite zwingende Gründe anzuführen, warum sie nur so vorgehen kann und nicht anders. Wie skeptisch wir jedoch gegenüber den Begründungen für einen Kriegseinsatz sein müssen, lässt sich in der jüngsten Geschichte am krassesten am Beispiel der Gründe aufzeigen, die seitens amerikanischer Seite für den Irakkrieg genannt wurden.

Geht es denn nicht ohne Krieg? Geht es denn nicht ohne militärische Gewalt? Offenbar nicht. Es fehlt der Wille, es fehlt das Vertrauen, es fehlt der Glaube.

„Sie werden ihre Schwerter zu Pflugscharen und ihre Spieße zu Sicheln machen." Und weiter: „Es wird kein Volk gegen das andere das Schwert erheben, und sie werden hinfort nicht mehr lernen, Krieg zu führen." Was der Prophet Micha im Alten Testament so visionär beschrieb, das scheint in einer so fernen, unerreichbaren Zukunft zu liegen.

Ja, wir können uns nach allen geschichtlichen Erfahrungen und nach dem, was wir auch gegenwärtig erleben, nicht vorstellen, dass die Vision des Micha einmal Wirklichkeit werden könnte. Die Vision beschreibt einen Zustand, der menschlich nicht machbar ist. Das müssen wir nach aller Erfahrung eingestehen.

Die Frage bleibt jedoch, ob die Vision des Micha für uns

überhaupt ein Leitbild ist. Die Frage bleibt, ob wir uns überhaupt bemühen und uns zu bemühen bereit sind, auf dieses Bild hin zu leben. Es bleibt die Frage, ob wir bereit sind, unser Leben aktiv so zu gestalten, dass wir zu ein bisschen mehr Frieden beitragen oder wir zumindest die Bereitschaft zum Frieden glaubwürdig ausstrahlen.

Diese Fragen sollten wir uns stellen, an uns persönlich gerichtet und an unser Land. Wir sollten sie um so dringlicher stellen, als die Friedenssehnsucht des Alten Testaments eine Erfüllung gefunden hat im Neuen Testament. Das ist jedenfalls der Glaube derjenigen, die in Jesus von Nazareth den Messias, den Christus erkannt haben. Und in der Nachfolge dieser Glaubenden stehen doch auch wir.

Ist die Friedensbotschaft Jesu Christi nur etwas für eine jenseitige Welt? Und innerhalb unserer hiesigen Welt nur etwas für den Kircheninnenraum? Und zu Hause nur etwas für das stille Kämmerlein und nur etwas für das Herz, nicht aber für die reale Welt um uns herum?

Diese Frage können wir nicht guten Gewissens bejahen. Die Friedensbotschaft Jesu gilt für unsere reale Welt hier und jetzt. Jesus Christus stattet uns zwar mit einer inneren, geistigen Kraft aus, die uns dann aber dazu bewegen will, uns mit Seele und Leib in dieser realen Welt im Geiste Jesu zu engagieren, hier Verantwortung zu übernehmen und die Welt auf das Bild hin zu gestalten, das uns der Prophet Micha zuvor so anschaulich vor Augen gestellt hat.

Jesus Christus ist es mit seiner liebevollen und friedfertigen Art nicht wirklich gut ergangen. Er ist missverstanden worden, er ist verfolgt worden, gefangen genommen, verurteilt, hingerichtet worden. Die Schlussfolgerung könnte sein: Er ist gescheitert. Er passte nicht in diese Welt. Er war zu gut für diese Welt. Sein Anliegen war unrealistisch. Seine Lebensweise kann zur Nachahmung nicht empfohlen werden.

Eine solche Schlussfolgerung haben manche gezogen. Andere sind zu der Überzeugung gelangt: Seine Liebe war stärker als der Tod am Kreuz. Sein Frieden ist auch im Unfrieden der

Welt nicht untergegangen. Sein äußeres Scheitern hat die Botschaft der Liebe und des Friedens nicht zunichtemachen können.

Wir sind auch heute noch und hier im Gottesdienst im Namen Jesu Christi versammelt, weil er für uns lebendig geblieben ist und weil er für uns glaubwürdig geblieben ist.

Unser Glaube ist vielleicht ganz schwach und wir sind vielleicht sehr verzagt. Aber unser Herz sagt uns: Jener Jesus Christus ist die Hoffnung der Welt. Er mag von manchen vielleicht immer mal wieder etwas spöttisch betrachtet worden sein – so wie das schon zu seinen Lebzeiten gewesen war. Aber wir spüren doch: Wir brauchen ihn. Wir brauchen seine unerschütterliche Liebe. Wir brauchen seinen unbedingten Friedenswillen. Wir brauchen sein leibhaftiges liebevolles und friedvolles Dennoch gegenüber dem Zustand dieser Welt und des Menschen.

Was haben uns die sog. Realisten zu sagen? Mit welchen Argumenten könnten sie uns davon überzeugen, dass Krieg und Gewalt die angemessenen, wenn vielleicht auch letzten Mittel zur Lösung von Problemen in dieser Welt sind? Wie immer sie auch zu argumentieren versuchen: Sie haben Millionen und Abermillionen von Kreuzen auf den Gräbern unschuldig zu Tode gebrachter Menschen gegen sich.

Auch der gewaltfreie Weg des Friedens ist nicht ohne Leid und auch nicht ohne unschuldige Opfer zu gehen. Aber wäre das nicht ein Weg der Hoffnung? Was wäre geworden, wenn Jesus Christus bei seiner Gefangennahme das Schwert gezogen und den angreifenden Soldaten erstochen hätte? Wir würden hier heute bestimmt nicht in seinem Namen versammelt sein.

Auch der gewaltfreie Weg des Friedens ist ein Weg voller Risiken. Aber es ist das Wagnis der Liebe. Der Einsatz von Gewalt behandelt den Gegner als Feind. Unser Auftrag aber ist es, dem Feind mit Liebe zu begegnen, ihn auf die guten Qualitäten hin zu behandeln, die der Schöpfer auch in ihn hineingelegt hat.

Der christliche Glaube ruft uns nicht zu einem naiven Umgang miteinander auf. Er will uns vielmehr die Augen und Herzen öffnen für die Pflänzchen der Hoffnung, die allenthalben –

in Freund und Feind, vorhanden sind. Die Pflänzchen der Hoffnung sollen wir nicht zertreten und niederwalzen und nicht zerschießen und nicht zerbomben. Wir sollen sie begießen, sie hegen und pflegen.

In konstruktive Maßnahmen der Hoffnung, in das, was aufbaut, was Zukunft hat, sollen wir unsere Kraft und Phantasie und unser Geld und unsere materiellen Ressourcen stecken – und zwar vorrangig und ernsthaft und nicht nur als Alibi.

Es gab Zeiten, da wurden im wörtlichen Sinne Kirchenglocken in Kanonenkugeln umgeschmiedet. Es ist immer noch so, dass der Pflege der menschlichen Kultur viel zu viele Mittel entzogen werden, um die heutigen Waffensysteme zu finanzieren.

Die Vernunft dieser Welt ist nicht die Vernunft Gottes. Christus weist uns auf den Weg des Friedens, der höher ist als alle weltliche Vernunft. Hören wir auf seine Stimme und folgen wir seinem Ruf!

„Friede auf Erden allen Menschen!"
Dezember 2006 – Januar 2007
Gemeindebriefandacht
Lukas 2,14

Der Frieden – im menschlichen Miteinander und unter den Völkern weltweit – ist eine Menschheitssehnsucht. Er lässt sich nicht erzwingen. Das Menschenmögliche können nur Versuche sein. Das Gelingen bleibt unverfügbar. Was bleibt, ist die Möglichkeit zu hoffen und zu beten. Einer solchen Einsicht brauchen wir uns nicht zu schämen.

Zu Weihnachten lassen viele Menschen ihrer Friedenssehnsucht freien Lauf – im wahrsten Sinne des Wortes –, indem sie zu Heiligabend in einen der Gottesdienste gehen. In der Weihnachtsgeschichte des Evangelisten Lukas singen die Engel über dem Feld von Bethlehem: „Friede auf Erden allen Menschen!" Sie singen zur Geburt eines Kindes, das zum Sinnbild des Friedens werden sollte. Alles, was jener Mensch in den wenigen Jahrzehnten seines Lebens sagte und tat, war durchdrungen von der Liebe zum Menschen. Er brachte den Frieden in seiner Person, in der Art seines Redens und Handelns. Er blieb in den Herzen der Menschen lebendig, weil er trotz allen Unverständnisses für seine liebevolle und friedfertige Art, trotz Verfolgung, Gefangennahme und Misshandlung und auch nach seinem gewaltsamen Tod am Kreuz an seiner Liebe festgehalten hat.

Wir können nicht sein wie er. Aber wir können auf ihn hören, auf ihn schauen, uns von ihm inspirieren, motivieren und stärken lassen. Und im Falle des Scheiterns können wir uns trösten und verzeihen lassen.

Das Bedürfnis und die Verantwortung, sich selbst und andere zu schützen, lassen es immer wieder als unvermeidlich erscheinen, der Gewalt mit der Androhung und Anwendung von Gewalt zu wehren. Ein solches Vorgehen hat sich bisher jedoch stets als Quelle immer neuen Unfriedens und neuer Gewalt erwiesen.

Der vor 2000 Jahren geborene Mensch hat die Welt nicht umfassend zum Besseren verändert. Aber er hat uns mit seiner Person ein Leitbild ins Herz gegeben. Der Weg zum Frieden beginnt in uns selbst und führt auf den Nächsten zu: „Behandle den anderen so, wie du selbst behandelt werden möchtest." Das

gilt auch für das Miteinander weltweit. Die Liebe ist der Weg. Dieser Weg führte damals von der Krippe zum Kreuz – und er ist für jeden, der ihn zu gehen versucht, nicht ohne Beschwernisse und Risiken. Aber auf diesem Weg kann in jedem Schritt ein klein wenig von dem Frieden Wirklichkeit werden, nach dem wir uns alle sehnen.

Wird es immer Kriege geben?
16. November 2008
Volkstrauertag
Micha 4,3

Können Sie sich vorstellen, dass es eines Tages auf unserer Erde keinen Krieg mehr gibt? Das ist wirklich schwer vorstellbar. Kriege hat es immer gegeben. Da drängt sich die Schlussfolgerung geradezu auf: Kriege wird es wohl immer geben. Aber mit diesem bitteren Fazit können wir das Thema Krieg und Frieden nicht abhaken.

Symbol der DDR-Friedensbewegung

Der Prophet Micha im Alten Testament spricht von den letzten Tagen, wenn er sagt: „Sie werden ihre Schwerter zu Pflugscharen und ihre Spieße zu Sicheln machen. Es wird kein Volk gegen das andere das Schwert erheben und werden nicht mehr lernen, Krieg zu führen." Diese Vision kann uns immerhin als Leitbild dienen, auf das hin wir hoffen und unser Denken und Handeln ausrichten können.

Heute haben wir den Volkstrauertag. Das ist eigentlich kein kirchlicher Feier- oder Gedenktag. Eingerichtet wurde er nach dem ersten Weltkrieg auf Vorschlag des Volksbundes Deutsche Kriegsgräberfürsorge mit der Absicht, das deutsche Volk durch die Erinnerung an die Leiden des Krieges über alle parteilichen, religiösen und sozialen Grenzen hinweg zu vereinen.

Es dauerte nur zwei Jahrzehnte, da griff das deutsche Kriegsschiff „Schleswig-Holstein" die Westerplatte bei Danzig an, ein polnisches Munitionslager. Damit begann der Zweite Weltkrieg – am 1. September 1939. Das Dritte Reich machte aus dem Volkstrauertag einen Heldengedenktag.

Nach dem zweiten Weltkrieg ab 1948 dient der Volkstrauertag dazu, der Toten beider Weltkriege und der Opfer der Gewaltherrschaft aller Nationen zu gedenken und alljährlich zum Frieden zu mahnen.

237

Innerhalb unserer Landesgrenzen haben wir seitdem keinen Krieg wieder gehabt. Weltweit sind seit dem zweiten Weltkrieg allerdings zahlreiche Kriege geführt worden. Und deutsche Soldaten sind außerhalb unseres Landes wieder an Kriegen beteiligt gewesen und beteiligt – am Kosovokrieg 1999 – und derzeit in Afghanistan.

Der Volkstrauertag ist eigentlich kein kirchlicher Feier- oder Gedenktag. Aber sein Anliegen ist ein sehr kirchliches: die Mahnung zum Frieden. In diesem Zusammenhang richten wir den Blick auf die Wesensart des Menschen und stellen die Frage: Wie kann es sein, dass immer wieder Krieg von Menschen ausgeht?

Der Mensch – ein Geschöpf Gottes, wie wir mit den Worten und Bildern der Bibel sagen. „Gott schuf den Menschen nach seinem Bilde" – und nachdem er ihn geschaffen hatte, sah er zufrieden auf sein Werk und sprach: „Es ist sehr gut." So beschreibt es der biblische Schöpfungsbericht.

Die Zufriedenheit des Schöpfers hielt nicht lange an. Wir können hier wirklich bei Adam und Eva anfangen, die sich mit ihrem Eigensinn das Paradies verdarben. Ihre beiden Söhne, Kain und Abel, sind zum Paradebeispiel dafür geworden, dass die Bereitschaft zur Gewalt im Menschen geradezu verwurzelt ist. Kain tötet seinen Bruder Abel aus Neid.

Natürlich handelt es sich bei dieser biblischen Geschichte nicht um einen dokumentarischen Bericht. Hier hat vielmehr jemand seine Erfahrung mit der Wesensart des Menschen aufgezeichnet – und zwar vor mehr als zweieinhalbtausend Jahren. Das ist ja immerhin vor sehr langer Zeit. Was hat sich seitdem verändert, was das Thema Gewalt angeht? Die Blutspur der Gewalt zieht sich ununterbrochen hin bis in den heutigen Tag. Und die Methoden der Gewaltanwendung haben sich seitdem vervielfältigt – bis hin zu der Möglichkeit, die ganze Menschheit auslöschen zu können.

Es ist immer wieder zum Frieden gemahnt worden. Nach den Kriegen hieß es nicht nur einmal: „Nie wieder Krieg!" Es werden friedliche Wege der Konfliktlösung eingeübt – überall

238

da, wo erzogen wird, in Schulen und in Kindergärten zum Beispiel. Es hat Versöhnung gegeben zwischen einzelnen Völkern, zwischen den Kriegsparteien des 2. Weltkriegs, die deutschfranzösische Aussöhnung und die Versöhnung zwischen der Bundesrepublik und Polen zum Beispiel. Es gibt heute die europäische Union. Es gibt die Vereinten Nationen. Es gibt viel guten Willen. Und viel guter Wille ist in gute Maßnahmen umgesetzt worden. Da ist noch viel zu tun. Der Frieden im Großen und im Kleinen ist eine Daueraufgabe.

Gleichwohl sind wir immer wieder erschrocken über Gewalt hier und dort und über Kriege hier und dort und über Kriegsdrohungen. Wir können uns eines Friedens niemals sicher sein. Wenn z. B. in Polen und Tschechien Raketenabwehrsysteme installiert werden sollen, dann zeigt dies, wie nahe uns mögliche – reale oder vermutete – kriegerische Bedrohungen sind.

Angesichts dieser Faktenlage wäre es wohl nicht angebracht, sich über das Wesen des Menschen irgendwelchen Illusionen hinzugeben. Um so erstaunlicher und beglückender ist das christliche Menschenbild. Es antwortet auf das – die ganze Geschichte durchziehende – menschliche Versagen mit einem großen liebevollen Dennoch. Dem christlichen Menschenbild liegt der Glaube daran zugrunde, dass der Schöpfer uns trotz unserer unleugbaren problematischen Art nicht verwirft, sondern in Liebe zu uns hält und uns dazu aufruft, in eben dieser Weise auch miteinander umzugehen – in liebevoller Zuwendung – im kleinen persönlichen Bereich und im weltweiten Miteinander der Völker.

Wir sind – theologisch formuliert – geliebte Sünder; das ist das christliche Menschenbild. Sünder sind wir ausnahmslos alle. Es gibt zwar Unterschiede. Es gibt zwar Menschen, deren Hang zur Gewalt, deren Gewaltbereitschaft und deren kriminelle Energie geradezu unendlich viel größer ist als bei anderen Menschen, die sich schwertun, auch nur einer Fliege etwas zuleide zu tun. Aber selbst derjenige, der einen Weltkrieg vom Zaume gebrochen hat, konnte dies nur tun unter Mitwirkung – durch Tun oder Unterlassen – der vielen kleinen und kleinsten

Sünder. Der Krieg fängt bei uns selbst an, und auch der Frieden fängt bei uns selbst an. „Wehret den Anfängen", sagt der Volksmund.

Das gehört zu unserer christlichen Verantwortung: dass wir zunächst einmal uns selbst betrachten und uns kritisch beobachten und in uns hineinschauen. Wenn wir das in Wahrhaftigkeit tun, dann kann uns schon ganz schwindelig werden. Welche Kräfte stecken in uns, die wir selbst nur schwer beherrschen! Welche niederen Triebe sind in uns am Werke, welche Empfindungen, Ansinnen und Wünsche, derer wir uns schämen würden, wenn sie offen zutage träten!

Auch ein Weltkrieg fängt nicht bei Kriegsschiffen und Atombombern an. Auch der größte Krieg beginnt in unseren Herzen – oder sagen wir besser: in uns, in unseren Leibern und Seelen. Es sind beschämend niedere Kräfte, die auch am Anfang der größten Kriege stehen: Stolz und Neid und Eifersucht, Ehrsucht, Ungeduld, Intoleranz, Habgier, Eigensucht, Eitelkeit, Rechthaberei, persönliche Interessen, Machtgelüste, Hass, auch Kriegsbegeisterung – verzeihen Sie all diese unschönen Wörter.

Wie leicht gerät ein ganzes Volk z. B. schon dann in Aufruhr, wenn das Symbol seines Landes geschändet wird, wenn jemand z. B. die Fahne des Landes verbrennt oder wenn jemand Karikaturen zeichnet, die die zentrale Figur seiner Religion verunglimpfen!

Wo so etwas geschieht, kochen die Emotionen hoch und Interessierte heizen die Emotionen an und kanalisieren sie für ihre Zwecke, fördern die Gewalt und lassen Gewalt geschehen.

Es sind zum einen niedere Motive, die Gewalt bis hin zum Krieg auslösen. Es können aber auch gerade die edelsten Motive zur Beteiligung an Gewalt und Krieg führen. Wer z. B. jemanden vor Gewalt beschützen möchte, sieht vielleicht keinen anderen Weg, als selbst zur Gewalt zu greifen. Oder der Wunsch und die Verantwortung, ein ganzes Volk gegen Gewalt in Schutz zu nehmen oder aus Unterdrückung zu befreien, kann in die Entscheidung münden, selbst mit Gewalt und ggf. mit dem Einsatz kriegerischer Mittel vorzugehen. Solche Situationen können geradezu tragisch sein.

Auch für den Friedfertigsten ist es deshalb nicht immer leicht, denen zu widersprechen, die für Gewalt und Krieg argumentieren.

Es gibt aber doch einige Orientierungspunkte. Zwei nannte ich bereits:

Zum einen die Blutspur, die sich durch die ganze menschliche Geschichte hindurchzieht. Die Erfahrung lehrt: Gewalt erzeugt Gegengewalt. Gewalt hält die Spirale der Gewalt in Gang.

Zum anderen die Niedrigkeit der Antriebskräfte, die zur Gewalt führen. Wir sollten uns auf solche Niedrigkeiten nicht einlassen. Wo wir uns doch von unseren niederen Trieben zur Gewalt und Beteiligung an Gewalt und Duldung und Befürwortung von Gewalt hinreißen lassen, da sollten wir möglichst schnell wieder zur Besinnung kommen, uns eines Besseren besinnen, unseren Irrweg bekennen, unsere Schuld eingestehen und unsere ganze Phantasie und unseren ganzen guten Willen zusammennehmen, um zu tun, was unserer menschlichen Würde entspricht.

Einen dritten Orientierungspunkt hatte ich angedeutet: den Schöpfer selbst – und mit ihm denjenigen, der uns mit seinem Erscheinen vor 2000 Jahren eine göttliche Botschaft vermittelt hat: Wir dürfen uns als geliebte Sünder verstehen und sollen uns als solche gegenseitig annehmen. Diese göttliche Botschaft hat uns Jesus Christus vermittelt – mit seinem Leben, seinem Sterben und seinem Auferstehen.

Mit seinem Leben – das bedeutet: Er wandte sich einem jeden Menschen in Liebe, in Barmherzigkeit, in der Bereitschaft zu helfen, zu heilen, zu vergeben zu.

Mit seinem Sterben, das bedeutet: Er, der in jeder Hinsicht gut und nur gut war, wurde hingerichtet am Kreuz – unverstanden und ungerechterweise. Der Gewalt widersetzte er sich nicht.

Mit seiner Auferstehung bekräftigte er seine Botschaft. Er kehrte nicht ins Leben zurück, um sich zu rächen, nicht einmal um im Nachhinein wenigstens sein Missfallen zum Ausdruck zu bringen für den mangelnden Dank, die fehlende Anerkennung, die schlechte Behandlung. Er kehrte ins Leben zurück, um zu sagen: „Ich bleibe bei euch. Ihr bleibt meine Schwestern und Brüder, die geliebten Kinder Gottes, unseres gemeinsamen Schöpfers."

Wenn wir uns doch seine Art, seine Botschaft so zu Herzen nehmen würden, dass sie von dort aus ganz tief in uns hineingehen und alle Fasern unseres Seins durchdringen würde, dass etwas von seiner Art zu unserer Art werden würde und wir ein wenig so reden und handeln und sein könnten wie er und wir – im kleinen Persönlichen und im Großen weltweit – ein wenig mehr so miteinander umgehen könnten, wie er zu den Menschen gewesen ist – würde das nicht dem Frieden dienen?

Das könnte doch ein wenig helfen. Und selbst wenn auch wir damit die Welt nicht nachhaltig zum Besseren verändern könnten: Ist es nicht dennoch einfach schöner und würdevoller, in seinem Sinne – im Sinne Gottes, im Sinne Jesu Christi – zu versuchen, das Leben friedfertig und liebevoll zu gestalten? Und liegt nicht darin der tiefste Wert und Sinn unseres Lebens?

242

Jerusalem – Stadt des Friedens?
16. August 2009
10. Sonntag nach Trinitatis
Israelsonntag
Lukas 19,41-44a

Wie gern würden wir in Frieden miteinander leben – auf diesem Erdball! Wie schwer fällt es uns aber, Frieden zu halten und Frieden zu schaffen! Hier und dort und hin und wieder gelingt es – ein wenig. Seit Menschengedenken ist der Frieden eine Sehnsucht. Er wird wohl noch lange eine Sehnsucht bleiben.

Die Hoffnung dürfen wir nicht aufgeben. Es gibt Grund zur Hoffnung. Die Gegenwart gibt Beispiele dafür, dass Unglaubliches geschehen kann: Nach Jahrzehnten ungerechter Gefängnishaft kehrt einer in die Gesellschaft zurück und setzt sich aktiv für die Versöhnung ein – zwischen Schwarzen und Weißen – in Südafrika. Und nach vierzig Jahren Spaltung unseres Landes führt eine gewaltlose Revolution wieder zusammen, was zusammengehört.

Nelson Mandela

Und vor zweitausend Jahren: In einem kleinen, von einer Großmacht besetzten Land zieht einer durch die Dörfer und Städte bis hin nach Jerusalem und predigt von der Liebe, von der Versöhnung, vom Frieden, von Heilung und Heil und tut, was er sagt, und nimmt es auf sich – ohne Verbitterung –, missverstanden zu werden, abgelehnt zu werden, verfolgt, geschunden und schließlich hingerichtet zu werden.

Warum ist es so schwer mit dem Frieden, wo wir ihn doch alle in der Tiefe unseres Herzens eigentlich wollen? Es liegt an vielem – nicht zuletzt an uns selbst, an der Unruhe in uns, an

243

den widerstreitenden Kräften in uns, von denen immer mal wieder diejenigen siegen, die Unfrieden stiften und Schaden anrichten. Das fängt in frühester Kindheit an und hört nicht auf, bevor wir nicht endgültig die Augen wieder geschlossen haben.

Der Mensch ist trotzdem ein liebenswertes und geliebtes Geschöpf – das ist die christliche Botschaft. Sie hat für uns, die wir hier versammelt sind, leibhaftige Gestalt angenommen in dem Menschen, der nach den biblischen Texten in Bethlehem geboren und in Jerusalem zu Tode gebracht wurde.

Jener Jesus von Nazareth war in der Tradition seines Volkes groß geworden, das an den einen Gott glaubte, den letztlichen Schöpfer aller Menschen, das sich von diesem Gott auserwählt fühlte und begleitet auf dem beschwerlichen und leidvollen Weg durch die Geschichte – und das daran glaubt, dass sich eines Tages alle Völker friedlich im Bekenntnis an diesen einen Gott vereinen werden.

Jerusalem ist für sein Volk zum Inbegriff dieses allumfassenden himmlischen Friedens geworden: Das himmlische Jerusalem.

Es ist heute tatsächlich so, dass Menschen aus aller Welt in Jerusalem versammelt sind, erfüllt von dem Glauben an den einen Gott. Nur: Es fehlt der Frieden.

Gott, der geheimnisvolle Urgrund allen Seins, der letztliche Schöpfer aller Menschen, der, in dem alles Wissen und alle Weisheit, Anfang und Ende, der Sinn, das Warum verborgen sind – Gott, der Unergründliche und Unfassbare hat in den Hirnen und Herzen der Menschen unterschiedliche Gestalt angenommen. In den unterschiedlichsten Formen geben Menschen ihrem Glauben an den geheimnisvollen Gott konkreten Ausdruck und deuten seinen Willen sehr unterschiedlich und ziehen sehr verschiedene Schlussfolgerungen für die Wertmaßstäbe und die Gestaltung ihrer Lebensführung.

Obwohl wir das Wesen und die Größe Gottes nicht erfassen können und Gott für alle Menschen ein Geheimnis bleibt, hat sich das Bedürfnis der einen, die so glauben, über die anderen,

244

die anders glauben, zu bestimmen, dennoch als sehr groß erwiesen.

Die biblischen Texte sind von der ersten bis zur letzten Seite gefüllt mit Berichten über das Ringen um den rechten Glauben. Sie schildern nicht nur ein Ringen im Herzen einzelner Menschen. Sie schildern auch handgreifliche, gewalttätige bis hin zu kriegerischen Auseinandersetzungen von Gruppen und Stämmen und Völkern, um ihren Glauben zu verteidigen und durchzusetzen und anderen aufzuerlegen.

Nicht nur die biblischen Texte schildern uns solche Auseinandersetzungen. Die ganze menschliche Geschichte ist davon angefüllt bis auf den heutigen Tag.

Wir können uns fragen: Warum ist das so? Vielleicht weil der Glaube so sehr das Menschenbild und die Wertegrundlage der Gesellschaft bestimmt. Der Glaube ist nicht, wie irrtümlich oft angenommen wird und von interessierter Seite gelegentlich gefordert wird, etwas für das stille Kämmerlein. Der Glaube ist von gesellschaftlicher Relevanz und gelegentlich von gesellschaftlicher Brisanz.

Religion und Politik sind von daher immer, mal mehr, mal weniger, ineinander verwoben. Mit unterschiedlichem Glauben und folglich unterschiedlichen Wertevorstellungen und Lebenskonzepten innerhalb einer Gesellschaft zurechtzukommen, setzt ein hohes Maß an gegenseitiger Akzeptanz, Toleranz, Selbstkritik, Kommunikations- und Kompromissbereitschaft voraus.

Jerusalem war stets und ist bis heute auch Inbegriff dieser brisanten Mischung unterschiedlicher religiöser und politischer Werte und Ziele.

König David, der erste König Israels, erwählte sich Jerusalem als Hauptstadt seines Königreiches und als Zentrum seines Glaubens an den einen Gott Israels, Jahwe. Die Vormacht dieses Glaubens hatte er für seinen Herrschaftsbereich gegen den Glauben der Kanaanäer und anderer erkämpft. Sein Sohn Salomo baute den ersten Tempel in Jerusalem und festigte damit den Glauben an den einen Gott. Die Auseinandersetzungen mit der kanaanäischen Religion, mit der ägyptischen, der assyrischen, der babylonischen, der persischen, der griechischen und der römischen Religion führten in den folgenden Jahrhunderten zu immer neuen – teilweise kriegerischen – Maßnahmen bis hin zur Zerstörung des Tempels in Jerusalem und Zerstörung der Stadt und Verschleppung und Vertreibung der Bevölkerung ins babylonische Exil und in die weite Welt.

Aus unserem heutigen Predigttext aus dem Lukasevangelium haben wir gehört: „Jesus weinte über Jerusalem." Jesus weinte über Jerusalem, weil er die Zerstörung der Stadt durch die römischen Besatzer vor seinen inneren Augen voraussah. Im Jahre 70 wurde Jerusalem zerstört. In der Folge wurden die Juden in alle Welt zerstreut und waren dann in manchen Kulturen nicht wohlgelitten. Die Nationalsozialisten versuchten in ihrem Einflussbereich auf grausamste Weise, dem Judentum ein endgültiges Ende zu bereiten. Nach dem 2. Weltkrieg konnten Juden in den neu geschaffenen Staat Israel zurückkehren. Sie erwählten wieder Jerusalem als ihre Hauptstadt. Die Auseinandersetzung mit der ansässigen palästinensischen Bevölkerung und den muslimischen Unterstützern von außerhalb ist seitdem ein blutiges Dauerthema, dessen Ende nicht abzusehen ist.

Jesus von Nazareth hat aus der religiösen Tradition seines Volkes heraus den barmherzigen, vergebenden, liebenden Gott verkündigt und gelebt. Er hat mit klaren Worten, mit Gleichnissen, mit beherztem, mutigem Handeln für seinen Glauben geworben. Er hat mit seinem Reden und Handeln dafür geworben, in seiner Person den liebenden Gott in leibhaftiger Gestalt wahrzunehmen – in der Tradition der jüdischen Hoffnung auf den seit Jahrhunderten erwarteten Messias.

Nur eine kleine Gruppe seiner jüdischen Mitmenschen hat sich auf sein Anliegen eingelassen und ist ihm gefolgt. Andere sahen in Jesus einen Aufrührer, sorgten für sein gewaltsames Ende und stellten auch seinen Anhängern nach. Die neutestamentlichen Texte sind nicht nur von der wunderbaren Botschaft Jesu erfüllt, sondern auch von den Auseinandersetzungen um seine Person und dem Groll seiner Anhänger über die geringe

246

Anerkennung und gewaltsame Verfolgung.

Im weiteren Verlauf der Ausbreitung des christlichen Glaubens und seiner staatlichen Anerkennung und der Herausbildung einer weltweiten Kirche hat sich der christliche Glaube als der einzig Wahre zu profilieren versucht – mit zeitweise schrecklichen Folgen.

Es ist eine bleibende große Aufgabe, das Miteinander von christlicher und jüdischer Religion in gegenseitiger Wertschätzung zu gestalten, dann auch im Gespräch mit der muslimischen Religion und schließlich mit den Weltreligionen überhaupt.

Gott ist zu groß und zu geheimnisvoll, als dass wir ihn mit menschlichem Verstand und Glauben erfassen könnten. Es ist der Größe und dem Geheimnis Gottes angemessen, dass wir verschiedene Wahrheiten nebeneinander gelten lassen.

Der Frieden besteht nicht darin, dass wir alle einer Meinung und eines Glaubens sind, sondern dass wir einander annehmen mit unseren Unterschiedlichkeiten und uns ggf. auseinandersetzen – mit Mitteln allerdings, die Leib und Leben und Würde des anderen respektieren.

Wir sehnen uns alle nach einem friedlichen und gedeihlichen Miteinander und sind auch bereit, einiges dafür zu tun. Gott stärke den guten Willen in uns und in vielen Menschen und erhalte in uns allen die Hoffnung – und den Glauben daran, dass er Unglaubliches geschehen lassen kann.

Krieg und Frieden
15. November 2009
Volkstrauertag
Matthäus 26,52

Es ist nicht mehr weit bis Weihnachten. Wir werden dann wieder die Worte der Engel hören: „Friede auf Erden allen Menschen." Jedes Jahr neu ist das Fest der Geburt Jesu für uns Anlass, uns auf die christliche Friedensbotschaft zu besinnen. Und jedes Jahr denken wir wenige Wochen davor erneut nach über das, was die christliche Friedensbotschaft weiterhin notwendig macht: Der Unfrieden in der Welt. Der Unfrieden in unseren Herzen.

Der Volkstrauertag ist kein kirchlicher Feiertag. Aber Krieg und Frieden sind Themen unseres Glaubens. Krieg und Frieden sind keine Naturereignisse. Sie sind Phänomene der menschlichen Gesellschaft. Sie haben mit unserem menschlichen Wesen zu tun. Sie haben zu tun mit dem, was Menschen denken und fühlen und tun.

Es mag uns allerdings so vorkommen, als wären Krieg und Frieden für uns als Einzelne so unverfügbar wie Naturereignisse, die über uns kommen wie Gewitter und Sonnenschein, ohne dass wir Einfluss darauf hätten. Das ist die gefühlte Ohnmacht im Bösen wie im Guten. Sie entspricht weitgehend durchaus einer realen Ohnmacht. Es ist dennoch fundamental wichtig, dass wir bereit sind, Verantwortung zu übernehmen für Krieg und Frieden. Weisen wir die Verantwortung von uns, legen wir die Würde ab, die uns der göttliche Schöpfer zugesprochen hat, und entmündigen uns selbst.

Ein Tornado zieht übers Land und hinterlässt eine Spur der Verwüstung. Am nächsten Tag scheint die Sonne, als wäre nichts gewesen. Aber die Macht der Zerstörung war da und sie ist da und sie kann sich jederzeit wieder entfalten. Ebenso ist die Kraft des Lebens immer und überall existent. Die Sonne scheint immer und schien immer und wird immer scheinen – über den Wolken und durch die Wolken hindurch und jenseits des Horizonts und manchmal vom blauen Himmel herab in ihrer offenen wärmenden Pracht.

Kriege durchziehen die menschliche Geschichte und hinterlassen Spuren der Verwüstung. Im Nachhinein fragt sich der menschliche Geist irritiert: „Wie konnte das geschehen?"

Die Ursachen eines Krieges sind so komplex, dass sich jeder Einzelne für unschuldig erklären könnte. Ein Einzelner kann keinen Krieg verursachen. Aber es sind viele Einzelne, die den Krieg ermöglichen. Auch ein einzelner Tropfen Wasser ist harmlos. Aber viele einzelne Tropfen können zusammen eine zerstörerische Überschwemmung bewirken.

Es bedarf einer bewussten inneren Entscheidung, sich als kleinstes Teilchen für mitverantwortlich erklären zu lassen für das große Ganze.

Es bedarf eines festen Glaubens an das Recht eines jeden Menschen auf Leben und an die Unantastbarkeit der menschlichen Würde.

Es bedarf einer großen Disziplin, sich nicht mitreißen zu lassen vom großen Strom der hitzigen Emotionen und der immer wieder gleichen Argumente.

Es lagen keine einundzwanzig Jahre zwischen dem Ende des 1. Weltkriegs am 11. November 1918 und dem Beginn des zweiten am 1. September 1939.

Kriegsbegeistert wurden die ersten deutschen Siege des 1. Weltkriegs auch von der Kanzel dieser Kirche herab gefeiert. Es folgte die Veröffentlichung der von Monat zu Monat länger werdenden Liste der gefallenen Soldaten aus Hoheluft im Gemeindeblatt St. Markus.

1922 fand im Weimarer Reichstag auf Anregung des Volksbundes Deutsche Kriegsgräberfürsorge die erste Feier zum Gedenken der Millionen von Kriegstoten des 1. Weltkriegs statt. Das Gedenken sollte zugleich eine Mahnung zum Frieden sein.

Die Nationalsozialisten machten aus Kriegstoten Kriegshelden. Sie veredelten damit schon im Vorwege das Grauen, das sie bald darauf selbst in der Welt auslösen sollten.

Ein Gemeindeglied von St. Markus, Anfang dieses Jahres

verstorben, hatte den ganzen 2. Weltkrieg als junger Mann mitmachen müssen, den Russlandfeldzug einschließlich der Jahre der Gefangenschaft in Russland. Er schrieb seine persönlichen Erinnerungen an die Schrecken jener Jahre auf. Seinen fünfzigseitigen Bericht beschließt er mit den Worten: „Für mich begann der Krieg mit achtzehn Jahren und endete mit dreißig. Möge uns der Frieden erhalten bleiben!"

Innerhalb der Grenzen unseres Landes hat es seitdem keinen Krieg gegeben. Das sei mit großer Dankbarkeit vermerkt. Allerdings sind nach Ende des 2. Weltkriegs weltweit zahlreiche Kriege geführt worden. Auch deutsche Soldaten sind zunehmend in Kriegsgebieten im Einsatz. Ob sie sich im Krieg befinden oder ob ihr Einsatz kriegsähnlich ist, mag dahingestellt bleiben. Tatsache ist, dass sie mit den Mitteln militärischer Gewalt Probleme lösen sollen.

Diese Art der Problemlösung wird aber, selbst wenn sie in bester Absicht erfolgt, immer wieder selbst zur Quelle eben solcher Probleme, die sie zu lösen versucht. Das zeigt die menschliche Geschichte.

„Wer zum Schwert greift, wird durch das Schwert umkommen", dieser biblische Satz problematisiert in schlichter Formulierung die Anwendung von Gewalt. Er könnte ergänzt werden durch den Satz: „Wer zum Schwert greift, wird auch Menschen töten, die er gar nicht töten möchte." Die beiden Weltkriege z. B. haben vor allem zivile Opfer gefordert. Auch in Afghanistan sind neben deutschen Soldaten und bewaffneten Feinden viele unschuldige Menschen zu Tode und zu Schaden gekommen.

Es könnte einer den biblischen Satz auch in anderer Weise abwandeln und behaupten: „Wer nicht zum Schwert greift, wird auch durchs Schwert umkommen."

Wer das sagt, könnte sogar auf Jesus Christus selbst verweisen. Jesus hatte nicht zum Schwert gegriffen und hatte sich nicht durchs Schwert verteidigen lassen – und wurde folglich durch seine Gegner umgebracht. Hätte er sich gegen die römischen Soldaten verteidigt oder verteidigen lassen, hätte er vielleicht sein Leben retten können.

250

Aber dann würden wir heute hier vermutlich nicht beisammen sein. Hätte Jesus in der Art weitergemacht, wie es in der Weltgeschichte gang und gäbe gewesen war, dann hätte er uns keine neue Botschaft vermittelt, dann wäre er längst abgehakt worden als einer der unzähligen Altbekannten.

Aber wir sitzen ja nun hier und erinnern uns an seine besondere Art, weil wir von ihm fasziniert sind und durch ihn im wahrsten Sinne des Wortes begeistert sind und daran glauben, dass durch ihn und mit ihm etwas Befreiendes, Erlösendes in die Welt gekommen ist.

Oder hat das, was er uns gibt und was uns an ihm so bewegt, gar nichts zu tun mit dem Thema Krieg und Frieden? Hat seine Botschaft vielleicht gar nichts zu tun mit den realen Zuständen in dieser Welt und den realen Verhaltensweisen des Menschen? Ist seine Botschaft vielleicht allein bezogen auf eine jenseitige Welt, die wir mit Chance vielleicht dann erleben werden, wenn wir über dieses Erdenleben hinausgelangt sind?

Oder hat er vielleicht stellvertretend für uns alle gehandelt? Hat er vielleicht das getan, wozu wir unter den realen Gegebenheiten dieser Welt mit unserer menschlichen und allzu menschlichen Art gar nicht in der Lage sind? Er aber hat es verwirklicht und hat für uns damit die Verdienste erworben, die wir benötigen, um vor dem göttlichen Richter bestehen zu können?

Das mag wohl sein. Wir müssen eingestehen, dass wir nicht sein können wie er, Jesus Christus. Wir glauben auch daran und stärken uns daran, dass mit seinem ganzen Wirken etwas zu unseren Gunsten geschehen ist. Aber gewiss nicht in der Weise und zu dem Zweck, dass wir nun weitermachen könnten und sollten und dürften wie zuvor.

Nein, seine Art ist zwar übermenschlich. Aber mit seiner Art gibt er uns eine Richtung an. Er öffnet uns die Augen für die Irrtümer und Irrwege der menschlichen Art und gibt uns Kraft und Mut und Motivation zur Neuausrichtung.

Ja, wir sollen uns selbstkritisch betrachten, uns selbst und die ganze menschliche Geschichte. Und wir sollen dies bußfertig tun in der Bereitschaft, uns neu zu orientieren, neue Wege zu gehen. Er stellt uns vor die Entscheidung, an etwas anderes zu glauben als an die Macht der Muskeln und des Schwertes und der Panzer und Raketen und an etwas anderes als das Recht des Stärkeren.

Er fordert uns dazu heraus, an die Kraft der Liebe, der Versöhnung, der Vergebung zu glauben, an die Unantastbarkeit des Lebens, an die Schutzwürdigkeit des Schwachen, an die Größe und Schönheit im Unvollkommenen. Und er fordert uns zum Vertrauen heraus, zum Vertrauen darauf, dass uns immer wieder Kraft zuwachsen wird, den ungewohnten Weg zu gehen und durchzuhalten. Und zum Vertrauen darauf, dass die Hoffnung auf Frieden immer wieder kleine und größere Früchte bringen wird in dieser Welt, in unserem täglichen Leben.

Wir haben den zwanzigsten Jahrestag des Mauerfalls gefeiert, der friedlichen gewaltlosen Revolution: ein wahres Wunder, ein Sieg der Hoffnung über Illusion und Resignation. Und wir können auch mit Dankbarkeit z. B. auf das zu unserer Lebenszeit geschehene Versöhnungswerk Nelson Mandelas schauen.

Reale Politik zu gestalten, ist keine leichte Aufgabe. Mancher Politiker wird sich – ggf. auch gegen seine innere Überzeugung – gedrängt sehen, den Pakt mit dem Beelzebub einzugehen, um den Teufel zu bekämpfen.

Als einzelne Christen, die nicht direkt politische Entscheidungen zu fällen haben, können und sollten wir uns die Freiheit nehmen, mit aller Deutlichkeit und Direktheit immer wieder die friedvolle gewaltlose Art Jesu als Grundlage allen politischen Handelns zu fordern. Unsere Richtschnur ist nicht das, was uns als politisch opportun vorgesagt wird. Wir orientieren uns an Leitlinien, die dem politischen Tagesgeschehen übergeordnet sind.

Wenn wir nur mutig und vertrauensvoll genug sind, unseren inneren Überzeugungen im Glauben an die christliche Botschaft zu folgen, dann kann dies nicht ohne Folgen für die realen Gegebenheiten bleiben.

Wir sind als Einzelne zum einen zwar wie Tropfen im Meer.

Aber im Verein mit vielen anderen Tropfen haben Menschen Zerstörungen unglaublichen Ausmaßes bewirkt. Als Einzelne können wir auch sein wie der Schein einer Kerze, der Licht ins Dunkel bringt, oder wie ein Sonnenstrahl, der viele Herzen erhellen kann.

Unterschätzen wir uns nicht. Die Masse einzelner Menschen hat Kriege ausgelöst. Die Masse einzelner Menschen kann auch dem Frieden dienen.

Mit Gottes Hilfe möge uns es gelingen, ein wenig mehr Frieden in die Welt hineinzutragen.

Anhang: „Frieden ist erreichbar"
(Cuxhavener Allgemeine, März 1968)

(Aus dem Heimatgebiet)

Frieden ist erreichbar

„CA" veröffentlicht Essay von Wolfgang Nein / Sieger des Lions-Wettbewerbes

ca CUXHAVEN. Vor einigen Tagen veröffentlichten wir die Liste der Preisträger vom Aufsatzwettbewerb des Lions-Clubs. Gleichzeitig kündigten wir den Abdruck des Siegeraufsatzes an. Wir glauben, hiermit einen Beitrag zur allgemeinen Diskussion dieses Themas veröffentlichen zu können. Die Arbeit von Wolfgang Nein ist nur an einer Lösung des Problems auf internationaler Ebene interessiert. Der Preisträger lehnt sich in seinen Gedankengängen an die Forderungen von Weizäckers und Kant an. Auch er sieht eine Möglichkeit, den Frieden herzustellen, und fordert für die Verwirklichung völlig neue Voraussetzungen in der Politik.

Friede bedeutet heute wegen der universellen Drohung der Atombombe Weltfriede. Da jeder kleine Krieg die Furcht vor einer Ausweitung zu einem Weltkrieg mit der Folge totaler Vernichtung der Zivilisation auslöst, müssen sich alle Staaten um die Verwirklichung des Weltfriedens bemühen. Albert Einstein sagte einmal: „Ich weiß nicht, welche Waffen im nächsten Krieg zur Anwendung kommen, wohl aber, welche im übernächsten: Pfeil und Bogen". Zwar vermutete auch Carl-Friedrich Frhr. v. Weizsäcker 1957, daß die Menschheit in einem Atomkrieg nicht völlig ausgelöscht wäre. Nach seinen Schätzungen wäre in einem Atomkrieg 1962 mit etwa 500 bis 700 Millionen Todesopfern durch direkte und indirekte Einwirkung zu rechnen gewesen. Doch zeigen seine Zahlen zur Genüge die Maßlosigkeit eines solchen Krieges.

Um derartigem Schicksal zu entgehen, müssen deshalb Probleme, derentwegen Staaten Kriege führten und führen, auf friedlichem Wege gelöst werden. Die heutige politische Weltlage zeigt, daß die bloße Angst vor der Atombombe Kriege nicht zu verhindern vermag.

Im Schatten der Atombombe werden weiter konventionelle Kriege geführt. Die totale Bedrohung hat nicht eine totale Rettung erzeugt. Sie hat uns die Wahl zwischen Krieg und Frieden gelassen. Wir müssen uns entscheiden zwischen der ständigen Drohung weitgehender Auslöschung und der Sicherheit in einem menschenwürdigen Dasein.

„Friede ist erreichbar" ist ein Glaubenssatz. Er enthält den Glauben an die Fähigkeit des Menschen, den ersehnten Weltfrieden zu stiften und zu wahren. Eine jahrtausendelange Kette von Kriegen scheint diese Möglichkeit zu widerlegen. Doch es sind Menschen, die die Geißel des Krieges in der Hand halten. Es liegt deshalb bei ihnen, sie auf immer zu vernichten.

Soll jemals ein menschenwürdiges Dasein in Frieden entstehen, so müssen die Atombomben abgeschafft werden; denn eine Ordnung auf Angst gegründet, ist unmenschlich und nicht dauerhaft. Um den konventionellen Krieg aller gegen alle zu verhindern, muß allgemein abgerüstet werden. Schließlich muß jede Willkür, die bislang das unantastbare Recht aller souveräner Staaten ist, durch Bindung an international anerkannte Rechtsgrundsätze ersetzt werden.

Diese Forderungen können nur universell verwirklicht werden. Es ist nicht denkbar, daß die Sowjetunion und Amerika sich auf eine gegenseitige Kontrolle ihrer Rüstungen einigen, während China und Frankreich die Entwicklung ihrer Atombomben weitertreiben und andere Staaten sich die mögliche Entwicklung vorbehalten. Alle Staaten müssen Abrüstung wollen und sich durch Vertrag einer gemeinsamen Kontrollinstanz unterstellen. Die Abrüstung setzt also bereits die Anerkennung und Befolgung der allgemeinen Rechtsprinzipien voraus, die sie selbst erst ermöglichen sollte. Darin liegt das Problem: Die Abrüstung soll das Vertrauen zwischen den Staaten schaffen, durch das sie selbst erst erreicht werden kann.

254

Vertrauen muß ideologische Grenzen überwinden

Es scheint eher möglich zu sein, den Betrag an Vertrauen aufzubauen, der eine Abrüstung in Gang bringt. Der Vertrauenserwerb muß daher ein hohes Ziel aller Politik sein. Er fordert Ehrlichkeit und Wahrhaftigkeit, Offenheit des Handelns und der Motive. Verzicht auf Macht und Anerkennung der Herrschaft des Rechts. Wo immer Vertrauen erworben ist, soll es sofort in zwischenstaatlichen Abmachungen konkretisiert werden, die einen gewissen Grad an Abhängigkeit begründen, z. B. in Handelsbeziehungen und gemeinsamen Institutionen mit begrenzten, aber wirksamen eigenen Befugnissen. So sollen Schritt für Schritt möglichst umfangreiche Beziehungen zwischen allen Staaten Bedingungen schaffen, in denen für alle Teile jede gewaltsame Unterbrechung dieser Verbindung ein fühlbarer Schade wäre. Dieses Unternehmen gliche dem Versuch der Zwerge, den Riesen (Krieg) dadurch zu fesseln, daß sie, solange er schläft, jedes seiner Haare einzeln am Boden festpflöcken (was freilich nach Swift, Gullivers Reisen, Teil 1, den Liliputanern gelungen ist).

Vertrauensbeweise sind also nur möglich, wenn alle Staaten in freier Weise miteinander verkehren. Nicht Isolierung der Staaten, sondern ihr Zusammen, nicht Koexistenz, sondern Kooperation führt zum Frieden. Es gibt große Staaten und kleine Staaten, mächtige und schwache, pluralistische und kommunistische, demokratische, monarchische und diktatorische: alle müssen ständig miteinander kommunizieren, über das Trennende hinweg das Verbindende festigen.

Kant hält einen dauernden Frieden nur möglich zwischen Staaten mit republikanischer Regierungsart, d. h. solchen, in denen die Prinzipien der Freiheit, Gleichheit und Abhängigkeit aller von einer gemeinsamen Gesetzgebung verwirklicht sind. Darin ist ihm sicherlich zuzustimmen. Doch auf dem Weg zum Frieden dürfen bereits republikanisch regierte Staaten entgegen Kants Vorschlag ihre Nachbarn nicht vor die Alternative stellen, mit ihnen in den gesetzlichen Zustand einzutreten oder sich aus ihrer Nähe zu entfernen. Denn freiheitliche und totalitäre Staaten, sowie solche, die weder zu der einen noch zu den anderen zählen, können die Prinzipien des Friedens nur im Streit miteinander anwenden lernen.

Es wäre ein Irrtum zu glauben, daß alle freiheitlichen westlichen Staaten bereits ihre Politik nach den Prinzipien des Friedens betrieben. Die Rechtsstaatlichkeit nach innen hindert sie nicht an der Willkürlichkeit nach außen. Sie vernachlässigen nicht nur faktisch die Friedensprinzipien, sondern sprechen sich auch gegen sie aus. Sie verkünden als unantastbar die absolute Souveränität jedes Staates, d. h. die Unabhängigkeit aller Staaten voneinander und die darin begründete Gleichheit aller in ihrem Recht auf Willkür, Sicherung dieses Rechtes durch Vetorecht in gemeinsamen Gremien und Nichteinmischung in die Angelegenheiten anderer. Aus diesem Grunde hat die EWG einige Male am Rande ihrer Auflösung gestanden.

Es liegt im Wesen der demokratischen Staaten, daß, wenn sie innenpolitisch noch so demokratisch sind, außenpolitisch in gleichem Maße imperialistisch und nationalistisch handeln können wie absolute Monarchen und Diktatoren. Kant meinte, daß durch die Trennung der gesetzgebenden Gewalt von der ausführenden oder Regierung jede Kriegspolitik verhindert werden könnte, da das Volk mittels der Parlamentsabgeordneten die Drangsale des Krieges nicht über sich selbst beschließen würde. Denn das Volk und insbesondere die Wehrpflichtigen, die die Tötung und andere Kriegshandlungen vollziehen und sich in tödliche Gefahren begeben müssen, tragen die Hauptlast des Krieges. Das Parlament kann jedoch nicht mit dem Volk identifiziert werden. Denn die Abgeordneten sind ebenso wie die Monarchen und Diktatoren von den unmittelbaren Lasten des Krieges befreit. Sie könnten im Gegenteil durch ihn ihre Mandate verlängern, da in Kriegszeiten selten gewählt wird.

Ebenfalls ist zu bedenken, daß Abgeordnete nur von Bürgern innerhalb ihres Staates gewählt werden. Sie können daher ihre Regierung in der Außenpolitik Unrecht tun lassen, wenn das mit den Interessen des Staates in Einklang steht oder zu stehen den Anschein hat, ohne daß sie befürchten müßten, abgewählt zu werden. Dem Geschädigten außerhalb des Staates ist kein demokratisches Mittel zur Selbstverteidigung gegeben. Deshalb können freiheitliche Demokratien nicht lediglich darauf warten, daß sich jetzige totalitäre Staaten angleichen, sondern sie müssen im Gegenteil sich entsprechend den Forderungen des Friedens verändern. Die Art der Veränderung wird noch erörtert werden.

Der Weg der totalitären Staaten in die Ordnung des Friedens ist ein bedeutend längerer als der der Rechtsstaaten; denn sie haben nicht einmal innenpolitisch die Prinzipien verwirklicht, die sie auf die zwischenstaatlichen Beziehungen als Prinzipien der Freiheit übertragen könnten. Im totalitären Staat beansprucht eine Partei oder ein Führer das Recht der Willkür unter der Berufung darauf, völlig identisch mit Arbeitern und Bauern und dem ganzen Volk zu sein. Alle Wahrheit ist bei der Staatsführung. Geistige Spontanität unterdrückt sie mit Gewalt. Es gibt keine Freiheit des politischen Handelns, keine Versammlungsfreiheit, keine Freiheit der Parteigründung, keine öffentliche politische Diskussion, keine verläßliche Information sondern nur Propaganda. Jedermann kann das Opfer von Säuberungsaktionen werden, die bis in die Parteispitze reichen. Niemand ist seines Lebens sicher.

Gewalt
als politisches Mittel ächten

Diese grundsätzlichen Merkmale des totalitären Staates, sei es eines kommunistischen oder nationalsozialistischen, sind in der Wirklichkeit verwischt durch zahlreiche, als Ventile wirkende Zugeständnisse an die Forderungen des beherrschten Volkes. Der totalitäre Staat ist nicht getragen vom Willen des Volkes, sondern muß seine Existenz gewaltsam erhalten durch Einschüchterung, Angst, Unwissenheit. Deshalb ist zwischen dem Volk und den Herrschaftsform tragenden Prinzipien zu unterscheiden. Zwischen den Prinzipien der totalitären Herrschaft und der Freiheit ist kein ehrlicher Kompromiß möglich. Wohl aber können sich die Völker begegnen. Sie können sich begegnen auf der Grundlage ihres Menschseins. In diesem liegt ihre Gemeinsamkeit. Friede ist dann möglich, wenn die Staaten miteinander eine Ordnung schaffen, in der alle Menschen so leben wie sie im Innersten fühlen, da sie leben sollten. Wie aber sollen Menschen miteinander leben?

Seit Staaten Kriege führen, so kann man vermuten, gibt es auch Versuche, sie zu rechtfertigen. Es ist kaum denkbar, daß jemals ein Staat öffentlich verkündet hat, daß er den Krieg bewußt aus unrechten Grün-

den führe. Beispiele für Rechtfertigungen sind zahlreich. Caesar beschrieb seine Eroberungen als Befriedung Galliens. Hitler beschuldigte vor seinem Angriff auf Polen die polnische Bevölkerung in einem systematischen Pressefeldzug, daß sie die deutschen Minderheiten terrorisierte, und schickte später sogar Verbrecher nach Polen, die dort Ausschreitungen gegen die Deutschen provozieren mußten. Die Amerikaner erfüllen in Südvietnam ihre Beistandsverpflichtung. Die Nordvietnamesen wehren sich gegen imperialistische Aggressionen. Stets befindet sich wenigstens eine kriegerische Partei im Unrecht. Doch alle Parteien versuchen, sich den Schein des Rechts zu geben.

In diesen Rechtfertigungsbemühungen kommt ein Bestandteil des menschlichen Wesens zum Ausdruck, auf den sich die Hoffnung auf Verwirklichung des Friedens gründet, nämlich das Gewissen. Bei allen oder doch fast allen Menschen überall auf der Welt zu allen Zeiten, nach welchen Prinzipien sie auch immer gelebt haben mögen oder leben, meldet sich das Gewissen, wenn sie Unrecht tun oder vor der Entscheidung zwischen Recht und Unrecht stehen.

Vielleicht gibt und gab es Menschen ohne Gewissen. Hitler, Cesare, Borgia, Nero mögen solche gewesen sein. Doch ihre Zahl wäre so gering wie die der Blinden und Taubstummen. Nach ihnen kann das Leben der Völker nicht gestaltet werden.

Das der überwältigenden Mehrheit der Menschen immanente Gewissen ist eine Realität. Es ist daher auch eine Realität für den Politiker. Allein das Gewissen ist der allen Menschen gemeinsame Erkenntnisgrund für das Unrecht und Recht bei konkreten Entscheidungen. Es ist ein allgemeines Rechtsempfinden oder wie es die Haager Landkriegsordnung wegen seiner Universalität nennt, conscience public, öffentliches Gewissen. Das Gewissen ist nicht manipulierbar. Manipulierbar sind nur die Situationen, in die es gerät. Es ist eine vom Willen seines Trägers und der Außenstehenden unabhängige Instanz. Es ist der Grund der menschlichen Fähigkeiten zu sittlichem Verhalten.

Friede wird erst dann Wirklichkeit werden, wenn das Gewissen oder anders bezeichnet, das allgemeine Rechtsempfinden, von allen Völkern der Welt als oberste unantastbare Instanz anerkannt wird, und diese Anerkennung in den zwischenstaatlichen Verhalten zum Ausdruck kommt. Viele kleine Schritte sind in

256

diese Richtung schon getan. Die Menschenrechte z. B., die Bestandteil vieler Verfassungen sind und in einer allgemeinen Erklärung 1948 von den Vereinten Nationen verkündet wurden, artikulieren in einzelnen Normen eine Forderung des Rechtsempfindens, nämlich die Pflicht zur Achtung der Menschenwürde.

Gerichtshof als oberste Instanz

In Anerkennung der genannten obersten Instanz müssen die Normen des Völkerrechts von einer internationalen Versammlung von Rechtsgelehrten, die sich der Objektivität verpflichtet fühlen, als verbindliche Rechtsnormen formuliert werden. Internationale Gerichte sollen dann an Hand dieser Normen objektiv über zwischenstaatliche Streitfälle urteilen, sowie über Fälle, in denen Menschenrechte einzelner durch den Eingriff eines Staates oder einer internationalen Organisation verletzt worden sind. Zur Erzwingung der Rechtsfolgen sollen sie über die nötigen Vollzugsorgane verfügen.

Durch freiwillige Unterwerfung unter die Entscheidungen internationaler Gerichte können Staaten schon frühzeitig ihren ernsthaften Willen zu einer Friedensordnung bezeigen, sich so das Vertrauen der anderen Staaten erwerben, und die allgemeine Anerkennung der Autorität internationaler Gerichte fördern. Erzwingbar werden die Völkerrechts- und Menschenrechtsnormen erst nach allgemein erfolgter Abrüstung sein.

Neben der Gewalt der Gerichte, die ausschließlich der Objektivität verpflichtet sind, sollen auch die zur Interessenvertretung verpflichteten Organe, Parlamente und Regierungen der Völker, an die oberste Gewalt, das Rechtsempfinden gebunden sein. Parlamente und Regierungen sollen nur im Rahmen der höchsten verbindlichen Rechtsnormen das beschließen, was den Interessen der Völker dient.

Friede durch Recht

Es soll also in einer Friedensordnung drei Gewalten geben. Als oberste das allgemeine Rechtsempfinden der Menschen. Dieses ist vom jeweiligen zeit-, orts- und situationsbedingten Willen' der Völker unabhängig und ist in obersten, in aller Welt anerkannten und alle öffentlichen Organe bindende Rechtsnormen formuliert. Innerhalb dieser Normen ist die rechtsprechende Gewalt zur objektiven Entscheidung von Rechtsfällen verpflichtet, sowie die Gewalt der Interessenvertretung zur Erfüllung ihrer subjektiven Verpflichtungen ermächtigt.

Die Vereinten Nationen in New York sind der heute umfassendste Versuch, kommenden Generationen die Geißel des Krieges zu ersparen.

Bisher haben sie die Aufgabe der Verhinderung von Kriegen nicht erfüllen können. Es ist auch sehr zweifelhaft, ob sie überhaupt in der Lage sein wird, den einzelnen Staaten bei der Entwicklung einer unbedingten Anerkennung des Rechts behilflich zu sein. Der Grund liegt nicht zuletzt in der Unwahrhaftigkeit ihrer Charta. Das auffälligste Beispiel ist die Bestimmung über Beschlüsse des Sicherheitsrates, der aus 11 Mitgliedern besteht, fünf ständigen (China, Frankreich, Großbritannien, Rußland, USA) und sechs wechselnden. Der Rat ist beschlußfähig bei Zustimmung von sieben Mitgliedern. Unter diesen müssen sich die fünf ständigen Mitglieder befinden. Ihnen wird also im Gegensatz zu den anderen ungerechterweise ein Vetorecht eingeräumt und folglich ihre Souveränität gewahrt.

Ebenfalls unwahrhaftig ist der Widerspruch zwischen den Aufnahmebestimmungen und ihrer Anwendung. Es können solche Staaten der UNO beitreten, die nach dem Urteil der Organisation fähig und gewillt sind, die Verpflichtungen der Satzung zu übernehmen. Die ganze Unwahrhaftigkeit wird darin deutlich, daß Rotchina nicht in die UNO aufgenommen wird, während Rußland und andere totalitäre Staaten schon lange Mitglieder sind. Die Auswahl erfolgt offensichtlich nicht nach Gesichtspunkten des Rechts, sondern nach solchen der Politik im herkömmlichen Sinne als souveräne Erfüllung von Interessen.

Trotz der Unwahrhaftigkeit der UNO-Charta und des Verhaltens der UNO-Mitglieder sind die Vereinten Nationen immerhin ein Treffpunkt der Staaten, an dem Kommunikation möglich ist, die, wie oben dargestellt, Voraussetzung der Erkenntnis von Möglichkeiten gegenseitigen Näherkommens sind. In dem Gründungsakt der UNO allein tut sich der Wille zum friedlichen Miteinander der Staaten zaghaft kund. Es wird ständige Aufgabe der Staatsmänner sein, sich gegen die Erstickung in der Unwahrhaftigkeit zu wehren und den Rahmen der UNO mit der Verwirklichung des Rechts zwischen den Staaten zu füllen.

Wenn das Bekenntnis zum Weltfrieden ernst gemeint ist, muß es in die Tat umgesetzt werden. Verzicht auf Willkür und Anerkennung der Rechtsgrundsätze gelten schon weitgehend in den zwischenmenschlichen und innerstaatlichen Beziehungen, jedenfalls in freiheitlichen Staaten. Den Anspruch auf Anwendung dieser Prinzipien auf die zwischenstaatlichen Beziehungen müssen wir an alle richten, die in irgendeiner Weise international tätig sind.

Bibelstellen

Ebenfalls bei Books on Demand (BoD) erschienen:

Das Ja zum Leben und zum Menschen
Band 18, Predigten 1972-1974
2019 Paperback 172 Seiten, € 8,90, ebook 5,49, ISBN 978-3-7494-6649-8
Band 17, Predigten 1975-1976
2019 Paperback 196 Seiten, € 8,90, ebook 5,49, ISBN 978-3-7494-4788-6
Band 16, Predigten 1976-1977
2019 Paperback 236 Seiten, € 8,90, ebook 5,49, ISBN 978-3-7412-3835-2
Band 15, Predigten 1978
2018 Paperback 152 Seiten, € 8,90, ebook 5,49, ISBN 978-3-7481-4684-1
Band 14, Predigten 1979-1980
2018 Paperback 232 Seiten, € 8,90, ebook 5,49, ISBN 978-3-7481-0931-0
Band 13, Predigten 1980-1982
2018 Paperback 280 Seiten, € 8,90, ebook 5,49, ISBN 978-3-7528-3117-7
Band 12, Predigten 1983-1984
2018 Paperback 196 Seiten, € 8,90, ebook 5,49, ISBN 978-3-7528-1175-9
Band 11, Predigten 1985-1986
2017 Paperback 216 Seiten, € 8,90, ebook 5,49, ISBN 978-3-7460-3015-9
Band 10, Predigten 1987-1989
2017 Paperback 252 Seiten, € 8,90, ebook 5,49, ISBN 978-3-7448-9893-5
Band 9, Predigten 1990-1992
2017, Paperback 236 Seiten, € 8,90, ebook 5,49, ISBN 978-3-7448-2210-7

Band 8, Predigten 1993-1995
2017, Paperback 268 Seiten, € 8,90, ebook 5,49, ISBN 978-3-7431-7639-3
Band 7, Predigten 1996-1997
2017, Paperback 224 Seiten, € 8,90, ebook 5,49, ISBN 978-3-7431-5951-8
Band 6, Predigten 1998-2000
2017, Paperback 252 Seiten, € 8,90, ebook 5,49, ISBN 978-3-7431-9248-5
Band 5, Predigten 2001-2002
2016, Paperback 232 Seiten, € 8,90, ebook 5,49, ISBN 978-3-7431-1908-6
Band 4, Predigten 2003-2004
2016, Paperback 272 Seiten, € 8,90, ebook 5,49, ISBN 978-3-7412-6358-3
Band 3, Predigten 2005-2006
2016, Paperback 264 Seiten, € 8,90, ebook 5,49, ISBN 978-3-7412-5616-5
Band 2, Predigten 2007-2008
2016, Paperback 284 Seiten, € 8,90, ebook 5,49, ISBN 978-3-7412-2527-7
Predigten 2009-2012
2013, Paperback 252 S., € 14,90, ebook 11,99, ISBN 978-3-8482-4463-8

Häppchen für Herz und Hirn
Gedanken zu den Wochensprüchen des Kirchenjahres
2015, Hardcover 376 Seiten, € 18,50, ebook € 7,99
ISBN 978-3-7392-0867-1

Neujahrsansprachen
Hamburg-Hoheluft, 1998-2010
2019, Paperback 128 Seiten, € 12,90, ebook € 5,49
ISBN 978-3-7494-5149-4

Märchen theologisch interpretiert
Hamburg-Hoheluft, 2014-2016
2019, Paperback 140 Seiten, € 8,90, ebook € 5,49
ISBN 978-3-7504-1203-3

Mit Predigten durch das Kirchenjahr
Einleitung zum theologischen Hintergrund
2021, Paperback 280 Seiten, € 8,90, ebook € 5,49
ISBN 978-3-7534-9092-2

Titelbild und Bilder: Wolfgang Nein,
sofern nicht anders angegeben